케이컬처 시대의
뮤직 비즈니스

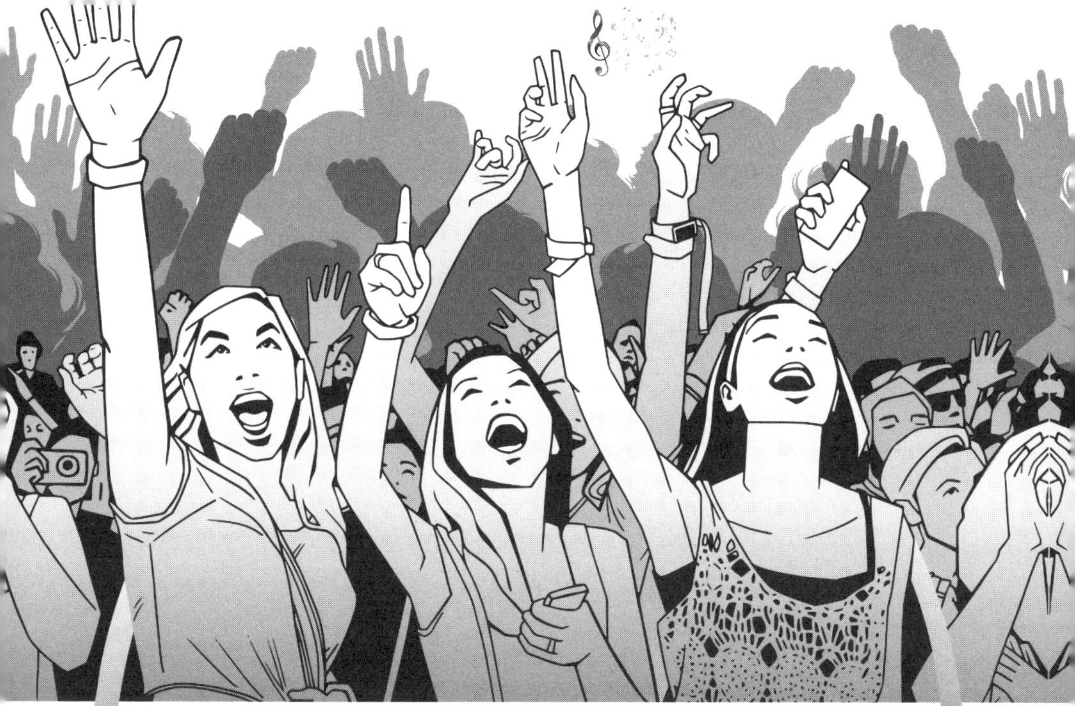

Music Business In The Era Of K-culture

케이컬처 시대의
뮤직 비즈니스

| 김정섭 지음 |

한울
아카데미

차례

머리말 6

1부 음악 산업의 이해 — 11

1장 대중음악의 역사와 흐름 — 13
1. 서구 대중음악의 역사 13
2. 한국 대중음악의 역사 25

2장 음악 산업의 범위와 구조 — 35
1. 음악 산업의 범위와 특징 35
2. 음악 산업의 구조와 수익 모델 41

3장 음악 산업의 현황과 성장세 — 49
1. 글로벌 음악시장의 현황과 추세 49
2. 케이팝 한류와 한국 음악시장 55

4장 음악 시장의 키 플레이어들 — 62
1. 음악 산업을 움직이는 파워 그룹 62
2. 키 플레이어들의 역할과 특징 66

5장 음악산업 관련 정책과 법률 — 76
1. 음악산업 정책과 유관 법률의 이해 76
2. 분야별 표준계약서의 이해와 활용 84

6장 음악 저작권과 수익 배분 — 152
1. 음악 저작자의 권리와 보호 152
2. 수익배분 구조와 분쟁처리 절차 158

2부 뮤직 비즈니스의 실제 ——————————————— 167

7장 뮤직 비즈니스의 개요 ————————————————— 169
    1. 뮤직 비즈니스의 개념과 생태계 169
    2. 뮤직 비즈니스의 기획과 실행 176

8장 아티스트의 개발과 육성 ——————————————— 186
    1. 아티스트 자원의 기획과 육성 186
    2. 매니지먼트와 성장전략 실행 200

9장 뮤직 프로듀싱과 퍼블리싱 —————————————— 205
    1. 프로듀싱의 기획과 실행 205
    2. 뮤직 퍼블리싱의 실제 218

10장 콘서트 기획과 제작 ————————————————— 223
    1. 콘서트의 매력과 기획 전략 223
    2. 콘서트 포맷 형태와 실행 전략 231

11장 뮤직 비즈니스 경영과 창업·취업 ———————————— 238
    1. 지속 가능한 뮤직 비즈니스 경영 238
    2. 뮤직 비즈니스의 창업과 취업 246

12장 뮤직 비즈니스 성공사례 분석 ————————————— 257
    1. 음악 기업의 성공 사례와 경영 리더십 탐구 257
    2. 역대 스타급 가수들의 성공사례 해부 269

주 278/ 참고문헌 289/ 찾아보기 296

Music Business In The Era Of K-culture

머리말

　우리나라 대중음악은 '한류열풍' 속의 '케이팝(K-Pop) 신드롬' 이래로 국민들에게 높은 자부심과 무한한 긍지의 상징이 되었습니다. 양·질의 면에서 우리 대중음악은 모두 선두권의 위치에서 세계 음악시장을 이끌고 있습니다. 음악의 창작 및 진화의 역동성(力動性)은 그야말로 세계가 주시하며 뒤따라 오고 있을 정도로 두드러진 점도 주지의 사실입니다. 바야흐로 '케이팝 르네상스 시대'입니다. 굳이 '놀이하는 인간(Homo Ludens)'을 언급하지 않더라도 우리 민족이 전통적으로 여흥(餘興)에 강하다는 것은 이전의 많은 연구를 통해서도 제시된바 있습니다. 우리가 확보한 고유한 대중음악, 즉 케이팝에 대한 긍지는 많은 뮤지션들이 이런 민족성을 뿌리로 정교하면서도 매우 기민하게 음악을 창작하고 이를 무대와 영상을 통해 멋진 퍼포먼스로 선보여 세계 음악 팬들의 감성을 사로잡았기에 가능했습니다.

　우리나라 뮤지션들은 서구의 대중음악을 적극적으로 수용하여 한국적 정서 및 감각을 맛깔스럽게 가미해 매력적인 새로운 음악을 창출하여 전파하는 방식으로 글로벌 시장을 공략했습니다. 이것이 케이팝이 크게 성공한 이유입니다. 케이팝 신드롬은 결코 우발적인 것이 아닙니다. 오랜 역사와 어우러져 문화적 자양분으로 승화된 '한류'를 큰 줄기로 삼아 지속적으로 세계의 문화 시장에 도전한 결과물입니다. 세계인들이 열광하거나 찬사를 보내온 싸이(PSY), BTS(방탄소년단), 블랙핑크, 트와이스 등의 아티스트들은 이러한 케이팝의 위상을 상징하는 걸출한 스타들입니다.

2019년 통계에 따르면 글로벌 음악시장은 24조 원대 규모입니다. 그 가운데 우리나라는 6조 원대로 '세계 6위'를 자치할 만큼 음악 창작, 유통, 향유에 적극적입니다. 우리나라 인구가 세계 29위(북한 인구와 합할 경우 20위) 규모이고 국내총생산(GDP)이 세계 10위(1조 7200억 달러)인 점을 감안하면 매우 돋보이는 현상입니다. 음악 산업은 시대 변화에 따라 점차 그 층위가 복잡해지고 있습니다. 인터넷·디지털 기술과 결합해 생산과 이용이 편리해지고 있고, '디지털 네이티브(digital natives)'가 음악 소비를 주도하면서 '생산—유통—소비'라는 가치사슬 체계가 급변하고 있습니다. '듣는 음악'에서 '보는 음악'의 시대로 전환되고 있습니다. 물리적 형태의 실물 음반은 점차 쇠퇴하고 디지털 음악시장 중심으로 재편되고 있습니다. 케이팝은 유튜브(Youtube)와 같은 온라인 채널과 SNS(social network service)를 통해 실시간으로 글로벌 유통되고 있습니다.

음악 시장이 이렇게 복잡계(複雜系) 네트워크처럼 산업화·다변화·구조화하면서 이제 대중음악의 기본 지식과 본질적 특성은 물론 뮤직 비즈니스의 세계를 제대로 파악하지 않고서는 대중음악의 내면과 외면을 입체적으로 이해할 수 없습니다. 이제는 음악에 대한 감각·지식이 음악 산업에 대한 직관·지식과 짜임새 있게 결합되어야 할 때입니다. 수용자 환경, 산업의 흐름 등 변화된 현실 또한 충분히 수용해야 합니다.

따라서 이 책은 독자들이 대중음악에 대한 폭넓은 이해를 바탕으로 음악 시장의 구조를 입체적으로 파악해 뮤직 비즈니스를 튼실하게 창출하거나, 보다 체계화하여 지속 가능성을 확보하는 데 보탬이 되기 위한 용도로 집필되었습니다. 음악분야 창업·경영·취업이라는 실용적·산업적 목적은 물론이고 학문적 관심이 보다 많아진 뮤직 비즈니스 연구자들의 학문적 요구 충족에 도움을 주는 것까지 고려하여 기획되었습니다.

필자는 이 책을 쓰면서 국내외 음악 시장의 급변 추세에 맞추어 현재 시점에서 대중음악과 뮤직 비즈니스를 제대로 이해하고 적용할 수 있도록 가능한 한 최신 정보와 통찰을 담고자 노력했습니다. 대중음악에 대한 기본 지식은 물론 케이팝의 성공 요인, 개별 아티스트, 기업의 성공 사례를 긍정적인 관점에서 분석하는 하는 한편, 각광받는 케이팝의 외형에 가려진 우리나라 음악 생태계의 문제점과 병폐를 가감 없이 제시함으로써 법제·정책의 개선점을 모색하도록 했습니다. 음악 분야 창업자·취업자들을 위해 착시 효과를 야기하는 포장과 거품을 걷어 내고, 지극히 현실적이고 정제된 정보들을 제공하기 위해 노력했습니다. 연구자들을 위해서는 세부 주제와 관련된 논의·이론을 충실하게 소개하거나 적용하면서 보다 분석적·비판적 시각에서 접근하고자 했습니다.

이 책에 대한 상세한 내용 구성은 '차례'를 참고하기를 바랍니다. 이 책은 필자에게 학자로서 전체 엔터테인먼트 분야에서 유독 그동안 잠시 미루어 둔 대중음악과 뮤직 비즈니스 분야를 마침내 집중적으로 연구하여 누구나 이해하기 쉬운 수준으로 일목요연하게 정리한 결과물입니다. 따라서 개인적으로는 저는 외람되지만 이 책의 집필을 통해 엔터테인먼트 전체 분야의 연구를 완결한다는 점에서 의미가 깊습니다. 이 책은 독자들에게는 진화의 속도가 매우 빠른 우리나라 음악 산업을 입체적으로 해부하고 통찰하는 데 중점을 두었기에 가장 현대적인 동향과 정보를 전달하는 안내서가 될 것입니다.

필자는 2020년 여름 유독 길었던 장마와 만만찮은 폭염 속에서 원고 집필을 마쳤습니다. 이 과정에서 다양한 음악 분야 전문가들의 조언과 응원으로 탈고하여 마침내 출간에 이르게 되었습니다. 이 책의 출간을 위해 수고해 준 한울엠플러스(주)의 김종수 사장과 편집부 배소영 팀장 등 기획·편집·유통 전문가들에게 감사의 말씀을 드립니다. 마지막으로 이 책이 대중음악 분야 아티스트, 경영자, 창업자, 취업자, 연구자들에게 매우 유용하고 의미가 있는 서적이 되기를 소망합니다. 감사합니다.

2021년 2월 1일
김정섭

1부 음악 산업의 이해

1장 대중음악의 역사와 흐름
2장 음악 산업의 범위와 구조
3장 음악 산업의 현황과 성장세
4장 음악 시장의 키 플레이어들
5장 음악산업 관련 정책과 법률
6장 음악 저작권과 수익 배분

1

대중음악의 역사와 흐름

1. 서구 대중음악의 역사

대중음악(popular music)의 역사는 원시 종족의 생활 음악에서 출발해 소리 기록 기술의 발전으로 전파되면서 현대화의 기틀을 마련한 음악의 큰 갈래 가운데 하나다. 노래 행태로 보이는 가장 오래된 기록은 시리아 라타키아 북방 약 11km의 지중해 연안에 위치한 페니키아의 옛 도시 우가리트(ugarit)에서 발견된 음계(音階)가 적힌 점토판에서 볼 수 있다.[1] 각 대륙에 살던 원주민들은 기원전 5만~기원전 1만 년 전 자연 발생적으로 제천의식, 제사, 접신(接神)을 위한 주술, 집단 노동용 노래를 북과 같은 악기와 함께 선보였다. 의사소통은 물론 내부적으로 종족의 안녕과 연대를 공고히 하고 외부적으로 호시탐탐 기회를 노리며 침범하려는 적들에게 위력을 과시하여 방어하는 용도로 사용했다. 이 같은 활동은 지금의 동양권에서

먼저 시작된 흔적이 많아 음악의 뿌리가 서양이 아닌 동양권 문명에서 유래했다는 설이 유력하다.[2]

대중음악은 '다수의 일반인이 즐기는 음악'이라는 넓은 뜻인데, 대중음악이 자리 잡은 오늘의 관점에서 보면 고대시대(기원전 4천년 이후)에는 중국, 이집트, 헤브루, 그리스 문화권 등에서 제의·종교 음악을 근간으로 태동해 독자적으로 발전했음이 확인된다. 먼저 고대 그리스 시대에는 시와 연극이 유행하여 신화 속의 신들을 칭송하는 운문(韻文) 형태(노래 형태의 시)가 많이 읊어졌다. 즉, '시=노래'였다. 중세시대(800~1400)에는 비로소 민중들이 즐기는 대중음악의 토대가 마련되었다. 이때는 북, 호각 등 악기를 사용한 토착 민속음악과 예배음악이 바탕이 된 지배 계층 위주의 고전 클래식 음악이 병존했다. 로마 가톨릭교회의 종교의식이 엄격한 격식에서 점차 유연해지면서 '평탄한 노래'란 뜻의 플레인송(plainsong), 플레인찬트(plainchant)를 위시해 하나의 성부(part, 聲部)로 이루어지는 선율로 만든 '단선율 성가'가 등장했다. 세속 가곡과 같은 세속음악이 발판을 마련한 배경이다.

12세기에는 유럽에서 오늘날 대중 가수와 연예인의 원형이라 할 수 있는 세속적인 '음유시인(吟遊詩人, minstrel)'이 등장했다. 이들은 전국을 돌며 각지의 봉건영주들을 상대로 사랑 이야기를 담은 세속 가곡인 '연가(戀歌)'와 마술·재주 등 각종 기예를 공연하며 인기를 누렸다.[3] 이들은 악보(樂譜)의 보존자와 전파자 역할도 했다. 이렇게 당대에 '교회 밖의 음악'을 창출하며 엔터테이너 역할을 한 음유시인들을 영국에서는 '글리맨(gleeman)', 프랑스에서는 '종글뢰르(jongleur)', 독일에서는 '가우클러(gaukler)'라고 각각 불렀다. 같은 범주에 속하는 사람들로서 세속 가곡을 부른 시인·작곡가를 프랑스에서는 '투루바드르(troubadour)', '트루베르(trouvere)'라 칭했다. 이들은 주로 사랑·우정·풍자·애도를 주조로 하는 시를 읊었다.

〈표 1-1〉 영미권 중심의 서구 대중음악의 발전 과정

시기	내용	비고
기원전 5만~ 기원전 1만 년 전	• 원시 종족의 제의·제천의식·주술·집단 노동용 노래(소통·주술·행복 기원·집단 노동·감정 표출을 위해 단선율의 노래+악기+춤 사용)	- 음악은 비(非) 서양권 문명에서 유래했다는 것이 정설
고대시대 (기원전 4천년 이후)	• 중국, 이집트, 헤브루, 그리스 문화권 등에서 제의·종교음악으로 각각 태동, 독자적 발전 • 고대 그리스에서는 신을 칭송하는 운문 형태의 시·연극 유행	- 중국인이 음향학, 음악이론 최초 전개자
중세시대 (800~1400)	• 토착 민속음악과 클래식 음악의 병존(고전음악 부각)(아프리카 원주민은 북 등을 사용한 토착 음악 정착) • 로마교회의 의식 유연화로 **단선율 성가**(플레인송 등) 등장해 **세속음악**(세속 가곡 등)의 태동 분위기 조성 • 12세기에 **연가**를 부르는 세속적인 '음유시인들' 등장(대표적으로 프랑스 시인·작곡가 투루바드르, 트루베르 등이 전국의 봉건영주들을 상대로 세곡 가곡·기예를 순회공연하며 '연예인' 역할 수행)	- 클래식은 큰 범주에서 고대 그리스·로마의 문화·예술 총칭 - 음유시인들은 악보 보존·전파 역할[이들은 각각 '종글뢰르'(프랑스), '가우클러'(독일), '글리맨'(영국)이라 불림]
15세기	• **민속음악**과 단선율 성가가 기존 클래식 범주에서 분화(클래식은 서양 종교음악에서 거듭나 예술 음악화) • 아프리카 흑인과 북·중·남미 **인디언 토속음악** 전파[1415년 포르투갈인들이 아프리카 대륙 북서쪽 세우타(Ceu-ta) 정복, 1942년 콜럼버스 신대륙 발견]	- 봉건제도는 도시 문화로 대치, 인문주의 강화 - 화성학 발전(다선율 구현)이 음악 분화 촉진
16~17세기	• **흑인영가**(아프리카 민요+기독교 가사)와 **노동요** 발전(서·중부 아프리카에서 강제 이주한 백인 대농장 흑인 노예들의 자체 위안수단) - 남미 이주 흑인들은 향후 룸바·살사(쿠바), 삼바·보사노바(브라질), 레게(자메이카) 등의 태동·발전에 기여	- 서구 열강의 지배와 노예 수탈에 의한 북·남미 강제 이주의 여파
18~19세기 초	• 유럽에서는 **민요, 풍자송**이 버라이어티 쇼에서 불려짐(영국 뮤직홀 쇼, 프랑스 카바레의 보드빌 쇼, 카바레조: 사회 풍자송+춤+기교+마술을 복합한 쇼) 프로그램으로 구성 • 미국의 민스트럴 쇼에서 **흑인영가** 전파 확산(민스트럴 쇼에서는 흑인 노예를 조롱하는 뮤지컬 형식의 쇼가 펼쳐짐) • 미국 고유의 **포크뮤직** 형성(광산·철도 노동자들이 민요 구전·가창해 형성)	- 증기기관 발명 이후 유럽의 산업혁명 가속 - 미국 서부개척 시대(1850~1890) - 축음기(1877), 주크박스(1899) 발명 - 민스트럴 쇼는 영화·라디오 발달로 1920년대 퇴색

시대			주요 음악	사회·문화·기술적 배경

1910~1930년대			• 영가, 영가에서 파생된 복음성가인 **가스펠** 태동 및 대중화(백인의 기독교와 흑인 사회의 결합 상징)
			• **컨트리 뮤직**(백인 사회)
			• 노예해방 이후 남부 흑인들이 주축이 되어 **블루스**(흑인영가+유럽 포크+노동요+고함 소리) 태동
			  - 전통 블루스, 일렉트릭 블루스, 리듬앤블루스(R&B)
			• **재즈** 태동(아프리카 민속음악+유럽 포크)(1917년 미국 뉴올리언스의 흑인 브라스 밴드가 시조)
			  - 부기우기(블루스+재즈) (1920), 스윙재즈(빅밴드 재즈)(1920~1930)
				- 북미 남부의 산간·초원 지대 백인 이주자들은 컨트리 음악 가창·향유
				- 뉴올리언스 군항 폐쇄로 실직한 흑인 재즈맨들이 도시로 이동
				- 1920년 미국 최초 라디오 방송 시작(음악 급속 보급)

1940년대			• 재즈의 분화로 **비밥 재즈**(1940) 성행 • R&B의 태동	- 녹음기술 진보
1950년대			• **로큰롤**(R&B+컨트리 뮤직) 등장 - **포크 록**(포크+록), **컨트리 소울**(컨트리+소울), **컨트리 록**(컨트리+록)으로 분화 • **보사노바**(브라질) 태동(삼바+재즈)	- 테크놀로지의 발전, 융합장르의 태동
1960년대			• **사이키델리 록** • **소울**(가스펠+R&B) • **펑크**(아프리카 전통 리듬+재즈+R&B+소울) • **레게**(자메이카) 태동(소울+댄스) • 보사노바의 세계적 유행 • 살사의 유행(쿠바의 룸바+쏜)	- 세계적 반전·평화 운동에 젊은 층 동화 - 살사는 미국으로 이주한 쿠바인·푸에르토리고인이 전파
1970년대	• R&B의 인기 • **펑크록** • **프로그레시브 록** • 레게의 미국·영국 전파	클럽 DJ 음악	• 뉴욕에서 **힙합문화** 태동 • 댄스홀의 **디스코 뮤직** 성행	- 반항적 청년 문화 - 반자본주의 물결 - 히피문화 - 댄스홀 성행
1970~1980년대	• 하드 록 • 헤비메탈		• **일렉트로닉 댄스 뮤직** 하우스, 테크노, 앰비언트, 정글 하드코어, 트립합 등으로 분화	- 전자 악기와 매체 발달
1980~1990년대	• 얼터너티브 록 • 모던한 R&B			- 언더그라운드 뮤직의 주류화로 주류 음악 판도 변화 - 음악채널 MTV 개국 (1981), 보는 음악 시대의 개막

1990년대~현재	• 다양한 현대 음악 장르 및 융합 장르가 병존	클럽 DJ 음악	• **힙합 뮤직**(랩) 성행(서부 아프리카 음악+자메이카 음악) - 브롱스 스타일(뉴욕) 랩, 랩 록, 폴리티컬 랩, 갱스터 랩, 팝 랩으로 분화	- 도시의 갱스터 문화에 영향 - 성행한 파티·축제·페스티벌에 활용

    15세기에 이르러 봉건주의가 도시 문화로 대체되고 화성학에서 '다선율'이 구현되면서 민속음악과 단선율 성가가 기존 클래식에서 분화되었다. 민속음악은 대중들과 점차 결합하고 클래식은 서양 종교음악 양식을 통해 새롭게 예술적인 음악으로 재규정되어 거듭났다. 1400년대 중반 포르투갈을 시작으로 본격화한 새로운 대륙과 항로의 발견은 지리적 호기심, 십자군의 종교적 열광, 노예와 금을 획득하려는 경제적 야망이 결합되어 가속화하면서[4] 음악 전파에도 지대한 역할을 했다.

    에스파냐 이사벨라(Isabella) 여왕의 후원으로 항해에 나선 콜럼버스(Columbus)가 1492년 신대륙(아메리카)을 발견한 이래 노예무역과 원주민 수탈이 이어지면서 아프리카 흑인과 북·중·남미 인디언의 '토속음악'이 유럽 등으로 전파되었다. 특히 상인들은 서부 아프리카에서 흑인 노예들을 집중적으로 징발해 전체의 5%는 목화밭이 있던 미국 남부로, 60%는 사탕수수밭이 있던 중미의 카리브 해로, 나머지 35%는 브라질, 페루 등 남미지역 농장으로 팔았다.[5] 이때 흑인 노예들의 고된 노동과 피로, 억압·통제를 당하는 시름을 달래는 위안 수단으로 대중음악이 발전했다.

    16세기에는 아프리카 토속민요(가락)와 정복자들의 종교인 기독교 정서(가사)가 결합되면서 '흑인영가(Afro-American spiritual)'가 태동하여 17세기까지 유행했다.⁶ 흑인영가는 아프리카 흑인들의 그리스도 음악이다. 그간 학계에서 'negro spiritual'이라 칭했으나 'negro'가 인종 폄훼 표현이라고 보아 이제는 사용을 권장하지 않는다. 같은 시기 노예 상인들에 의해 서부·중부 아프리카에서 강제 이주한 흑인 노예들이 일터인 백인 소유의 대농장에서 자체 위안 수단으로 '노동요(勞動謠)'를 부르면서 흑인영가와 함께 사랑을 받았다. 이렇듯 남미에서 이주한 흑인들의 노동요는 이후 룸바·살사(쿠바), 삼바·보사노바(브라질), 레게(자메이카)의 태동·발전에 기틀이 되었다.

18세기에는 대중음악이 쇼와 결합되면서 대중성과 오락성이 강화되었다. 19세기에는 녹음기술 발명과 레코드 산업 발전으로 대중음악의 확산이 가속화했다. 먼저 18세기 유럽에서는 증기기관 발명 이후 유럽의 산업혁명이 가속화하는 가운데 댄스홀의 버라이어티 쇼를 통해 '민요'와 '풍자송'이 유행했다. 영국의 뮤직홀 쇼, 프랑스 카바레의 보드빌 쇼가 대표적이다. 이런 쇼들은 세사(世事), 즉 사회상을 반영하는 풍자송, 춤, 기예, 마술을 섞은 잡다한 프로그램으로 구성했기에 '버라이어티 쇼'라 불렸다.

19세기에는 미국이 서부 개척(1850~1890)과 함께 금광을 발견하면서 여흥의 재정적 기반이 풍성해 유럽 댄스홀 쇼와 흡사한 '민스트럴 쇼(minstrel show)'가 성행했다. 바로 이곳에서 흑인영가가 많이 불리면서 흑인영가는 신대륙 전역으로 퍼져 갔다. 민스트럴 쇼에서는 흑인영가 외에도 흑인 분장을 하고 노예를 조롱하는 뮤지컬 형식의 쇼가 펼쳐졌다.⁷ 민스트럴 쇼는 영화·라디오 발달로 1920년대에 퇴색했다. 이 시기에 미국의 광산·철도 노동자들이 기존의 전통 민요를 구전·가창하면서 이를 뿌리로 신대륙에서 미국 고유의 '포크 뮤직(folk music)'이 형성되었다.

19세기 소리 기록 기술(1857), 축음기(1877), 주크박스(jukebox)(1899)의 연이은 발명은 대중음악이 사회에 착근하는 데 중요한 역할을 했다. 프랑스의 에두아르 레옹 스코트 드 마르탱빌(Edouard-Leon Scottde Martinville)은 1857년 세계 최초로 소리의 파동을 먹지에 그래프처럼 그려냈고, 이 원리를 이용해 축음기를 처음 발명했다. 1877년 미국의 토머스 에디슨(Thomas Edison)은 얇은 은박, 밀랍(wax), 바늘 등을 이용해 녹음·재생이 가능한 원통형 축음기(유성기)를 발명했다. 에디슨의 발명을 기초로 1894년 에밀 베를리너(Emile Berliner)는 베를리너 그라모폰 컴퍼니(Berliner Gramophone Company)를 설립해 가수들의 음반 발간을 독려했다. 1899년 루이스 글래스(Louis Glass)와 윌리엄 아널드(William Arnold)는 동전을 넣고 단추를 눌러 선곡하여 유성기로 음악을 듣는 주크박스를 고안했다.

20세기부터는 서구 대중음악을 이끌어 온 미국 중심으로 변화상을 살펴봐야 대중음악의 흐름을 이해하기 쉽다. 20세기에 이르러 미국 사회에서는 흑인영가에서 파생된 복음성가인 '가스펠(gospel)'이 태동해 기존의 흑인영가와 함께 불렸다. 영국식 축음기 그라모폰(gramophone)은 음악 녹음기술의 표준이 되어 음악 보급을 선도했다. 이탈리아 출신의 성악가이자 오페라 가수인 엔리코 카루소(Enrico Caruso)는 1902년 뉴욕에서 처음으로 녹음을 했고 그의 음반 〈베스티 라 주바(의상을 입어라)〉[8](1907)는 세계 최초의 밀리언셀러 음반이 되었다. 1920년 미국에서 라디오 방송이 개국해 음악 보급에 더욱 속도가 붙었다.

새롭게 유행한 가스펠은 주류인 백인 사회의 신앙 기독교와 강제 이주한 흑인 사회의 고유 음악이 결합된 산물로 평가된다.[9] 백인 사회도 고유의 음악이 향유되었는데, 특히 1920년대 북미 남부 산간·초원 지대 이주자들과 철도원, 뱃사공, 카우보이, 방랑자들이 중심이 되어 '컨트리 뮤직(country music)'을 즐겼다. 주로 산간 지방에서 불렸다 하여 '두메산골(hillbilly)'이라는 단어를 붙여 '힐빌리 뮤직(hillbilly music)'이라 칭하기도 했다. 컨트리 뮤직은 아일랜드 지방의 전통 민요를 원류로 한다. 유럽인들에 의해 미국에 유입되어 과거의 모습, 가족, 사랑 이야기 등 미국적 정서와 내용을 담고 있다. 재창조되어 쉽고 단순한 멜로디를 기반으로 기타, 밴조, 바이올린, 아코디언 등의 악기에 맞추어 노래하는 방식이었다. 따라서 컨트리 뮤직은 늘 시골·도시, 고향·이주지, 과거·현재 사이의 관계를 함의하는 음악으로 평가된다.[10] 당대 컨트리를 주도한 뮤지션은 버지니아 출신 3인조 그룹 카터 패밀리(Carter Family)와 미국 미시시피 주 머리디언의 열차 제동수(制動手) 출신으로 해탈한 방랑자 이미지를 보여 준 '컨트리의 대부' 지미 로저스(Jimmie Rodgers)가 있다.

노예해방 이후 남부 흑인들이 주축이 되어 흑인영가, 유럽 포크, 고함소리가 한데 혼합된 노동요인 '블루스(blues)'가 태동해 유행했다. 블루스는 아프리카인에 뿌리를 두고 잉글랜드, 스코틀랜드, 아일랜드 전통음악이 더해졌는데, 제1차 세계대전 전후 남부 흑인들에 의해 만들진 후 북부의 시카고로 유입되었다. 우울함, 쓸쓸함, 자조, 불안의 정한이 담긴 음악으로서 사랑의 즐거움과 죽음의 슬픔 승화에 방점을 두고 있다. 블루스는 12마디 형식, 4분의 4박자 패턴이 기본 형식으로 장음계에서 3도 음과 7도 음을 반음 낮춰서 연주하는 특징이 있다. 블루스는 이후 전통 블루스, 일렉트릭 블루스, 리듬앤블루스(R&B: rhythm & blues)로 분화했다.

1917년 미국 뉴올리언스의 흑인 브라스 밴드를 시조로 '재즈(jazz)'가 형성되었다. 재즈는 아프리카 민속음악과 유럽 포크가 결합된 퓨전 음악이었다. 재즈는 뉴올리언스 군항(軍港) 폐쇄로 흑인 재즈맨들이 실직하면서 그들의 이동지인 뉴욕 등 대도시로 확산되었다. 재즈는 이후 블루스와 재즈가 결합된 '부기우기(boogie woogie)'(1920년대), 백밴드 재즈인 '스윙재즈'(1920~1930년대), 자유분방한 재즈 연주 스타일인 '비밥 재즈(bebop jazz)'(1940년대)로 각각 분화했다. 아울러 1950년대 이후 재즈는 쿨 재즈, 하드 밥, 프리 재즈, 아방가르드 등 여러 갈래로 발전했다.

이와 같은 '블루스', 악보 없이 연주하는 피아노 재즈인 '래그타임(ragtime)', '재즈'라는 3대 음악장르는 흑인들의 애환과 고통의 산물로 20세기에 가장 사랑받는 대중음악의 원천이 되었다.[11] 특징을 분석하면 흑인음악은 부르고 답하는 교창(交唱, antiphoarius), 춤·노래의 동시 구현, 즉흥성, 다선율(polyphonic), 당김음인 싱커페이션(syncopation)을 갖추고 있다.

블루스에 리듬을 가미(blues with rhythm)하여 리드미컬한 느낌을 주는 R&B는 1940년대 중·후반에 나타나 1950년대 탄생한 로큰롤(rock'n roll)에 영향을 주었다. 전통을 이어 온 포크 음악은 미국에서 사회참여적인 뮤지션들의 열성적 활동으로 인해 1940년대부터 누적된 인종 문제, 빈부 격차, 실업자 문제 등과 같은 부조리를 비판하고 환기시키는 매개체로 활용되었다. 집회 현장을 달구는 음악이 되었던 것이다. 포크는 가수 우드로우 거스리(Woodrow Guthrie)와 밥 딜런(Bob Dylan)이 선도했다. 포크는 1960년대 중반 '포크 록(folk rock)'의 토대를 마련했다. '팝 뮤직(pop music)'이라는 용어도 1950년대 중반 영국에서 로큰롤과 로큰롤이 영향을 준 새로운 청년 세대의 음악 스타일을 지칭하는 용어로 처음 사용되었다.[12]

1950년부터는 음악을 구현하는 테크놀로지의 발전으로 융합 장르가 태동하고, 컬러 TV가 보급되면서 가수·배우 부문에서 많은 대중 스타가 탄생했다. 미국에서 R&B와 컨트리 뮤직이 결합된 '로큰롤'이 등장하면서, 가수인 빌 헤일리(Bill Haley), 척 베리(Chuck Berry), 엘비스 프레슬리(Elvis Presley)가 대중적인 스타로 떠올랐다. 동시에 남미 음악의 영향으로 브라질의 삼바와 재즈를 결합한 '보사노바(bossa nova)'가 성행하여 젊은이들에게 새로운 활기를 불어넣었다.

로큰롤이라는 말에는 '바위가 구르듯 음악에 맞춰 신나게 몸을 흔들어 보자'는 뜻이 담겨 있다. 로큰롤의 뿌리는 블루스인데, 이 블루스가 R&B로 변모한 뒤 컨트리를 만나 융합된 것이다. 로큰롤은 이후 시간이 흐르면서 포크와 록이 융합된 '포크 록', 컨트리와 1950년대 후반 태동한 소울

(soul)이 결합된 '컨트리 소울(country soul)', 컨트리와 록이 합쳐진 '컨트리 록(country rock)' 등으로 분화했다. 포크 록은 비틀즈의 영향으로 더욱 발전했다.

1960년대 초반에는 트위스트(twist)와 팝 발라드(pop ballad) 등이 인기였으나 베트남 전쟁 등의 여파로 싹튼 세계적인 반전·평화 운동에 미국 젊은 이들이 동화되면서 매우 진보적이고 전위적인 음악 양식이 더 사랑받게 되었다. 먼저 1960년대 록 음악은 버클리 대학교 등 미국 동부 대학가를 중심으로 확산된 반전 운동과 흑백 갈등, 음악적으로 파도타기 운동에서 기인하여 현란한 전자악기 연주와 보컬이 결합된 양식을 갖춘 '서프 뮤직(surf music)'의 영향을 받았다. 아울러 신시사이저(synthesizer)의 발명(1964)에 힘입어 관능·환각 효과를 자아내는 '사이키델리 록(psychedelic rock)'과 소울이 유행하면서[13] 재즈를 시들게 했다. 인간의 영적 세계와 정서에 바탕을 둔 소울은 가성적인 소리 지르기, 울부짖는 듯한 호소력과 흡인력이 짙은 음성, 애도 분위기를 특징으로 하며, 절정부에서 종종 즉흥연주가 덧붙여지고 2마디, 4마디 패턴 베이스에 당김음 리듬을 사용하는 것이 특징이다.

아울러 아프리카 전통 리듬·춤, 재즈, R&B, 소울이 섞여 탄생한 '펑크(funk)'도 큰 사랑을 받았다. 특히 펑크 음악은 아프리카 흑인 계열이 창출했는데, 8분 음표 혹은 16분 음표의 당김음이 복합적으로 사용되었다. 남미에서 이주한 브라질·쿠바·푸에르토리코인 등이 미국 사회에 정착하면서 '보사노바'가 세계적으로 유행하고 소울과 댄스가 결합된 '레게(reggae)', 쿠바의 쏜(son), 룸바(rumba)가 혼합된 '살사(salsa)'가 인기를 끌었다. 1960년대 말부터는 유럽에서 쉬운 멜로디, 기계적인 비트, 경쾌한 댄스 요소를 강조한 '유로팝(Europop)'도 유행하여 스페인의 로스 브라보스(Los Bravos), 영국의 치코리 팁(Chicory Tip), 카리브 해 출신의 4인조 보니 엠(Boney M), 스웨덴의 아바(ABBA)가 각각 스타덤을 누렸다.

1960년대에 이어 1970년대 끔찍한 참상을 야기한 잦은 전쟁과 물질 중시의 자본주의 물결로 인해 반사회적 저항 문화가 맹위를 떨쳤다. 폭력과 억압에 반대하며 기성 사회의 성적 구속과 관습적 도덕의 해체를 주장하고 자연주의를 추종하는 '히피(hippie) 문화'가 태동하고 '언더그라운드 뮤직'이 꽃을 피웠다. 자유와 개방 확산 풍조로 인해 댄스홀이 성행했다. 이런 흐름에 따라 대중음악의 트렌드 세터는 '펑크 록(punk rock)', '프로그레시브 록(progressive rock, art rock)'으로 대체되고, 자메이카에서 건너온 '레게'가 미국을 거쳐 영국으로 광범위하게 전파되었다. 이어 1970~1980년대에는 '하드 록(hard rock)'과 '헤비메탈(heavy metal)'이, 1990년대에는 '얼터너티브 록(alternative rock)'이 대중음악의 새 조류를 이끌었다. 이 가운데 헤비메탈은 1960년대 말 영국의 하드 록 밴드들에 의해 록의 하위 장르로 개발되었는데, 느슨한 리듬, 금속성 고음, 시끄러운 소리를 특징으로 한다.

1970년대 미국 뉴욕 흑인타운 사우스 브롱스에서는 '힙합(hip hop) 문화'가 태동하여 새로운 문화이자 음악의 장르로 기능하면서 현대로 이어지는 '클럽 DJ 뮤직'이라는 댄스 뮤직의 계보를 형성했다.[14] 힙합 뮤직(hip hop music)은 서부 아프리카 음악과 자메이카의 토속 음악이 결합된 양식으로서 디제잉(DJing), 엠싱(MCing), 비보잉(b-boying), 그래피티(graffiti), 태깅(tagging) 등을 기본 요소로 한다. 1970년대부터 곳곳에 생겨난 '댄스홀'과 '클럽'에서는 디스크자키(DJ: disk jockey)가 브레이크 비트(break beat), 스크래칭(scratching), 스피닝 백(spinning back) 기술을 현란하게 선보이며 손님들을 이끄는 '디스코 뮤직(disco music)'이 성행했다.

디스코(disco)는 미국 디트로이트 모타운 레코드와 필라델피아 인터내셔널 레코드의 소울 양식에서 기원하여 뉴욕의 게이·흑인 클럽을 중심으로 성행했는데, 1970년대 중반에는 라디오 방송 선곡을 점유하면서 주요 음악 차트를 석권했다. 1977년 개봉된 영화 〈토요일 밤의 열기〉는 세계에 디스코 열풍을 일으켰다.[15] 클럽에서는 일단의 DJ들이 종종 가사 없이 비트만 있는 음악을 틀어 주며 춤을 추게 했는데, 이때 홀에 나와 춤을 추던 사람들을 '비보이(B-boy)', 이들의 춤을 '브레이크 댄스(break dance)'라 불렀다. 1981년 8월 1일 음악전문 채널 'MTV'가 뮤직비디오 소개·방영 형식을 도입해 개국하면서 듣는 음악 시대를 넘어 '보는 음악 시대'가 열렸다. 이때 현란한 브레이크 댄스로 무장한 마이클 잭슨이 음악 팬들의 시선을 압도하며 스타덤에 올랐다.

디스코 뮤직은 1970년대 말부터 디스코는 열풍이 점차 시들면서 게이 클럽에서는 하이 에너지(Hi-NRG), 일렉트로 펑크(electro-funk), 영국 클럽에서는 신스팝, 유로 디스코(Eurodisco), 랩(rap)이 성행했다. 아울러 이런 음악은 전자 악기와 매체 발달, 언더그라운드 뮤직의 주류화로 인해 '일렉트로닉 댄스 뮤직(EDM: electronic dance music)'으로 한층 진보했다.[16] EDM은 이후 하우스(house), 테크노(techno), 앰비언트(ambient), 정글(jungle), 하드코어(hardcore), 트립합(trip hop) 등으로 분화했다. 유럽의 댄스 음악은 1980년대에는 유로 디스코가 주도한 반면 1990년대는 미국에서 태동한 하우스 뮤직(house music)이 이끌었다. 하우스 뮤직은 1980년 초 시카고의 어떤 창고(warehouse) 파티에서 태동하여 그런 이름이 붙여졌다.

테크노는 미국 디트로이트에서 태동한 일렉트로닉 댄스 음악으로 하우스보다 어둡고 실험적이라는 평가를 받는다. 앰비언트는 영국에서 유래한 전자음악의 하위 장르[17]로서 전통음악의 형식과 구조에서 벗어나 차분한 공간에서 사유(思惟)를 야기하는 음색과 분위기를 강조한다. '앰비언트 뮤직'이라는 말은 영국 음악가 브라이언 이노(Brian Eno)가 1978년 발매한 정규 앨범 〈Ambient 1: Music for Airports〉에서 따왔다. 그는 2010년 1월 17일 ≪더 가디언(The Guardian)≫과 인터뷰에서 "앰비언트 뮤직은 고요함과 생각할 수 있는 공간을 만들어 내기 위해 만들어졌다"고 밝혔다. 하드코어는 리듬감을 중시하는 폭발적 사운드와 저항성을 특징으로 펑크·메탈·

힙합이 결합되어 만들어진 록을 지칭한다. 트립 합은 힙합과 일렉트로니카 등이 합쳐져서 탄생한 음악으로 음습하고 몽환적인 느낌이 특징이다.

1990년대 이후에서 2021년까지는 기존의 팝 장르와 다양한 융합음악 장르가 병존하는 가운데 디스코 뮤직의 계보로서 EDM과 함께 '랩 음악'으로 불리는 '힙합 뮤직'이 함께 성행했다. 힙합 뮤직은 이후 '브롱스 스타일(뉴욕) 랩', '랩 록(rap rock)', '폴리티컬 랩(political rap)', '갱스터 랩(gangster rap)', '팝 랩(pop rap)'으로 분기했다. 힙합 뮤직은 도시의 갱스터 문화에 영향을 받았으며, 당대 젊은이들의 사교·놀이 무대인 파티·축제·페스티벌에 많이 활용되었다. 힙합은 미국에서 출발했지만 세계를 강타하여 신세대들을 중심으로 개성, 자율성, 표현성, 즉흥성을 특징으로 하는 '힙합 스타일'을 창출하여 음악·댄스는 물론 패션, 생활, 감성, 의식까지 지배하는 강력한 문화 현상으로 자리 잡았다.

2. 한국 대중음악의 역사

서구문화 유입과 수용으로 출발한 우리나라 대중음악의 역사는 개화기인 근대국가 형성기, 일제강점기, 해방에서 1960년 이전까지, 1960~1970년대, 1980년대, 1990년대, 2000년 이후로 구분해[18] 살펴볼 수 있다.

첫째, 근대국가 형성기(강화도 조약부터 을사늑약까지, 1876~1905)는 개방으로 신극, 활동사진, 극장과 함께 에디슨이 발명한 유성기(留聲機, 축음기)와 유성기 음반(gramophone record)이 일본에서 도입되어 음반 발전의 토대를 마련했다. 유성기는 1866년 2월(제1차 방한) 함선 로나호를 몰고 와 충남 아산만의 해미현 조금진(현재 당진시 대호지면 조금리)에서 통상을 요구한 독일인 에른스트 오페르트(Ernst Oppert)가 관할 해미 현감 김응집과 수비대장 일행을 함선에 초청

〈표 1-2〉 한국 대중음악의 흐름과 특징

근대국가 형성기 (강화도 조약부터 을사늑약까지, 1876~1905)	열강에 의한 개방으로 유성기, 음반 등이 도입되어 음반 발전 의 토대 마련	전통 민요 외에도 창가, 전통 가요, 신민요 성행
일제강점기 (을사늑약부터 해방까지, 1905~1945)	일제의 통제와 탄압으로 '민족 음악의 유통·가창이 금지, 해방 염원 유행가와 왜색가요 성행	일본문화 유입의 영향으로 번안 가요, 재즈, 트로트(뽕짝), 만요, 군국가요 확산
해방기와 이승만 정부 시대 (1945~1960)	미군정, 6·25전쟁으로 서구 가요 유입, 향락주의 만연, 반공 주의와 통제·검열의 제도화	미군부대 주둔 여파로 팝 등 서구음악 성행, 클럽(댄스홀), 무도장, 음악다방, 감상실 번창
박정희 군사독재시기 (1960~1970년대)	1960년대는 통제·반공·계몽 중심, 1970년대는 억압과 통제, 청년 문화, 향락주의 만연	1960년대는 기존 트로트에 스탠더드 팝, 포크, 로큰롤 가세, 1970년대는 팝과 포크에 록 가세
전두환 신군부 독재시대 (1980년대)	문화 통제 강화 속에 컬러 TV 보급으로 비디오형 가수 등장, 라디오 음악방송 인기, 10대 중심 음악시장 형성	발라드, 댄스 유행에 소울과 블루스 틈새 형성, 10대 취향 댄스곡 선풍, 팬덤 형성 및 활동 본격화
민주화 및 문민정부시대 (1990년대)	노태우 정부에서는 통제 중심, 김대중 정부 이후에는 표현의 자유 확대와 문화 개방 본격화	신세대 아이돌 그룹과 인디밴드 출신들의 주류화, 민중 음악도 기존의 대중음악 시장에 흡수
2000년대 이후 여가·레저문화 확산 시대	한류열풍에 이은 '케이팝 한류' 로 인해 음악의 생산·유통에서 글로벌 경쟁력 구축	세계적 보편성과 한국적 특색을 결합한 아이돌 그룹 중심의 댄스, 힙합 등으로 세계 음악시장 주도

해 처음으로 프랑스 유성기(큰 축음기)로 음악을 들려주며 연회를 연 데 이어, 구한말에는 미국 공사 출신 선교사 호러스 뉴턴 알렌(Horace Newton Allen)이 정부의 대신들을 초청해 에디슨의 유성기를 소개하면서 점차 보급되기 시작했다. 특히, 오페르트는 귀국 후 출간한 그의 저서 『금단의 나라 조선(A Forbidden Land: Voyages to the Corea)』(1880)에서 "음악에 대한 조선인들의 애호심은 아시아의 어떤 민족보다도 강렬하다"고 격찬한 뒤 "음악 지식은 초보적이고 악기는 원시적이다"라고 지적했다. 1899년에는 명창 광대가 부른 「춘향가」 등을 처음으로 유성기 음반으로 취입했다. 이 시기에는 굿거리장단(8분의 12박자)이나 세마치장단(8분의 9박자)을 기조로 하는 전통 민요, 갑오

개혁 이후 서구의 곡조에 맞추어서 지어 부른 창가(唱歌), 전통 가요를 대중 가요로 개작한 신민요(新民謠) 등이 유행했다.

둘째, 일제강점기(을사늑약부터 해방까지, 1905~1945)는 일제의 통제·탄압으로 「아리랑」, 「봉선화」 같은 민족음악의 유통·가창이 금지되고 비관·망향, 해방 염원, 계몽적 성격이 짙은 유행가가 많이 불려졌다. 전통 민요, 창가, 신민요가 사랑을 받은 가운데 번안 가요와 미국에서 유입된 재즈, 일본 엔카(演歌)의 영향을 받은 트로트(뽕짝), 해학·웃음을 유발하는 가사로 창작된 만요(漫謠, comic song)가 1920년대부터 확산되기 시작했다.[19] 일제를 찬양하는 군국 가요(軍國歌謠)도 나타났다.[20]

특히 '트로트(trot)'는 1910년대 초기의 미국 사교춤곡 가운데 하나인 '폭스 트롯(fox trot, 여우의 걸음)'에서 유래했는데, 이 말은 여우가 사냥감을 향해 살금살금 걸어가듯이 추는 춤이라는 뜻이다. 트로트는 '요나누키(ヨナ拔き)'로 불리는 5음계('도-레-미-솔-라') 형식으로 매우 단순한 4분의 2박자(쿵짝 쿵짝 쿵짜짜 쿵짝)나 4분의 4박자를 기본으로 하는데, '쿵짝'이라는 소리를 따서 속되게 '뽕짝'이라고 부른 것이다. 트로트의 유행에는 일제의 우리 노래 탄압과 일본에서 유입된 비가풍(悲歌風)의 '신파극(新派劇)'이 많은 영향을 미쳤다.

트로트에 대해서는 왜색성이 짙은 하위문화란 비판론과 재창조된 어엿한 한국의 전통 가요라는 긍정론이 병존한다.[21] 트로트 중에는 이애리수의 「황성옛터」, 김정구의 「눈물 젖은 두만강」, 이난영의 「목포의 눈물」 등이, 만요는 한복남의 「빈대떡 신사」, 강홍식의 「유쾌한 시골 영감」, 김정구의 「세상은 요지경」, 박향림의 「오빠는 풍각쟁이야」 등이 인기를 끌었다.

트로트가 인기를 끌고, 라디오가 보급되면서 대중음악이 생활 속으로 파고들었다. 일본축음기상회는 1913년부터 1925년까지 서울에서 '나팔통식 취입(吹入)'이라 불리는 기계식 취입법을 통해 우리 음악을 녹음하여 판매했다. 이어 컬럼비아(columbia), 오케(Okeh), 빅터(Victor), 다이헤이(Taihei)와 같은 외국의 음반회사가 서울에 지사를 설립해 유명 가수들이 취입한 음반을 팔기 시작했다.

1920년 미국에서 시작된 라디오 방송은 물론, 신문·잡지·영화 등 새로운 매체를 통해 서양 대중문화가 급속도로 전파되면서 음반 수요를 창출했다. 앨범 음반의 경우 1930년대 최고 5만 장까지 팔렸다. 라디오는 도입 초창기에 고작 1440대에 불과했지만 1927년 최초의 라디오 방송국인 경성방송국이 설립되면서 1932년 2만대를 훌쩍 넘어섰다. 조선 최초의 소프라노이자 신극 배우인 윤심덕은 1926년 8월 1일 앨범 〈사(死)의 찬미(讚美)〉를 발표했으나 3일 뒤 유부남 연인인 연극인 김우진과 동반 자살하여, 그 사연이 화제가 됨으로써 10만 장 이상 팔렸다.

셋째, 해방기와 이승만 정부 시대(1945~1960)는 미국 군정체제와 6·25전쟁으로 인해 개방적 사고가 담긴 서구 가요가 유입되어 향락주의가 만연하고 반공주의와 통제·검열이 뿌리를 내렸다. 1958년에는 한국음반도매상협회가 구성되어 음반 산업의 기초를 닦았다. 1959년 10인치 LP(long playing record)가, 1964년에 12인치 LP가 차례로 생산되었다. 서울 충무로의 '무시로(음악다방)'를 비롯해 미군 부대, 서울 명동, 충무로, 무교동 등에 클럽(댄스홀), 무도장, 음악다방, 감상실 등이 속속 생겨났다. 대중가요는 트로트(5음계)가 팝(7음계)을 만나 현대식으로 변모했다.

가수 현인의 「신라의 달밤」, 남인수의 「가거라 삼팔선아」처럼 국권 상실을 한탄하거나 현인의 「굳세어라 금순아」, 이해연의 「단장의 미아리고개」처럼 분단·이산의 고통을 담은 노래가 사랑을 받았다. 김백희의 「아내의 노래」처럼 정부를 칭송하는 듯한 노래도 등장했다. 미국 정서를 추종하는 듯한 안정애의 「대전 부루스」, 김정애의 「닐리리 맘보」, 현인의 「럭키 서울」, 장세정의 「샌프란시스코」 등도 등장했다. 가수 옥두옥은 도

미해 1956년 현인의 「고향만리」를 영어로 바꾼 「East of Make Believe」를 발표해 '가요 한류'의 첫발을 내딛었다. 박재홍의 「물레방아 도는 내력」(1954)의 가사는 자유당 정권의 심기를 건드려 공화당 정권까지 금지곡이 되었다.

넷째, 대중음악에서 1960년대는 통제·반공·계몽 중심의, 1970년대는 억압과 통제, 청년 문화, 향락주의가 각각 기조를 이루었다. 특히 박정희 정부는 집권 강화를 위해 음반·도서·영화의 검열을 강화했다. 트로트에서는 남인수, 고복수, 백년설, 현인 등이 계속 인기를 누렸다. 미군 부대 등의 영향으로 스탠더드 팝(standard pop), 포크 송(folk song), 로큰롤 등의 장르가 파고들었다. 스탠더드 팝 음악은 서구적 분위기의 '팝(pop)형 트로트'로 꾸밈음을 제거한 깔끔한 가창 방식이 특징인데,22 한명숙의 「노란 샤쓰의 사나이」와 최희준의 「하숙생」이 대표적이다. 미군 무대에서 영향을 받은 신중현의 「비속의 연인」, 김추자의 「님은 먼 곳에」도 사랑을 받았다.

당시 미8군 무대(조용필·신중현·패티김), 음악다방 '세시봉'(송창식·윤형주·김세환·조영남·이장희), KBS 가수선발대회(장미화) 등은 가수 등용문이었다. '은방울 자매'(여성 듀엣, 2인조), '펄 시스터즈'(트리오, 3인조), 윤복희(1967, 미니스커트 착용) 등 새로운 스타일도 창출되었다. 영국 가수 클리프 리처드(Cliff Richard)는 내한 공연에서 여성 팬덤(fandom)을 크게 자극해 '오빠부대' 형성의 시초가 되었다.

1970년대에는 팝과 포크가 주류를 이룬 가운데 록이 첫선을 보였다. 감상적으로 흐른 트로트에서는 남진·나훈아·이미자·패티김·송대관이, 포크에서는 이장희·김민기·양희은·송창식·윤형주·김세환이 인기를 끌었다. 록은 신중현이, 포크 록은 히피 출신 한대수가 주도했다. 혜은이도 신인 스타로 떠올랐다. 정부는 정권 안보를 위해 1975년부터 금지곡 지정 강화, 연예인의 외국 예명(藝名) 사용 금지, 대마초 흡연 가수 일제 검거 등의 탄압을 남발했다. 당시 「행복의 나라」, 「아침이슬」, 「님은 먼 곳에」, 「아름다운 강산」 등은 모두 금지곡이었다.

다섯째, 1980년대는 컬러 TV 보급으로 방송 퍼포먼스에 능한 비디오형 가수 등장하면서 10대 중심의 음악 소비 시장을 형성했다. 조용필의 '오빠 부대'를 필두로 가수별 팬덤 활동이 본격화했다. 조용필·전영록·이선희·주현미·최성수·이지연·김범룡·이선희·이상은이 큰 인기를 누렸다. 전영록·김완선·김승진·소방차·박남정 등이 10대 취향의 댄스곡으로 선풍을 일으켰다.[23] 이광조·이문세·변진섭·이상우·이승철은 발라드에서, 들국화·임재범·한영애는 록에서, 김현식·유재하는 소울 블루스에서 각각 두각을 나타냈다. 이종환·이문세·이수만·김기덕·이택림은 DJ로 명성을 높였다.

라디오 음악 프로그램과 방송사 가요 순위 프로그램이 인기를 끌면서 음악 소비 취향이 변해 한국가요 중심의 음악 시장이 형성되었다. 이 때문에 노점상들이 판매하는 '길보드'라 불리는 불법복제 음반이 한때 인기를 끌었다. 또 민주화 열망에서 민중가요와 노래패 활동이 두드러졌다. 쿠데타로 집권한 전두환 정권은 가수의 방송 출연 금지, 금지곡 지정 등을 유지하고 가요제가 포함된 '국풍 81'과 같은 관제 행사를 통해 '유화' 제스처를 취하면서 음악을 정치에 활용했다. 「임을 위한 행진곡」, 「늙은 군인의 노래」는 시위 현장에서 자주 불린 반정부 선동 가요라는 이유로 금지곡이 되었다. 1980년대 말에는 민주화로 분출된 표현의 욕구가 음악에서도 분출되었다.

여섯째, 1990년대는 노태우 정부에서는 통제 중심이었지만 말기 김대중 정부 출범 이후에는 표현의 자유 확대와 개방성 강화로 기조가 변했다. 노태우 정부를 벗어나면서 한·일 간 대중문화 개방(1998.10.20)과 다채널 시대 개막으로 음악 전파와 소비가 국제적 층위로 변모했다. 민주화, 여가·오락 욕구의 증가, 컬러TV 시청, 외국 여행·유학, 교복 자유화 등의 여파로 개성·감성이 중시되면서 점차 신세대 아이돌 그룹, 홍익대학교 주변에서 활동한 인디밴드 출신 가수들이 가요계의 주류로 부상했다. 민주화 투쟁의 상징이었던 민중음악도 기존의 대중음악 시장에 흡수되었다. 1996년 '음반사전심의제도'가 폐지되고 김대중 정부 이후에는 금지곡이 사라졌다.[24] 음악 시장은 상업화가 급속도로 촉진되었고, 외환위기 이후에는 극심한 침체를 겪었다.

구체적으로 장르에서는 트로트, 발라드, 댄스 외에 랩, 힙합, R&B란 새로운 장르가 진입했다. 트로트에서는 송대관·태진아·설운도·현철이 전성기를 누렸다. 발라드와 댄스에서는 여성 팬들에 힘입어 신승훈·김건모·조성모가 음반 100만 장 이상을 팔았다. 신승훈은 '발라드의 황제'로 추앙받았다. 신해철·윤도현·강산에는 저항·자유의 아이콘으로, 이은미·이소라·015B·윤종신·김동률·이적·박정현은 감성·가창력의 상징으로 평가되었다. 크라잉넛과 노브레인은 홍대 인디파워의 저력을 과시했다. 1990년대 후반부터는 서태지와 아이들, H.O.T., 젝스키스, S.E.S., 핑클 같은 댄스 그룹이 속속 등장해 10~20대 팬들을 주축으로 아성을 구축하며 2000년대까지 아이돌 음악 전성시대를 열었다. 특히 서태지는 '신세대 대통령' 또는 '문화 대통령'으로 불릴 만큼 우상이 되었다.

일곱째, 2000년대 이후의 우리나라 음악은 '케이팝 한류'로 인해 음악의 생산·유통에서 글로벌 경쟁력을 구축하게 되었다. 내부적으로 외환위기 극복, 주5일제 전면 실시, 풍성해진 미디어 및 정보 통신 인프라가, 외부적으로는 1차(1998.10.20), 2차(1999.9.2), 3차(2000.6.27)에 걸친 한·일 대중문화 개방 등 문화 외교의 질적 개선이 그 토대가 발되었다. 2000년부터는 '드라마 한류'가 일어나 2005년에 그 정점을 찍었다. 2008년부터는 '케이팝 한류'가 형성되어 우리 음악시장의 위상을 바꾸어 놓았다. 2010년부터는 '예능 한류'가 타올라 여러 장르의 콘텐츠가 함께 융합·발전하면서 소비재 수출 증가 등의 선순환 작용이 뚜렷해졌다.

아이돌 그룹 스타들은 아시아에 이어 북미·유럽 등도 공략했다. 2001년 데뷔한 쥬얼리의 박정아는 '섹시 아이콘'으로 부상했다. 가수 보아는 2001년 일본에서 「Listen to my heart」로 오리콘 차트 1위에 올랐다. 슈퍼주니어, 소녀시대는 2008년부터 동남아 전역에 형성된 케이팝 신드롬을 주도했다. 특히 소녀시대의 일본 첫 정규 앨범 〈걸스 제너레이션〉은 2011년 이후 2012년 상반기까지 총 100만 장을 팔았다. 카라는 일본 첫 정규 앨범 〈걸즈 토크〉로 오리콘 차트 1위를 차지하고 한국 걸그룹 최초로 앨범 총 판매 300만 장을 돌파했다. 유쾌함을 체화한 가수 싸이는 「강남스타일」(2012)과 「젠틀맨」(2013)으로 미국의 빌보드 싱글 차트를 석권했다.

이후에는 BTS, 블랙핑크, 트와이스, 엑소 등이 한류를 주도했다. 특히 BTS는 예술적 지평이 넓은 노랫말과 창의적인 음악, 선행, 다국적으로 구축된 팬클럽, 특화된 소셜 마케팅 등으로 미국과 유럽 등 세계 음악시장을 석권하면서 케이팝 열풍의 중추가 되었다. 이 시기에는 댄스와 힙합이 강세를 이룬 가운데 오디션 프로그램의 인기 여파로 발라드와 트로트의 부활 등 복고(復古) 흐름이 나타났다.

아이돌 그룹은 비주얼, 가창력과 댄스, 스타성이 뛰어난 인재들을 발굴해 시대적 감성과 트렌드를 담은 노래와 안무를 매개로 스타 그룹으로 성공시킨 뒤, 인기가 검증된 일부 구성원만을 유닛화하는 전략을 구사한 다음 20대 후반부터 솔로 가수나 배우로 독립시키는 체계가 전형적인 공식처럼 뮤직 비즈니스에 통용되었다. 이와 관련된 케이팝 열풍 초반의 아이돌 그룹 성공 콘셉트를 '큐트', '섹슈얼', '레트로(복고풍)', '포스트 팝아트'로 분류하여 분석한 연구[25]가 눈길을 끈다.

아이돌 그룹이 주도한 케이팝은 음악적 형식·내용·정서 면에서 세계인에 통하는 보편성을 갖춘 데다 디지털 기술 발달로 가능했던 트랜스 미디어 전략을 장교하게 채택·가동하여 확산성을 높임으로써 통속성, 유행성, 상업성을 강화해 성공했다는 평가다. 특히 가사와 사운드는 개인적 정서를 주로 표현하고 보편적 욕망에 충실하며 솔직한 태도와 소비 중심적인 생활 방식을 드러낸 것으로 평가된다.[26]

우리나라 대중음악은 산업 측면에서 접근하면 1940년대 이전 SP음반 시대(일본계열 가요 위주의 영세한 음반 시장), 1950년대 LP음반 도입기(불법 복제를 통한 유통 성행), 1960년대 음반 산업 태동기(음반 관련 법률 제정과 스테레오 녹음 시대 개막), 1970년대 음반 산업 정착기(TV 음악 프로그램 및 레코드사 활성화, 외국 라이선스 음반 발매 활기), 1980년대 한국 고유음악 시장 정착기(외국 팝송 향유에서 벗어나 한국 고유의 가요 인기), 1990년대 대기업의 음반시장 참여와 외국자본 진출(삼성·현대·SK·롯데의 음반시장 참여와 EMI·컬럼비아·에픽·워너뮤직 등 외국 음반사 한국시장 진출), 2000년대 디지털 음악시장 전환기(무선 디지털 기기와 휴대폰 보급으로 음반보다 파일로 음악을 듣는 관행 정착)로 구분할 수 있다.

한편 대중음악 연구자 김창남·신현준·최지선은 「한국 대중음악사 발간을 위한 기초연구 보고서」(2017)[27]에서 한국 대중음악의 역사를 전통음악이 근대음악으로 점차 대체되면서 대중음악의 기초가 완성된 '근대~식민지 시기(구한말~1945)', 조선의 독립에서 미군정(1945~1948)과 한국전쟁(1950~1953)을 거친 뒤 '4·19 혁명'으로 이어지면서 대중음악계가 남북으로 나뉘고 미국의 대중음악이 유입된 '1945~1960년', 통제 중심의 박정희 장기집권 체제에서 민영 라디오 방송과 TV의 보급이라는 매체의 변화와 미8군 무대 출신 등의 신흥 가수세력이 도래한 '1961~1975년', 사전 검열과 통제 속에서 민중가요가 성장하고 휴대용 카세트테이프의 상용화, 컬러TV 방송의 시작으로 대중문화의 본격적인 성장이 이루어진 '1976~1991년', 민주화·세계화와 함께 대기업이 음악 산업에 진출하고 이동통신이 보급되는 상황에서 10대가 음악의 주요 소비 주체가 되어 가요 스타일에 급격한 변화를 이끈 '1992년~현재'의 5단계로 시기 구분을 할 것을 제안했다.

『한국 가요사 이야기』(1994)[28]를 집필한 김영준은 이 책에서 가요를 창가, 가곡 및 동요, 유행 가요로 장르를 나누어 각 장르 내에서 시대별로 서술했다. 특히 대중가요의 핵심 영역인 '유행 가요'를 초기의 유행가, 개화기의 유행가 장르, 개화기의 인기 가수들, 가요 수난기(1940~1950년대), 트로트의 재부흥 및 팝 가요의 황금기(1960년대), 포크 송과 팝 뮤직의 황금기(1970년대), 발라드의 황금기(1980년대), 랩·댄스 뮤직의 발흥(1990년대)으로 각각 구분하여 분석·서술했다. 『한국 대중가요사』(1998)[29]를 집필한 이영미는 정치 및 문화 현상에 따라 시대를 8개로 나누어 '유행 창가와 대중가요의 시작, 일제시대-트로트와 신민요의 양립, 1940년대 후반과 1950년대-트로트의 재생산과 새로운 양식의 혼돈, 1960년대-이지 리스닝[30]의 정착과 이미자의 엘레지, 1970년대-청년 문화의 빛과 어둠, 1980년대-조용필과 발라드의 시대, 1990년대-서태지와 포스트 서태지로'와 같이 서술했다.

『한국 가요사』 1·2권(1993)[31]을 쓴 재일(在日) 가요 연구가 박찬호는 한국 대중가요사를 크게 해방 이전과 이후로 나누어 두 권으로 서술했다. 1권의 주제를 '가요의 탄생에서 식민지 시대까지, 민족의 수난과 저항을 노래하다'로 정한 뒤 '제1부 노래에 담긴 민중의 마음, 제2부 조선 근대음악의 선구자들, 제3부 초창기의 가요곡, 제4부 가요곡의 황금시대, 제5부 암흑기의 가요곡' 순으로 각각 분석했다. 2권은 '해방에서 군사정권까지, 시대의 희망과 절망을 노래하다'라는 주제를 앞세워 '제1부 해방과 분단, 제2부 한국전쟁 발발과 피난살이, 제3부 활기 띤 환도 후 가요계, 제4부 가요의 제2황금기 1960년대, 제5부 시련 맞는 대중가요 1970년대, 제6부 재일 한국인 편: 재일 조직의 궤적과 아울러'로 각각 전개했다.

2

음악 산업의 범위와 구조

1. 음악 산업의 범위와 특징

음악(音樂, music)은 박자, 가락, 음성 등의 형식으로 조화·결합하여 목소리, 악기 등을 통해 사상과 감정을 나타내는 예술을 뜻한다. 미국 시인 헨리 롱펠로우(Henry Longfellow)는 "음악은 인류의 보편적 언어(universal language)"라고 수사적으로 표현했다. 음악 경영 연구자인 데니스 영(Dennis Young) 조지아 대학교 교수는 "음악은 우리의 마음속에 모든 종류의 이미지를 불러일으키는 힘을 가지고 있다"[1]고 강조했다. 고대 그리스에서 음악은 체육에 대비되는 분야로서 학문과 예술의 신인 9명의 '여신(muse)'이 관장하여 실행되는 모든 예술과 과학을 가리켰다. 뮤즈는 '생각에 잠기다, 상상하다, 명상하다'라는 뜻의 고대 그리스어에서 유래했는데, 그 숫자가 9명이나 되었기에 복수형은 '무사이(Musai)'라 불렸다.[2]

〈그림 2-1〉 9명의 뮤즈들

학예(學藝)의 신으로 규정되는 뮤즈들 가운데 칼리오페(Calliope)는 '아름다운 목소리'라는 뜻으로 서사시를 담당했다. 클레이오(Clieo)는 '명성'이라는 뜻으로 역사를, 에우테르페(Euterpe)는 '기쁨'이라는 의미로 피리 불기를, 테르프시코레(Terpsichore)는 '춤의 기쁨'이라는 뜻으로 서정시와 무용을 각각 관장했다. 에라토(Erato)는 '사랑스러움'이라는 의미로 사랑을 노래한 서정시(연시)와 노래를, 메르포메네(Merpomene)는 '노래하는 것'이라는 뜻으로 비극을 각각 맡았다. 탈리아(Thalia)는 '풍요로운 환성'이라는 뜻으로 희극을, 폴림니아(Polyhymnia)는 '많은 노래'라는 의미로 시와 찬가, 춤, 팬터마임, 웅변, 기하학, 농업을 각각 담당했다. 우라니아(Urania)는 '하늘의'란 뜻으로 천문을 맡았다. 영어에서 음악을 뜻하는 '뮤직(music)'과 미술관이나 박물관을 뜻하는 '뮤지엄(museum)'이라는 어휘도 각각 뮤즈 여신들과 이들을 모시는 신전을 뜻하는 고대 그리스어 어휘에서 유래했다.

현행 우리나라 음악산업진흥에 관한 법률(음악산업법)에서 '음악'은 소리를 소재로 박자·선율·화성·음색 등을 일정한 법칙과 형식으로 종합하여 사상과 감정을 나타낸 것이라 규정하고 있다. 음악 가운데 '실용음악(實用音樂)'은 생각과 감정 표현에 구애됨이 없이 일반 대중을 즐겁게 하기 위하여 창작된 음악으로서 보통 고전음악을 제외한 대중 지향적 음악을 통칭한다. 이 말은 원래 1920년대 독일의 작곡가 겸 바이올리니스트 파울 힌데미트(Paul Hindemith), 바일(K. Weill) 등이 개인주의적 성향을 보인 19세기의 낭만주의 음악에 대조되는 말로 사용하면서 확산되었다. 이들이 당시 강조한 실용음악은 구조나 기교가 복잡하지 않고 단순함과 평이함을 추구하여 대중과 거리를 좁히는 사교, 행사 위주의 음악 용도로 창작되었다.

우리나라에서는 1988년 실용음악의 독자성 구축과 전문인 양성을 목표로 서울예술대학교의 전신인 서울예술전문대학의 국악과 2부에 야간 '실용음악 전공'이 처음 생긴 이후 용어가 알려지고 학과 설립도 점차 각 대학으로 확산되었다. 이때 초기 실용음악 교육은 재즈를 전공한 미국 유학파들과 길옥윤·정성조·최창권 등 당대 우리나라 가요계에서 명성을 떨친 대중가요 작곡자들이 주도했다.[3] 2016년 미국 포크의 대부인 가수 밥 딜런이 대중 가수 최초로 '노벨 문학상'을 수상한 사례[4]는 실용음악의 위상 확대를 상징하는 사건으로 평가된다.

이러한 음악의 기능은 매우 다양한데 첫째, 기본적으로 음악가나 이용자 모두에게 성취감, 행복감, 만족감, 영감, 기분 전환을 가져다주는 미학적 창조물로 개인의 독특한 경험을 통해 긍정성과 발전을 촉진하는 것을 꼽을 수 있다. 둘째, 곡의 대사나 기악곡의 멜로디 동작을 통해 감정을 발산 및 표현하는 수단으로서 여흥과 엔터테인먼트 기능은 물론이고 가족, 마을, 사회 등 공동체의 언어로서 기능한다. 인간은 '유희적 동물'이기에 이런 기능이 더욱 부각된다. 셋째, 학문·사상을 효과적으로 전달하는 데

도 쓰인다. 넷째, 특별한 날을 축하하고 기념하는 의식에도 사용된다.

다섯째, 공감과 열성을 자극하여 민족이나 문화 권역별로 강력한 결속과 연대를 이루어 내는 촉매 역할을 하며 다른 문화에 대한 이해에도 도움을 준다. 여섯째, 과거 신과 소통하던 제사장(祭司長)이 음의 고저, 장단, 멜로디가 있는 가사나 시를 읊는 음악의 형태로 제례 연극을 주재했듯이 숭배·예배를 할 때 사용되어 신과 사람 사이의 매개 역할을 해 온 역사도 있다. 일곱째, 현대에 이르러서는 소비 심리를 자극하는 다양한 마케팅 수단으로 사용되기도 한다. 실증연구 결과 사람들은 흥분과 기분을 조절하기 위해, 자각을 성취하기 위해, 그리고 소통, 응징 등 사회적 관련성을 표현하기 위해 음악을 듣고 음악을 매개 수단으로 발전시켜 왔다.[5]

'음악 산업'은 일반적으로 음반 판매와 구매, 그와 함께 연동되는 저작권, 음악가·팬·회계사, 아티스트와 레퍼토리(A&R: artists and repertoire) 전문가, 공연 팀, 엔지니어, 프로듀서, 변호사, 음반회사 임원 등과 같이 '음악 경제'에서 생계를 영위하는 것과 관련된 일련의 비즈니스라 규정된다. '음악 산업'이라는 명칭이 미디어나 미디어 학자들에 의해 음악에서 비롯되는 이윤 창출에 초점을 두어 음반 레이블과 그 주변의 활동을 가리키는 것으로 한정되어 정의되는 것은 문제가 있으니 공연, 생산, 유통, 소비, 재유통, 전용, 향유 활동 전반을 포함하는 것이 합당하다.[6] 세계 음악시장의 수준에서 2000년대 중반 음악 경제의 조직 구조가 매우 복잡해졌기 때문에 음악 산업의 정의를 실물 제품과 디지털 제품, 공연, 지적재산권의 묶음인 작은 범위의 '음악 산업' 정도로 규정하지 말고, 음악 창작, 관리, 판매에 주로 관심을 갖는 문화 산업인 '음악 산업들'의 차원으로 확대해야 한다는 지적[7]도 있다.

우리나라의 관점에서 음악 산업은 엄연히 문화 콘텐츠 산업의 일부다. 현행 '콘텐츠산업진흥법(콘텐츠산업법)'에 따르면 '콘텐츠'는 부호·문자·도형·

색채·음성·음향·이미지 및 영상 등(이들의 복합체를 포함)의 자료 또는 정보를 지칭한다. '콘텐츠 산업'은 경제적 부가가치를 창출하는 콘텐츠 또는 이를 제공하는 서비스(이들의 복합체를 포함)의 제작·유통·이용 등과 관련한 산업이다. '콘텐츠 제작'은 창작·기획·개발·생산 등을 통해 콘텐츠를 만드는 것과 이를 전자적인 형태로 변환·처리하는 것을 포함한다. 여기에는 음악 창작·기획·개발·생산이 포함된다. '이용자'는 콘텐츠 사업자가 제공하는 콘텐츠를 이용하는 자를 말한다. '기술적 보호 조치'는 제작자의 이익 침해 방지를 위해 콘텐츠에 적용하는 기술 또는 장치를 각각 지칭한다.

음악산업법의 음악산업 정의	음악의 창작·공연·교육, 음반·음악파일·음악영상물·음악영상파일의 제작·유통·수출·수입, 악기·음향기기 제조 및 노래연습장업 등과 이와 관련된 산업을 말한다

위의 콘텐츠 산업 정의에서 '콘텐츠' 대신에 '음악'을 추가하면 음악 산업의 정의로 손색이 없다. 이는 창의 산업인 음악 산업을 기획·창작(planning & creation) → 제작(manufacture) → 생산·유통(production & distribution) → 소비(consumption)의 총체적 과정으로 규정한 프랫(A. C. Pratt)의 관점[8]과 일치한다. 스콧(A. Scott)[9]은 '네크워크'란 개념을 적용하여 음악 산업의 범위를 창조 네트워크(creativity network), 복제 네트워크(reproduction network), 배급 네트워크(distribution network), 소비 네트워크(consumption network)의 4가지 층위로 구별했다.

음악과 관련된 법률적 정의는 현행 음악산업법에서 근거를 찾을 수 있다. 음악산업법에 따르면 '음악 산업(音樂産業, music industry)'은 음악의 창작·공연·교육, 음반·음악파일·음악영상물·음악영상파일의 제작·유통·수출·수입, 악기·음향기기 제조 및 노래연습장업 등과 이와 관련된 산업을 말한다. '음원(sound source)'은 음 또는 음의 표현으로서 유형물에 고정시킬 수 있거나 전자적 형태로 수록할 수 있는 것, '음반'은 음원이 유형물에 고정되어 재생하여 들을 수 있도록 제작된 것을 각각 뜻한다.

'음악파일'은 음원이 복제·전송·송신·수신될 수 있도록 전자적 형태로 제작되거나 전자적 기기에 수록된 것을 의미한다. '음악영상물'은 음원의 내용을 표현하기 위하여 해당 음원에 영상이 포함되어 제작된 것으로서 음악의 실연(實演, performing)에 대한 영상물을 포함한다. '음악영상파일'은 음악영상물이 복제·전송·송신·수신될 수 있도록 전자적 형태로 제작되거나 전자적 기기에 수록된 것을 뜻한다. '음반·음악영상물제작업'은 음반, 음악파일, 음악영상물, 음악영상파일을 기획·제작하거나 복제·제작하는 영업을 의미한다. '음반·음악영상물배급업'은 음반 등을 수입(원판 수입 포함)하거나 그 저작권을 소유·관리하여 음반·음악영상물판매업자 또는 온라인음악서비스제공업자에게 공급하는 영업을 지칭한다.

'음반·음악영상물판매업'은 음반 및 음악영상물을 소비자에게 직접 판매하는 영업을 말한다. '온라인음악서비스제공업'은 정보 통신망을 이용하여 음악파일·음악영상파일을 소비자의 이용에 제공하는 영업을 뜻한다. '식별표시'는 음반 등의 유통 통계·검색·검증 등에 활용하기 위하여 창작자의 권리 보장을 목적으로 음반 등에 부여한 식별 번호·기호 등을 말한다. '노래연습장업'은 연주자를 두지 아니하고 반주에 맞추어 노래를 부를 수 있도록 하는 영상 또는 무영상 반주 장치 등의 시설을 갖추고 공중의 이용에 제공하는 영업으로서 사업자가 문화체육관광부령으로 정하는 노래연습장 시설을 갖춰 지자체장에게 등록해야 사업을 영위할 수 있다.

사람 중심으로 접근해 음악 산업을 살펴볼 경우 중요한 역할을 하는 직업군들이 추려진다. 미국 버클리 대학교는 음악 산업의 '10대 직종'으로 음악 프로듀서, 리코딩 엔지니어(recording engineer), 세션 뮤지션(session musician), 아티스트 매니저, 투어 매니저, 음악 교사, 출연 예약 전문가(booking agent),

음악 발매·유통 전문가(music publicist), 작곡가(composer), 편곡자(arranger)를 꼽았다. 미국 매체 ≪비즈니스 뉴스 데일리(www.businessnewsdaily.com)≫는 음악 산업의 핵심 직군으로 비디오·사운드 엔지니어, 리코딩 엔지니어, 음악 감독·지휘자, 음악 교사, DJ, 음악 치료사(music therapist), 음악 전문 저널리스트, 뮤직 에이전트, 작곡가, 음악 프랜차이즈 소유자를 제시했다. 이들이 일할 수 있는 대표적인 음악 기업은 안슈츠 엔터테인먼트 그룹(AEG: Anschutz Entertainment Group), 애플 뮤직(아이튠즈), 펜더(Fender), 소니뮤직(RCA, Epic, RED Music, Columbia Records), 스포티파이(Spotify) 등이다. 작사가, 작곡가, 다양한 음악 출판인들로 구성된 저작권 단체인 미국 작곡가·저작자·출판인협회(ASCAP: American Society of Composers, Authors and Publishers)도 빼놓을 수 없다.

2. 음악 산업의 구조와 수익 모델

음악 산업은 문화 산업 내지 문화 콘텐츠 산업의 범주에서는 고위험 고수익(high risk, high return) 원리, 공공재(public goods) 속성, 경험재(experience goods) 속성, 규모의 경제(economics of scale) 추구 특성, 문화적 할인(cultural discount) 적용, 창구효과(window effect) 발휘, 네트워크의 외부 효과(network externalities)가 각각 적용되는 특징을 지니고 있다.

보다 범위를 좁혀 음산 산업 자체 또는 본연의 측면에만 접근하면 첫째, 아티스트의 브랜드와 스토리 가치가 위력과 중독성을 유발하는 산업, 둘째, 지적소유권(IPR: intellectual property right)이 핵심을 이루는 지식 중심의 산업, 셋째, 협업과 컬래버레이션(collaboration)의 활성화가 필요한 상생(相生) 추구의 분업형 산업, 넷째, 제품의 전파성, 홍행성, 수명 주기가 따로 정해져 있지 않은 가변적인 산업이라고 특징지을 수 있다.

〈표 2-1〉 2가지 층위에서 본 음악산업 특징

문화 산업으로서 음악산업 특징	• 고위험 고수익 원리 작동 • 공공재적 속성 • 경험재적 속성 • 규모의 경제 추구 • 문화적 할인 적용 • 창구효과 발휘 • 네트워크의 외부효과 작동
음악 산업 고유의 특징	• 아티스트의 브랜드, 스토리 가치가 위력과 중독성 유발 • 지적소유권의 핵심을 이루는 지식 중심의 산업 • 협업과 컬래버의 활성화가 필요한 상생 추구 분업형 산업 • 제품의 전파성, 흥행성, 수명 주기가 불특정한 가변적 산업

먼저 문화 산업으로서의 특징 가운데 '고위험 고수익'은 음악 산업을 포함한 문화 산업의 기본 특성으로서 투자에 대한 기대와 위험이 동시에 상존하거나 그 수준이 커서 마치 도박(gambling) 산업처럼 '대박(대성공)'에 대한 기대와 '쪽박(망함)'에 대한 우려가 공존하는 분야란 뜻이다. 소수의 히트 작품만이 시장 수익의 대부분을 차지함으로써 사업자 간 극심한 '부익부 빈익빈(富益富貧益貧) 현상'이 초래된다. 그래서 최근에 이를수록 콘텐츠 사업 투자 시 위험은 최소화하고 수익은 극대화하려는 사전 투자분석 시스템이 발달하여 사업 실무에 적용되고 있다.

공공재적 특성은 특정 이용자의 소비 행위가 다른 이용자의 소비 참여로 방해받지 않아 '비경합적'이며, 특정 이용자의 소비로 인해 다른 이용자나 집단의 소비를 제외시키거나 소비로 인한 해택에 방해를 받지 않는 '비배제적'인 특성을 갖는 것을 말한다. 흔히 공기, 물, 공원 등이 공공재에 속한다. 경험재적 특성은 일단 이용자가 소비(경험)를 하기 전까지는 상품의 효용(utility)을 알 수 없는 특성을 말한다. 문화상품 이용 시 '스포일러(spoiler) 금지'를 외치는 것은 바로 이런 특성에서 비롯된다. 반대로 상품 출시 주체는 신상품을 초기에 써보고 입소문을 활발하게 퍼뜨리는 '얼리 어댑터(early adopters)'를 활용해 매출을 높이려는 전략에 골몰한다.

규모의 경제는 생산 규모가 커질수록 생산비가 절약되거나 수익이 확대되는 원리를 지칭한다. 콘텐츠 산업은 상품을 제작하는 초기 비용이 많이 들지만, 일단 히트하면 복제와 대량생산만 하면 되기에 소비자당 평균 생산비용은 기하급수적으로 낮아진다. 문화적 할인은 한 국가의 문화가 다른 문화 시장에 진출할 경우, 문화 시장 간에 언어, 관습, 가치관 등이 다른 이유로 수용자들 사이에서 문화적 소통성이 적어 문화의 가치가 본래보다 어느 정도 떨어지는 현상을 말한다. 그 가치 저하의 비율을 '문화적 할인율'이라 한다. 문화적 할인에 영향을 주는 요소는 언어, 관습, 선입견, 선호 장르의 차이 등이다. BTS의 경우 '아미'란 열성적인 다국적 팬덤의 구축과 전략적인 소셜 미디어 전략으로 이를 잘 극복하고 있다.

창구 효과는 하나의 상품이 특정 영역에서 창조된 후 부분적인 기술 변환과 응용을 거쳐 활용이 다른 영역(창구)으로 확산되면서 그 가치가 점증(漸增)하는 현상을 말한다. '눈덩이 효과(snowballing effect)'라고도 한다. 창구 효과에서 '창구(window)'는 유통 창구인 'outlet'을 의미한다. 플랫폼이 다변화하면서 '원 소스 멀티 유즈(OSMU: one source multi-use)'와 'COPE(create once publish everywhere)', '엔 스크린(n-screen) 전략'이 창구 효과와 거의 같은 의미로 쓰이고 있다.

특히 '엔 스크린 전략'은 디지털 기술의 발달로 생겨난 무한 수(n)의 스크린(TV, 영화관 스크린, PC, 태블릿 PC, 자동차 DMB, 노트북, 휴대폰 등)을 통해 콘텐츠의 유통과 소비를 확대해 수익을 늘리는 방안을 의미한다. 네트워크의 외부 효과는 상품의 이용자 수가 많으면 수요가 더욱 늘고 이용자가 적으면 수요가 더욱 줄어드는 현상을 말한다. 문화상품은 상품을 둘러싼 배경(background)과 맥락(context) 요인의 영향이 커서 이용자가 늘어 유행과 소비 트렌드가 형성되면 상품의 효용이 점증하면서 새로운 이용자들을 흡인하는 연쇄효과를 발휘한다.

　음산 산업 본연의 특징 가운데 아티스트의 브랜드 및 스토리 가치가 위력과 중독성(toxicity)을 유발하는 산업이란 아티스트의 명성, 영향력, 스타 파워(star power)가 상품의 가치를 결정하고 특유의 라이프 스토리가 사후에도 위력을 발휘해 음원 판매에 영향을 미친다는 의미이다. 명성이 높거나, 음악이 좋거나, 사연이 깊은 가수는 사망 후에도 히트하는 경우가 많다. 가수 윤심덕·김광석의 사례가 대표적이다. 일본 도쿄 대학교 성악과 출신 윤심덕은 1926년 8월 1일 앨범 〈사의 찬미〉를 발표하고 3일 뒤 연인 김우진과 함께 바다에 몸을 던졌는데, 사후에 히트해 당시 '초대박' 수준인 10만 장이나 팔려 나갔다. 김광석은 1996년 사망 후 그가 부른 주요 곡이 후배 가수들은 물론 많은 팬들이 애창하고 즐기는 '스테디셀러'가 되었다.

　지적소유권이 핵심을 이루는 지식 중심의 산업이라는 의미는 창작자의 권리 보존과 형평성과 합리성이 확보된 수익 분배구조가 제도적으로 마련되어야 산업의 지속 가능성이 유지된다는 점을 강조한 것이다. 창작자가 노력하거나 고생한 만큼 대가를 받는 환경을 구축해야 창의성 발휘가 활성화된다는 뜻이다. 정부는 창작자의 권리 보호를 위해 이익 배분을 할 때 창작자의 몫이 강화된 수익 분배에 관한 고시를 마련해 시행하고 있다.

　협업과 컬래버가 필요한 상생적인 분업 산업은 음악 산업이 기획자, 투자자, 작곡가, 작사가, 편곡자, 프로듀서, 안무가, 스타일리스트, 매니저, 실연자인 가수 등 다양한 직군이 체계적으로 참여한 공동 작업의 산물이기에 이들 간의 호흡과 조화가 성패를 좌우한다는 뜻이다. 제품의 전파성, 흥행성, 수명 주기가 따로 정해지지 않은 가변적인 산업이란 누구도 흥행할지 여부를 예측하지 못하며 누구도 추억 속으로 사라진 노래나 음악이 되살아날지 가늠하지 못하는 특성을 말한다. 특정 가수의 노래는 오디션 참가자의 우연한 가창, 드라마나 영화 삽입곡 재사용, 사회적 신드롬 등으로 얼마든지 부활할 수 있다. 이른바 '역주행 차트(comeback on the chart)'의 빈출, 특정 종편의 프로그램인 〈미스 트롯〉과 〈미스터 트롯〉의 흥행을 계기로 거의 중장년의 전유물로 치부되던 트로트의 '부활'에서 이와 같은 특성을 엿볼 수 있다.

이 밖에도 음악 산업의 특징을 아티스트의 성장 배경과 문화적·시대적 배경이 유기적으로 작동한다는 점에서 '총체적'이며, 아티스트가 이미지화하여 잠재력과 파급효과를 키운다는 점에서 '확장적'이라고 진단한 연구자도 있고,[10] 많은 앨범 프로젝트 가운데 일부만 성공한다는 점에서 '흥행 산업', 국민의 경제수준 향상과 연동된다고 하여 '선진국형 산업', 자원 부족 국가의 약점을 상쇄할 수 있는 부가가치가 높은 분야라는 점에서 '지식 기반형 산업'이라 규정한 경우[11]도 있다.

음악 산업은 산업혁명 이후 축음기·유성기 음반·라디오가 차례로 발명되어 대중들에게 보급되면서 비약적인 발전 계기를 마련했다. 음악을 전자적으로 기록해 그것을 기계를 통해 다시 재현하여 감상할 수 있다는 것은 당시로서는 혁명적인 변화였다. 라디오는 축음기 기능을 선곡 방송을 통해 대신해 주었다. TV, 나아가 컬러 TV는 음악이 화려한 쇼와 결합되어 이용자들을 흡인하는 효과를 거둘 수 있음을 확인시켜 주었다. TV가 생기면서 거리, 댄스홀, 군부대, 밤무대에서 활동하던 가수들은 안방극장의 가요 쇼에서 전성기를 누리면서 많은 명성과 수익을 올릴 수 있었다. 라디오와 TV는 불특정 다수를 상대로 한 음악의 대중적 보급이라는 측면에서 지대한 기여를 했으며, 각 뮤지션에 대한 팬덤의 형성과 공고화를 견인했다.

음반이나 카세트테이프를 구매해 음악을 소비하던 시대를 지나 컴퓨터와 CD 플레이어 보급이 활성화되면서 CD, DVD가 등장했다. 그러더니 어느새 별도의 재생 기기 없이 다기능으로 속속 진화한 휴대폰을 통해 가요 프로그램을 보거나 노래 파일을 다운로드로 구매하거나 무상으로 얻어 감상하는 시대에 이르렀다. 초고속 무선 다운로드도 보편화되었다. 음원업체는 기술의 진보와 취향의 다양화에 맞추어 선곡 전문가인 '뮤직 큐레이터(music curator)'[뮤직 스타일리스트(music stylist)라고도 칭한다]를 통해 서로 경쟁하며 각양각색의 음원 메뉴를 내놓고 있으며, 매장 유통을 벗어나 배경음악, 매장 음악, 힐링 음악 등 창의적인 사업 분야로 수익 모델을 개발하고 있다. 가수의 데뷔나 음원발매 기획 단계부터 제작사나 방송사와 협업해 프로젝트를 개발하며 수익을 확대하려는 시도를 하고 있다.

음악 산업의 수익 모델은 크게 음원판매 수익, 공연 수익, 저작권 수익, 초상권 사용료 수익 등으로 나눌 수 있기 때문에 각 분야를 어떻게 구상하고 설계하느냐에 따라 비즈니스의 성패가 좌우된다. 수익 가운데 창작비가 포함된 음원(음반) 판매료와 음악출판 수익은 기본이고 앨범 발매 후나 연말과 같은 특별한 시즌에 행해지는 공연(콘서트) 수익도 중요한 부분을 차지한다. 이어 광고(CF), 방송 출연, 콘서트, 교육, 컬래버레이션, 행사 출연 등을 통해 부가된다.

이런 수익은 음악 산업 생태계의 다양한 행위자(player)들과의 계약을 통해 분배된다. 음악 창작자, 가수나 연주자와 같은 실연자 아티스트 그룹, 매니지먼트사, 방송사, 포털, 유통사와 같은 플랫폼이 수익 분배에 참여한

〈표 2-2〉 음악 산업의 핵심 수익모델

음원판매 수익	• 앨범 음원(음반) 판매료, 뮤직비디오 등 음악출판 수익 • 음원 포털의 기획·맞춤형 상품 판매료, 광고 수익
공연 수익	• 공연(콘서트) 제작·투자 수익(티켓 판매, 협찬 등) • 광고 개런티, 방송 출연료, 콘서트, 교육, 컬래버레이션, 행사 출연료
저작권 수익	• 방송 프로그램, 비디오 음악, 드라마 OST, 영화 OST, 광고 음악, 게임 음악, 행사, 매장 음악, 노래방 등의 음원 사용료, 악보 판매
초상권(퍼블리시티권)	• 아티스트의 초상 사용 허가로 제작된 브로마이드, 사진집, 서적, 굿즈 등의 초상 사용료 수익

다. 음원을 기획·제작한 주체가 음반이 대히트할 경우 큰 수익을 얻을 수 있다. 만약 이런 기획에 투자한 자본주들이 있다면 높은 투자 수익률을 기대할 수 있다.

아울러 음악 저작권 사용료가 있다. 방송, 비디오, 드라마, 영화, 광고, 게임, 행사, 매장 음악 등 다양한 용도로 사용되는 음원은 물론 노래방에서 애창되는 각 곡에 대한 사용료를 말한다. 음악 저작권은 작곡가, 작사가, 음악 제작자 등이 갖는 음악 저작물의 권리로서 소속사에 속한 경우 일반적으로 회사가 직접 관리하며, 그렇지 않은 경우 한국음반산업협회(RIAK), 한국음악저작권협회, 한국음악실연자연합회, 함께하는음악저작인협회와 같은 저작권신탁업체를 통해 대행 관리한다. 음악 저작물이 이용되는 형태에 따라 실연권, 공연권, 복제권 등 다양한 권리가 보호된다. 실연자, 음반 제작자, 방송국도 저작인접권 수익을 취할 수 있다.

초상권 수익은 경제적인 가치가 있는 유명인의 초상을 사용하면서 대가를 받는 것을 말하는데, 구체적으로 아티스트의 초상 사용 허가로 제작하는 브로마이드, 사진집, 서적, 굿즈(goods) 등의 초상 사용료 수익을 말한다. 초상권은 재산적 가치와 무관하게 사생활 보호를 위한 인격권의 개념인 '프라이버시권'과 초상 사용 침해 방지를 위한 재산적 권리인 '퍼블리시티권(right of publicity)'을 포함하고 있다는 점에서, 초상권 사용은 구체적으로 경제적 개념인 퍼블리시티권의 사용을 의미한다.

팬, 시청자, 청취자, 이용자란 이름으로 존재하는 수용자(audience) 그룹, 음악과 아티스트에 대해 정보 전달과 평가·분석을 하는 기자·평론가와 같은 평단(評團, critics)은 이들에 대한 지원과 견제의 역할을 병행한다. 비즈니스 생태계 이론[12]을 적용할 경우 음악 산업 생태계에서 특정 기업 또는 아티스트가 지속 가능성과 건강성을 유지하려면 첫째, 적절한 정도 이상의 시장 점유율을 확보해야 하고, 둘째, 시장에서 생존할 수 있는 근성과 강건함 등 실력과 경쟁력을 지녀야 하며, 셋째, 기회 창출과 의미 있는 다각화 등을 이룰 수 있는 틈새 창출 가능성이 있어야 한다.

따라서 음악 분야 아티스트는 팬들이나 이용자들의 감각과 트렌드를 간파하여 그들의 바람과 욕구를 충족시켜 주거나 잠재된 욕구들을 일깨워 주기 위해 본연의 음악적 감각과 창의력을 발휘해 음악 소스를 생산해 내는 것이 수익모델 확보와 유지에서 가장 중요하다. 뮤지션의 탁월한 창의력은 활동 초기에는 타고난 것 외에도 팬들이나 이용자에서 적잖이 자극을 받아 형성되는 경우가 많다. 그러나 뮤지션이 나중에 인기를 얻어 대중들을 상대로 어느 정도 영향력을 확보하면 그때는 자신, 즉 축적된 감각과 노하우만으로도 작동 에너지가 충분하여 팬들과 이용자를 이끌고 변화시키는 구심력(centripetal force)으로 작용할 수 있다.

3

음악 산업의 현황과 성장세

1. 글로벌 음악시장의 현황과 추세

글로벌 음악시장은 2019년 기준 24조 원대 규모로 중·남미, 유럽, 북미 (미국·캐나다) 3대 권역이 주도하고 있다. 중남미의 경우 브라질, 멕시코, 아르헨티나 3대 시장이 음악 소비를 주도하고 있다. 한국 음악시장과 마찬가지로 디지털 기술 발달, 디지털 세대의 부상, 휴대폰을 활용한 음악 이용 등의 원인으로 LP 테이프, CD 등 전통적인 실물(physical)음반 매출이 감소하는 대신 디지털 음악의 성장세가 지속되고 있다. 인터넷 음악이 음악의 유통은 물론 소비 패턴을 바꿔 놓고 있는 것이다[1,2]. 이에 따라 특히 유튜브, 스포티파이, 애플 뮤직 등의 음악 플랫폼이 유통을 주도하고, 전체 음악 상품 가운데 유료로 공급되는 스트리밍 방식[3]의 음원 매출이 두드러지고 있다.

비영리기관인 국제음악산업협회(IFPI)의 '2020년 글로벌 음악시장 분석'[4]에 따르면 2019년 세계 음반시장의 총 수익은 미화 202억 달러(한화 24조 3551억 원)로 전년 대비 8.2%포인트 증가해 2014년부터 5년 연속 성장세를 나타냈다. 음반 회사들의 제작과 투자가 다양한 음악 시장에서 전략적이고 역동적인 모습으로 진행되었으며 네트워크(network)로 연결된 아티스트들과 팬덤이 커뮤니티를 통해 활발한 소통과 지원을 하면서 음악 산업의 성장을 이끈 것이다. 2020년에는 '코로나-19'로 야기된 비접촉(uncontact 또는 contactless) 상황에서 소일을 위해 음악 소비가 유독 많았기에 음악 시장의 성장 측면에서 특별한 의미를 지닌 변곡점이 될 것으로 보인다.

IFPI의 2019년도 집계 자료는 매출액 수준에서만 보면 2년 전인 2017년의 173억 달러(20조 8621억 원)보다 29억 달러(16.7%포인트) 증가한 것이다. 그러나 2019년 매출액은 세계 음악시장 역사상 최고치를 보였던 1999년 252억 달러(30조 3937억 원)의 80.16%밖에 안 되기 때문에 역대 최고의 호황기는 아니다. 2017년 LP·카세트테이프·CD 등 실물 음반의 판매 수입은 52억 달러(6조 2772억 원)로 전 세계 음악시장 수입의 30%를 차지한 반면, 스트리밍(streaming)을 통한 매출은 66억 달러(7조 9609억 원)로 나타나 이때 처음으로 분야별 매출 가운데 스트리밍이 가장 큰 비중(38%)을 차지했다.

1997년부터 음악산업 조사를 시작한 IFPI는 "이는 음악 시장이 디지털 소비 체제로 급변하고 있음을 나타내는 고무적인 현상이다. 2017년 한 해에만 6400만 명의 유료 가입자가 추가되어 2억 7200만 명(2017년 누적)에 이르는 광고 기반 서비스(ad-supported services) 이용자들의 음악 오디오 스트리밍 청취로 인한 수익(56억 달러)이 디지털 음악 소비 고착화에 가장 큰 기여를 했다"고 분석했다.

IFPI의 2019년 음악시장 분석에 따르면 상품 분야별 매출은 구독형 오디오 스트리밍 42.0%, 실물 음반(테이프, CD 등) 21.6%, 광고 시청 기반형 스

〈그림 3-1〉 세계 음악시장 매출 증가 추이

(단위: 미화 10억 달러/한화 1조 860억 원)

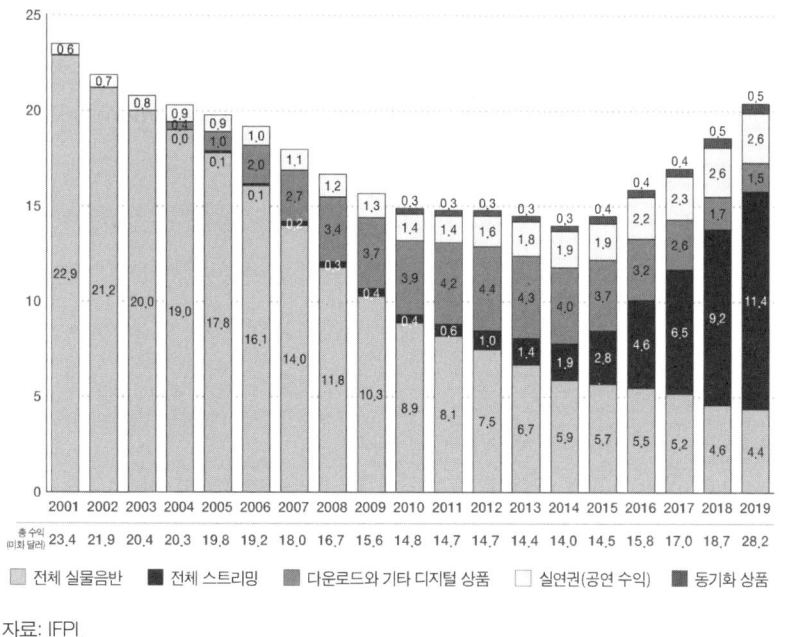

자료: IFPI.

〈그림 3-2〉 세계 음악시장 분야별 매출 분포

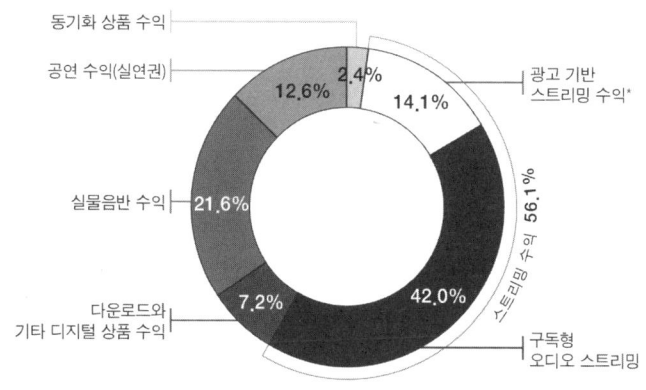

* 광고 기반 및 비디오 스트리밍 수익 포함

자료: IFPI.

트리밍 14.1%, 실연권(공연) 수입 12.6%, 다운로드와 기타 디지털 7.2%, 동기화 상품(synchronization: 2차 저작물 창작의 형태로서 음원·영상을 동기화한 저작물, 즉 음악 콘텐츠를 뮤직비디오, 광고 영상, 영화, 컴퓨터 게임, TV 프로그램 등 시각 콘텐츠에 인입해 일치시킨 상품)은 2.4%로 나타나 디지털 기술 발전과 휴대폰 이용의 맹위로 인해 물리적 음반 이용 퇴조 현상이 계속 이어졌다.

따라서 구독형 오디오 스트리밍과 광고 시청 기반형 스트리밍을 합친 스트리밍 상품 매출의 비중이 음악 산업 전체 수익에서 사상 처음으로 절반 이상(56.1%)을 차지했다. 스트리밍 매출은 114억 달러(13조 8567억 원)로 전년 대비 22.9%포인트 증가했다. 스트리밍 매출의 증가는 2018년보다 증가세가 더딘 다른 실물음반 상품(테이프, CD 등) 수익의 5.3% 감소를 상쇄하는 수준이었다. 유료 구독 스트리밍이 24.1% 증가하면서 거의 모든 시장이 성장세를 보였다. 2019년 말 유료 스트리밍 서비스 이용자는 3억 4100만 명(+33.5%포인트)으로 유료 스트리밍이 전체 음반 수익의 42%를 차지했다.

2019년 세계 음악시장 매출액을 국가별로 살펴볼 때 '세계 10대 시장'은 미국, 일본, 영국, 독일, 프랑스, 한국, 중국, 캐나다, 호주, 브라질로 나타났다. 미국이 1위를 차지한 가운데 일본이 2위, 한국이 6위(6조 원대)를 나타냈다. 남미의 브라질도 10위에 올랐다. 보다 범위를 넓혀 권역별로 살펴보면 최근에는 중남미 시장이 성장세가 가장 가파르다. 중남미는 젊은 층의 음악 선호 추세로 가장 빠르게 성장하는 지역(+18.9%)으로 분석되었다. 브라질(+13.1%), 멕시코(+17.1%), 아르헨티나(+40.9%) 등 3대 시장이 5년 연속 크게 성장했기 때문이다. 특히 아르헨티나의 성장세가 돋보인다.

세계 2위의 음악 시장인 유럽은 2018년에는 거의 평탄한 흐름을 이어간 뒤 2019년 7.2%포인트 성장했다. 국가 가운데는 스페인(+16.3%포인트), 이탈리아(+8.2%포인트), 영국(+7.2%포인트), 독일(+5.1%포인트) 순으로 강세를 나타냈다. 북미 지역(미국·캐나다)은 전년 대비 10.4%포인트 성장했다. 특히 음반

<표 3-1> 2019년 기준 '10대 음악시장'과 '10대 뮤지션'

순위 \ 구분	국가별 음악시장 규모(매출)	가수 음원 이용량 순위
1위	미국	테일러 스위프트
2위	일본	에드 시런
3위	영국	포스트 말론
4위	독일	빌리 아일리시
5위	프랑스	퀸
6위	한국	아리아나 그란데
7위	중국	BTS
8위	캐나다	드레이크
9위	호주	레이디 가가
10위	브라질	비틀즈

자료: IFPI.

수입에서 전체의 39.1%를 차지해 비중이 가장 큰 지역으로 분석되었다. 미국은 2019년 10.5%포인트 성장하면서 5년 연속 성장세를 이어 갔다. 캐나다는 2018년에는 대체로 평탄했지만 2019년에는 전년 대비 8.1%포인트나 증가했다.

아시아 지역은 전체 성장률이 전년 대비 3.4%로 2018년의 성장률보다 더뎠다. 세계 음악시장 2위권의 국가로 아시아 음악시장에서 중추적인 역할을 하는 일본이 감소세(-0.9%포인트)를 나타낸 여파다. 성장세는 인도(18.7%포인트)와 중국(16.0%포인트)이 두드러진 가운데 한국(8.2%포인트)도 양호한 수준을 달성했다. 호주·뉴질랜드 지역은 매출이 전년 대비 7.1%포인트 성장했다. 이 지역에서 디지털 수익이 11.6%포인트, 실물음반 상품 매출이 20.4%포인트 감소했다. 10대 소비자 중심의 시장인 호주는 6.0%포인트의 성장을 기록했고, 호주와 이웃한 뉴질랜드는 전년 대비 13.7%포인트의 증가율을 기록했다.

아티스트들의 음원 이용량 순위는 테일러 스위프트(Taylor Swift), 에드 시런(Ed Sheeran), 포스트 말론(Post Malon), 빌리 아일리시(Billie Eilish), 퀸(Queen), 아리아나 그란데(Ariana Grande), BTS, 드레이크(Drake), 레이디 가가(Lady Gaga), 비틀즈(The Beatles) 순으로 나타났다. 싱어송라이터로서 미국의 10~20대 여성들에게 절대적인 인기를 끌고 있는 뮤지션 테일러 스위프트가 가장 많은 사랑을 받은 가운데 세계적인 팬덤을 구축하고 있는 한국의 BTS가 7위를 나타내 세계 음악시장에서의 확고한 위치를 확인시켜 주었다. 2019년에 세계적으로 가장 히트한 앨범은 일본 보이밴드 아라시(ARASHI)의 베스트 오브 컬렉션에 이어 테일러 스위프트의 〈러버(Lover)〉로 분석되었다.

한편 세계 음악시장의 성장세와 트렌드 및 동향은 영향력이 큰 각국의 음악 차트를 통해 실시간 파악할 수 있다. 미국 ≪포브스≫에 따르면 세계 5대 음악시장은 규모에 따라 미국의 음악 잡지 ≪빌보드≫에서 발표하는 포퓰러 뮤직의 인기 순위인 '빌보드 차트(Billboard Charts)', 영국의 BBC가 음반판매협회와 협업해 발표하는 '오피셜 앨범 차트(Official Charts)', 독일의 연방음악산업협회(Bundesverband Musikindustrie)가 독일 음악시장 전체를 대상으로 집계하는 '공식 음악 차트(Offizielle Deutsche Charts)', 프랑스의 프랑스음반협회(SNEP)가 집계하는 '프랑스 공식 차트', 일본의 오리콘 사에서 발표하는 '오리콘 차트(Oriconchart)'다.

BTS는 정규 4집 〈맵 오브 더 솔: 7〉로 2020년 3월 위와 같은 세계 5대 음악 차트를 모두 석권했다. 지금까지 5대 차트에서 모두 1위를 차지한 가수는 마이클 잭슨(Michael Jackson), 마돈나(Madonna), 휘트니 휴스턴(Whitney Houston), 레드 핫 칠리 페퍼스(Red Hot Chili Peppers), 린킨 파크(Linkin Park), 레이디 가가이다. 따라서 BTS는 일곱 번째 주인공이다. BTS는 아울러 2020년 9월 영어 신곡 「다이너마이트(Dynamite)」로 미국 빌보드 메인 차트 '핫 100'에서 한국 가수로는 처음으로 1위를 기록했고, 영국 오피셜 차트에도 '톱 20'에 올랐다. 빌보드 연말결산 차트도 7개 부문을 휩쓸었다.

2. 케이팝 한류와 한국 음악시장

우리나라 음악 시장은 2019년 매출액 기준으로 '세계 6위' 수준이지만 음악 산업 종사자는 그에 비해 많은 편이 아니어서 이들 종사자의 땀·열정·창의력, 강력한 팬덤을 지닌 아티스트들의 영향력과 이들을 매니지먼트하는 엔터테인먼트 기업들의 전략 경영에 의해 주도되고 있는 셈이다. 어느 나라 팬들보다 자부심이 강한 열성적인 수용자들의 기여도 크다. 문화체육관광부 통계에 의하면 2018년 기준 우리나라 음악 산업 종사자는 7만 8964명으로 10만 명이 채 되지 않는다.

구체적으로 노래연습장 운영업(6만 786명), 음악 공연업(4581명), 음악 제작업(4274명), 온라인 음악 유통업(3191명), 음반 도·소매업(686명), 음반 복제 및 배급업(335명), 음악 및 오디오물 출판업(100명) 순으로 분포한다. 노래연습장 운영업 종사자가 전체의 82.9%로 가장 많다. 노래방을 제외할 경우 음악 공연업 종사자가 6.0%로 가장 많다. 자본과 네트워크 파워를 협상력으로 활용하며 음악 시장에서 영향력을 행사하고 있는 음원 유통사가 포함된 온라인 음악 유통업 종사자는 전체의 4.1%다. 2018년 콘텐츠 산업 종사자 수가 모두 66만 7437명인 점을 감안하면 문화 산업 장르별 비교에서도 음악 산업 종사자가 많은 편이 아니다.

문화체육관광부가 집계한 '2019년 음악산업 통계'에 따르면 2018년 한 해 우리나라 음악 시장의 매출은 6조 979억 원 규모다. 음악 시장 전체 매출액 가운데 온라인 음악 유통업이 28.6%(1조 7453억 원)으로 가장 많은 비중을 차지했다. 이어 노래연습장 운영업(23.7%, 1조 4450억 원), 음악 제작업(23.1%, 1조 4111억 원), 음악 공연업(16.1%, 9811억 원), 음반 도·소매업(3.6%, 2207억 원), 음반 복제 및 배급업(3.2%, 1978억 원), 음악 및 오디오물 출판업(0.3%, 199억 원)이 차례로 그 뒤를 이었다.

〈표 3-2〉 우리나라 음악 시장 분야별 주요 매출구성(2018년 기준)

구분	매출액(억 원)	비중(%)
1. 음악 제작업	14,111	23.1
2. 음악 및 오디오물 출판업	199	0.3
3. 음반 복제 및 배급업	1,978	3.2
4. 음반 도·소매업	2,207	3.6
5. 온라인 음악 유통업	17,453	28.6
6. 음악 공연업	9,811	16.1
7. 노래연습장 운영업	14,450	23.7
계	6,0979	-

자료: 문화체육관광부.

우리나라는 케이팝 한류의 종주국으로서 높은 수준의 양식을 지닌 팬들이 케이팝 스타 뮤지션들의 창의적이고 역동적인 활동에 부응하는 예술적 호응과 음악 소비를 하면서 음악 산업을 이끌어 가고 있다. '선한 영향력' 행사의 일환으로 선망하는 스타에 앞서 자원봉사와 기부를 선도할 정도다. 인프라 측면에서는 다른 나라와 마찬가지로 휴대폰 보급과 디지털 멀티미디어 기술의 발달로 인해 음원 소비의 디지털화가 급속도로 이루어지고 있다. 2004년 음악 플랫폼인 '멜론' 등장 이후 오프라인에서 온라인 중심으로 시장이 재편[5]되어 개인이 운영하는 오프라인 음반 매장은 점차 자취를 감추고 있을 정도로 이용 트렌드에 변화가 크다.

디지털 네이티브 세대가 주축을 이루면서 소비 패턴이 디지털화, 무선화(無線化), 상시화(常時化), 휴대화(携帶化)로 고정되고 있어 음원 기획, 생산, 유통 전략도 모두 여기에 맞추어지고 있다. 통신사, 포털, 유튜브도 디지털 음원 서비스 사업에 나섰을 정도다. 한국콘텐츠진흥원은 글로벌 파워 플레이어(BTS·블랙핑크 등) 등장, 장르의 융합·다양화, 음악 프로그램의 진화, 디지털 유통, 신기술(IoT·AI·VR·AR·MR)의 결합 등이 최근 한국 음악시장의 특징

이라고 분석했다.[6]

2019년 6월 기준 유튜브 뮤직비디오 조회 수 상위 20곡을 분석해보면 초국적 장르 융합, 빈번한 영어 가사의 사용, 최신 글로벌 트렌드의 반영, 세련된 사운드가 두드러져 해외 청취자들에게 친숙성과 접근성을 높였으며, 곡의 동기가 반복되는 후크송[7]은 한국어를 모르는 외국인들에게 강렬한 인상을 남기며 학습 동기를 유발했고, 건전하고 참신한 주제를 지닌 곡들이 해외 팬들의 정서적 공감을 이끌어 내어 히트했다.[8] 케이팝의 음악 스타일이 정형화되고 있다는 비판이 있으나 팝의 보편적 특징에 다양한 장르를 융합한 실험성, 한국적 특성을 가미한 독특하고 차별적인 스타일이 세계 시장을 주도하는 글로벌 경쟁력이라는 평가도 있다.

케이팝의 지속적인 인기와 성장세를 반영하듯 일본, 중국, 동남아 등 아시아 시장을 중심으로 음악 콘텐츠 수출도 증가하고 있다. 북미시장 수출도 미미하게 증가하고 있다. 음악 산업은 2000년대 중반 케이팝 붐 조성 이후 입증된 것처럼 그 흐름이 이어질 경우 다시 국격(國格) 및 국가 브랜드 가치 상승, 화장품·자동차·패션·의류·음식 등 연관 소비재의 수출 증가라는 연쇄효과가 기대되고 있다.

문화부체육관광부의 콘텐츠 산업 통계(2020.6)에 따르면 2018년 우리나라 음악 산업 수출액은 5억 6424만 달러(한화 약 6858억 원)로 전년(512,580천 달러) 대비 10.1%포인트 증가했다. 최근 3년간 연평균 증가 폭은 12.9%포인트다. 수출액 규모는 게임 산업이 64억 1149만 달러로 가장 규모가 컸고, 그 다음으로 캐릭터(7억 4514만 달러), 지식 정보(6억 3388만 달러), 음악 산업 순이었다. 지역별로는 2018년 전체 수출액의 65.1%가 일본에 쏠렸으며, 중화권(19.8%), 동남아(12.3%), 북미(1.3%), 유럽(1.2%), 기타(0.2%)가 순서대로 그 뒤를 이었다.

수출 방법은 2018년 실적을 기준으로 해외 유통사 접촉(58.5%), 온라인

〈표 3-3〉 우리나라 음악 산업 수출·수입액 현황

구분	2016년	2017년	2018년	전년 대비 증감률(%)	연평균 증감률(%)
수출액	442,566	512,580	564,236	10.1	12.9
수입액	13,668	13,831	13,878	0.3	0.6
수출입 차액	428,898	498,749	550,358	10.3	13.3

자료: 문화체육관광부 콘텐츠 산업 통계.

해외 판매(9.4%), 해외법인 활용(4.2%), 해외 전시회 및 행사 참여 판매(3.1%)와 같은 '직접 수출'이 전체의 75.2%를, 해외 에이전트 활용(14.2%), 국내 에이전트 활용(6.1%)과 같은 '간접 수출'이 전체의 20.3%를 차지했다. 직접 수출 비중이 높은 것은 케이팝의 경쟁력과 연관될 수 있다. 수출 형태는 완제품 수출(70.8%), 라이선스(license) 수출(29.0%), 주문자 상표 부착 생산(OEM) 수출(0.4%) 순으로 나타났다. 완제품 수출은 수입자가 쓸 수 있도록 최종 공정을 마친 제품을 수출하는 방식, 라이선스는 국내의 상표·특허·기술 등의 사용을 허가하며 그 대가를 받는 방식, OEM은 주문자의 상표를 부착하여 수출하는 방식을 각각 지칭한다.

반대로 2018년 우리나라의 음악 산업 수입액은 1387만 달러(약 167억 원)로 전년(1383만 달러) 대비 0.3%포인트 늘어났다. 최근 3년간 연평균 증가 폭은 0.8%포인트다. 지역별 비중은 유럽(56.3%), 북미(20.8%), 일본(19.1%), 중화권(1.0%), 동남아(0.3%) 순이었다. 동남아(30.3%)와 일본(10.9%), 기타 지역(10.3%)은 전년 대비 수입액 증가 폭이 상대적으로 높았다.

케이팝 붐을 주도한 뮤지션 리더들은 보아·슈퍼주니어·빅뱅 → 원더걸스·소녀시대·카라 → 싸이 → BTS·트와이스·블랙핑크·엑소 순으로 단계별 세대교체를 이루어 내 향후 국내는 물론 세계 시장이 어떻게 반응할지 관심이 고조된다. 특히 케이팝의 세계화를 주도하고 있는 BTS는 2020년 3월부터 일본 시장에서도 두각을 나타냈고, 점차 '세계 5대 음악시장'의 음악 차트인 미국 '빌보드 200', 일본 '오리콘 주간 앨범 차트', 영국 '오피셜 앨범 차트', 독일 '공식 음악 차트', 프랑스 '프랑스음반협회 집계 공식 차트'를 모두 석권했다. 2020년 8월 31일에는 처음 영어로 부른 디지털 싱글 「다이너마이트」가 한국 가수 중 처음으로 미국 빌보드 메인 싱글 차트인 '핫 100' 1위에 올라 케이팝의 새 역사를 썼다.[9] '핫 100'은 스트리밍, 음원 판매량, 라디오 방송 횟수 등을 종합해 매주 순위를 매기는 차트다. 이어 같은 해 12월에는 2020년 연말 차트에서 '톱아티스트 듀오/그룹', '월드 앨범 아티스트', '월드 앨범' 등 7개 부문을 휩쓸었다. 현대경제연구원은 2018년 보고서를 통해 BTS가 창출하는 연평균 국내 생산유발 효과만 약 4조 1400억 원이며, 다른 산업에 미치는 영향력인 부가가치 유발 효과는 1조 4200억 원이라고 추산했다.

최근 주목되는 현상은 케이팝의 열기가 중국·동남아·미국·유럽을 넘어 한동안 냉랭했던 일본 시장으로 다시 불씨를 확장해 나가는 흐름이 엿보인다는 것이다. 일본에서 반한 감정이 상대적으로 적은 10~20대 팬들이 케이팝 스타들에 반응하고 있기 때문이다. 일례로 2020년 상반기 BTS 멤버 뷔가 작사, 작곡, 프로듀싱, 가창을 한 JTBC 드라마 〈이태원 클라쓰〉의 OST인 「Sweet Night」이 일본 아이튠즈 '톱 송' 차트 3위에 진입하여 일본에서 한류 부활에 대한 기대감을 높였다.

특히 BTS는 2018년에 빌보드 메인 앨범 차트 '빌보드 200'에 두 편의 앨범을 1위로 올려놓으며 세계 시장을 이끄는 최고의 팝 그룹으로 자리 잡은 데 이어[10] 출시하는 음반마다 뜨거운 반응을 얻었다. 2020년 상반기 BTS의 슈가가 내놓은 두 번째 믹스테이프 〈D-2〉는 우리나라 솔로 가수 최초로 빌보드 메인 앨범 차트와 싱글 차트에 동시 진입했다. 4인조 여성 그룹 블랙핑크는 2019년 4월 발매한 두 번째 싱글 「Kill This Love」가 '빌보드 200' 24위와 빌보드 '핫 100' 41위에 동시에 올랐으며, 같은 해 미국

음악 페스티벌 '코첼라(Coachella)' 무대에 올라 다양한 인종의 뮤지션들과 교류하면서 음악적 지평을 넓혔다.

슈퍼스타들의 활동과 다른 층위의 음악 시장에서는 새로운 흐름이 나타났다. 이전의 Mnet 〈슈퍼스타 K〉, jTBC 〈히든 싱어〉 등의 인기에 이어 2019년 MBC 〈복면가왕〉을 비롯한 '음악 예능'이 인기를 이어 가면서 관련 프로그램과 포맷 수출도 늘어났다. 2019~2020년에 이르러 종합편성 채널 TV조선이 기획한 〈미스 트롯〉과 〈미스터 트롯〉이 예상 외로 인기를 얻고 여기에서 각각 우승한 송가인과 임영웅이 새로운 스타 가수로 발굴되면서 '트로트 신드롬'이 일어났다. 이로 인해 전국 도시를 돌며 개최하는 트로트 콘서트가 새로운 수익 모델로 등장하고 지상파 방송조차 경쟁적으로 트로트 관련 프로그램을 신설하기에 이르렀다.

그러나 2020년 들어 예기치 않게 '코로나-19'가 창궐하면서 기세의 확장에 제동이 걸렸다. 그 대신 BTS와 SM엔터테인먼트의 프로젝트 그룹 슈퍼엠(SuperM)이 각각 '방방콘'과 '수퍼엠-비욘드 더 퓨처'란 이름의 '비접촉 콘서트'를 선보여 비상 상황에 적용할 대안공연 포맷으로서의 가능성을 엿보이게 했다. 특히 '수퍼엠-비욘드 더 퓨처'는 세계 최초의 온라인 전용 유료 콘서트로 디자인되어 109개국 12만 3000명이 관람해 40억 원의 매출 성과를 기록했다.[11]

비접촉 콘서트는 오프라인 콘서트의 장점인 현장성, 사실성, 실재감, 직접 소통성을 강화하는 장치들을 덧붙인다면 전염병이 창궐할 경우 유용한 공연 포맷으로 이용됨과 동시에 오프라인 콘서트와 병행할 기획 상품으로 자리 잡아 '언택트 경제'의 핵심이 될 수도 있다. 이런 기대 효과를 반영해 SM엔터테인먼트는 네이버와 함께 세계 최초로 온라인 전용 콘서트 '비욘드 라이브(Beyond Live)'를 론칭했다.

이제 우리나라 음악 시장은 BTS 소속사인 빅히트엔터테인먼트의 상장

(上場, listings)을 계기로 경쟁사들인 CJ ENM, SM엔터테인먼트, YG엔터테인먼트, FNC엔터테인먼트, 큐브엔터테인먼트 등과 자본시장에서 새로운 아티스트와 콘텐츠를 내놓으며 본격적인 각축을 벌이게 될 것으로 보인다. 카카오엠도 상장을 겨냥해 인수합병(M&A) 등으로 외형을 키우고 국내외 신사업을 발굴하며 수익 다각화에 골몰하고 있다. 무엇보다도 음악 시장을 이끄는 주요 주체들은 창의력과 집중력을 무기로 새로운 콘텐츠를 발굴해 케이팝 시장을 주도하는 한편 급변하는 음악 시장의 가능성과 위기를 동시에 타진하며 지속 가능 성장에 주력할 과제를 안고 있다.

보다 큰 틀에서 우리 음악계는 음악 시장의 지속 가능성 확보를 위해 음악 시장의 이용자인 팬들에 대한 신뢰를 회복해야 할 과제를 떠안고 있다. 몇몇 뮤지션들의 중대한 일탈과 범죄, 유명 기획사의 회계 불투명성과 관리능력 부재, 연이은 아티스트의 자살 사건, 음악 관련 기업의 분식회계와 일부 방송 채널의 오디션 프로그램 순위조작 사건, 계속되는 표절, 학습권·건강권·수면권 등 기본권을 도외시한 미성년자의 아이돌 그룹 육성, 가수들의 인성 문제와 그룹 구성원 간의 불화 문제 등을 거울삼아 산업 생태계를 건강하게 바로잡고 신뢰를 회복해야 한다.

음악 콘텐츠의 창의성 강화도 빼놓을 수 없다. 새로운 도전에는 위험이 따르지만 과감한 시도 없이는 큰 사랑을 받는 새로운 것을 창출하지 못한다는 점에서 획일화 논란이 적지 않은 기획형 아이돌 그룹 주도의 음악 시장은 다양해질 필요가 있다. 이미 형성된 트렌드에 편입해 그 혜택을 누리는 획일적인 스타일의 가수 육성보다 다양한 개성을 갖춘 여러 층위의 뮤지션들과 이들을 육성하는 다채로운 음악 스타일과 포맷을 적극적으로 발굴해야 할 필요가 있다. 앨범과 가수를 창출하는 음원 기획·제작사의 심모원려도 중요하지만 그들이 만든 콘텐츠를 재료로 음악 프로그램을 방송하는 방송사의 사명감과 정교한 취사선택이 특히 요구된다.

4

음악 시장의 키 플레이어들

1. 음악 산업을 움직이는 파워 그룹

음악 산업을 움직이는 주요 주체들은 작사자·작곡자·편곡자·프로듀서·안무가 등과 같은 '창작자', 가수·연주자·지휘자와 같은 '실연자', 음악이나 공연물의 기획·투자·제작에 참여하는 '매니지먼트 기업', 음원을 유통 및 판매하는 '유통사(음악 포털)', 방송사·디지털 채널들·유튜브와 같은 '미디어 플랫폼', 평단과 팬과 같은 '이용자 그룹', 창작자·가수·제작자 관련 각종 협회와 같은 '이익 단체', 문화체육관광부·방송통신심의원회 등과 같은 '정책·규제 기관'으로 나눌 수 있다. 이들은 각각 고유의 영역에서 막강한 영향력을 행사하고 있다.

음원 기획·제작사 내부는 보통 음원·앨범 기획을 총괄 기획하는 '프로듀서(producer) 파트', 잠재성 있는 가수와 같은 아티스트 발굴을 맡은

〈표 4-1〉 음악 산업의 키 플레이어인 음원 기획·제작사의 일반적인 구조

음원 기획·제작사 (대표이사)	• 프로듀서	음원·앨범 총괄 기획
	• A&R	가수 자원 발굴
	• 창작	작사, 작곡, 편곡
	• 리코딩	녹음, 믹싱, 마스터링
	• 음악 퍼블리싱	발매·출판·유통 총괄

'A&R(artists and repertoire) 파트', 여러 파트의 창작자를 섭외·알선해 작사·작곡·편곡을 전담하는 '창작(songwriter) 파트', 기본적인 녹음부터 마스터링까지 녹음의 전 과정을 책임지는 '리코딩(record label) 파트', 음원 및 악보 관련 오디오·비디오·도서는 물론 저작권 보호 및 수익 대행까지 관장하는 '음악출판(music publishing) 파트'로 나누어진다. 각 부서는 경쟁력 있는 창의적인 음원이나 앨범을 발간하기 위해 분업적인 협업을 하면서 설정 목표를 달성하려고 노력한다. 회사의 사업 방향에 따라 여기에 콘서트를 주관하는 '공연사업 파트'가 추가될 수 있다.

미국과 달리 우리나라 음원 기획·제작사는 음악뿐만 아니라 엔터테인먼트 비즈니스 전반을 영위하는 특성 때문에 보통 '기획사'라 불리며, 이들은 음원 산업에서 '생산-유통-소비'라는 가치사슬 전반은 물론 소속 가수들의 활동과 관련된 모든 것을 관리하고 책임지는 '토털 매니지먼트(total management)' 전략을 적용하고 있다. 이는 작업 공정의 표준화와 효율화를 강조한 '포드주의(Fordism)'를 문화 산업에 접목한 것으로서 회사 내에 전속 작곡·작사·편곡·연주자를 두고 가수들의 음악과 이미지를 회사가 원하는 정형화된 양식으로 관리하며, 이는 1960~1970년대 수많은 히트 가수를 배출한 미국 음반사 모타운(Motown)의 관리 시스템에서 연유한다.[1] 연습생 제도는 기획사마다 두고 있는 전형적인 포드주의적 아티스트 육성 방식이다. 사내 A&R 파트에서 전담하는 연습생 제도는 보통 공개 오디션을

통한 연습생 선발 및 전속계약 체결 → 가수에 필요한 다양한 분야의 교육 실시 → 전 연습생 대상 월간평가 → 능력이 뛰어난 연습생들 중 일부를 선발하여 기획사의 의도에 맞는 아이돌 그룹 결성 → 아이돌 그룹 콘셉트에 맞는 곡의 창작과 퍼포먼스 연습 → 싱글·앨범 발매를 통한 공식 데뷔 및 방송 출연과 같은 방식으로 이루어진다.[2]

이렇게 음악 산업에서 영향력을 행사하는 주체들은 통상 '플레이어(player)'라 하고 그중 좀 더 핵심적인 역할을 하는 주체를 '키 플레이어(KP: key player)'라 한다. 플레이어는 말뜻 그대로 보통 운동선수나 어떤 역할을 하는 사람, 카지노 등의 게임 결과에 모험을 거는 '베터(bettor)'를 뜻하지만, 경제 분야에서는 특정 시장이나 투자(주식)에 적극적으로 참여·관여해 시장을 움직이거나 영향력을 미치는 주체(고객, 거래자)라는 뜻으로 통용된다.[3]

음악 산업의 키 플레이어들은 〈표 4-2〉와 같이 기획·투자, 제작, 유통, 이용·평가, 이익 보호, 진흥 규제 등 각 부문에서 어느 한 가지에 머물지 않고 매우 다양하고 복합적인 역할과 기능을 수행한다. 영국은 키 플레이어를 독립적인 아티스트·작곡/작사가·실연자, 비주얼 아티스트, 라디오·TV 방송사, 통신사업자로 구분하기도 한다.[4]

〈표 4-2〉 우리나라 음악 산업에서 키 플레이어들의 위치와 역할

구분	음악 산업의 기본 가치사슬 체계			이용·평가	집단이익 도모	진흥·규제
	기획·투자	제작(창작)	유통			
창작자	○	○			○	
실연자	○	○			○	
기획·제작사	○	○	○		○	
음원 유통사	○	○	○		○	
미디어 플랫폼	○	○	○	○		
팬과 평단				○		
이익 단체					○	
정책·규제 기관						○

주로 실연자나 프로듀서 그룹에 속하는 스타 아티스트들과 이들이 속한 매니지먼트사들(기획사)이 음악 산업의 현실에서는, 특히 우리나라에서는 가장 막강한 영향력을 행사하는 것이 사실이지만 다른 주체들도 무시하지 못할 파워를 지니고 있다. 특히 팬들은 음악의 '소비자'이자 '평가자'인 동시에 신뢰와 애착 자본을 무기로 아티스트들을 지탱하는 '지지자·지원자'라는 다양한 역할을 겸하며 시장을 좌지우지하는 위치에 있기에 영향력이 막대하다. 평론가 집단과 규제 기관도 아티스트의 지위나 업계의 시장 판도를 바꿔 놓을 수 있는 힘을 지녔다.

일례로 창작자나 실연자가 직접 투자에 참여하는 경우가 있고, 빅히트엔터테인트, SM엔터테인먼트, YG엔터테인먼트, JYP엔터테인먼트, FNC엔터테인먼트와 같은 대표적인 음원 기획·제작사들은 수익 다각화 전략에 따라 음원 제작뿐만이 아니라 기획·투자, 유통 등에 걸쳐 광범위한 사업을 영위하고 있다. 이들은 방송사와 음악·쇼 프로그램을 사전에 기획해 공동의 수익을 꾀하기도 한다. 음원 유통사로 출발한 카카오엠은 다수의 매니지먼트사와 제작사를 흡수한 데다 음악 분야 기업들과 밀착된 협업을 하면서 기획·투자부터 유통까지 음악 산업 가치사슬(기획·투자-제작-유통)의 모든 영역에서 수직적·수평적 다각화 체제를 갖추고 있다.

이렇게 같은 업종의 기업을 2개 이상 복수로 거느리듯 동종 가치사슬로 사업을 확장하는 경우를 '수평적 다각화(horizontal diversification)', 가치사슬 체계에서 다른 업종의 기업을 모두 갖추는 통합(integration) 방식으로 사업을 넓혀 가는 것을 '수직적 다각화(vertical diversification)'라고 한다.[5] 전자는 어떤 기업이 음원 기획·투자, 또는 제작, 또는 유통 전담 회사를 2개 이상 갖춘 경우를 말하고 후자는 기획·투자→제작→유통 전담 회사를 각각 갖춘 경우에 해당한다.

2. 키 플레이어들의 역할과 특징

우리나라 음악 산업을 움직이는 주체들은 구조적인 측면에서 다음과 같은 특징과 역할을 가지고 있다. 첫째, 창작자들은 작사, 작곡, 편곡, 프로듀싱, 안무 지도, 스타일링 세팅 등에 종사하는 사람들을 말한다. 이들은 아티스트, 즉 예술인에 속한다. 현행 예술인복지법에 따르면 '예술인'은 예술 활동을 업(業)으로 하여 국가를 문화적·사회적·경제적·정치적으로 풍요롭게 만드는 데 공헌하는 사람으로서 문화예술 분야에서 대통령령으로 정하는 바에 따라 창작, 실연, 기술 지원 등의 활동을 증명할 수 있는 사람을 말한다.

창작자	작사자, 작곡자, 편곡자, 프로듀서, 음반 디자이너, 안무가, 스타일리스트 등

음악 산업에서 이들은 특정 아티스트를 매개로 기획과 투자가 결정되면 제작의 최전선에서 협업을 하면서 감성, 표현력이 가미된 예술적 창의력을 발휘하며 창작에 몰두한다. 기술 및 기기의 발달로 홈 스튜디오 및 홈 리코딩이 가능지면서 개인이 작곡과 편곡, 믹싱과 마스터링까지 작업을 진행하기도 한다.[6] 제작사는 만들어 낸 음악 콘텐츠 자체에 대한 권리(저작권)와 매니지먼트 계약에 따라 소속된 특정 아티스트의 리코딩에 관한 권리(저작인접권)를 갖는다. 앞의 저작권은 발매 및 유통을 할 수 있는 퍼블리싱(publishing) 권리라 풀이할 수 있고, 뒤의 저작인접권은 음원의 균형을 맞추는 믹싱(mixing) 작업 후에 CD나 음원으로 제작하기 바로 직전에 최종적으로 전체적인 보정을 통해 음원의 크기와 품질을 확정하는 과정인 마스터링(mastering) 권리라 풀이할 수 있다.

안무 저작권도 점차 인정되는 추세인데 2012년 걸그룹 시크릿의 「샤이보이」의 안무가가 댄스교습 학원과 강사들을 상대로 저작권 침해 금지 및 손해배상 청구 소송을 통해 일부 승소한 사례가 이에 해당한다. 무용 저작물의 실체인 안무가 연극 저작물의 하위 범주로 포함되어 있는 현실을 고려할 때 안무의 특징을 고려한 안무만의 고유한 개념 정립 선행[7]을 전제로, 안무가는 무용 동작의 디자이너로서 법률가의 조언을 받아 창의적으로 개발한 안무의 무보(舞譜)를 제작하고 일련의 동작 흐름을 모션 캡처하여 디지털로 제작해 입증함으로써 보호를 받을 수 있다.

둘째, 실연자(實演者)는 실제 공연을 선보이는 주체들로 가수, 연주자, 코러스, 지휘자, 밴드, 연주자 등이 해당된다. 실연은 출연, 연기, 공연 등 실제로 행하여 선보이는 행위를 말한다. 현형 저작권법에 따르면 '실연자'는 저작물을 연기·무용·연주·가창·구연·낭독 그 밖의 예능적 방법으로 표현하거나 저작물이 아닌 것을 이와 유사한 방법으로 표현하는 실연을 하는 자를 말하는데, 성악가를 포함한 가수, 연주자, 국악인은 물론 실연을 지휘, 연출 또는 감독하는 자도 포함된다.

실연자	가수, 연주자(밴드), 국악인, 성악가, 코러스, 지휘자 등

실연자는 창작물을 실제 공연한 자로서 창작자가 갖는 저작권을 갖지는 못하지만 저작권법에 따라 성명표시권, 동일성유지권, 복제권, 배포권, 대여권, 공연권, 방송권, 전송권을 갖는다. 성명표시권은 실연자가 그의 실연, 실연 복제물에 그의 실명 또는 이명(예명)을 표시할 권리를, 동일성유지권은 실연자가 자신의 실연 내용과 형식의 동일성을 유지할 권리를 각각 갖는 것을 뜻한다. 복제권은 실연자가 자신의 실연을 복제할 권리를,

배포권은 실연자가 자신의 실연 복제물을 배포할 권리를 각각 보유하는 것을 말한다.

대여권은 실연자가 자신의 실연이 녹음된 상업용 음반을 영리를 목적으로 대여할 권리를, 공연권은 실연자가 방송되는 실연을 제외하고 자신의 고정되지 아니한 실연을 공연할 권리를 갖는 것을 의미한다. 방송권은 실연자가 자신의 실연을 방송할 권리를, 전송권은 실연자가 자신의 실연을 전송할 권리를 보유한 것을 뜻한다.

셋째, 음원 기획·제작사는 아티스트를 매개를 음원을 창작하고 공연을 기획해 선보이는 기업을 지칭한다. 음악 산업에서 통상 음반 기획사로 불리는 매니지먼트 기업은 음원(음반)과 뮤직비디오를 기획 및 제작하며 아티스트들에 대한 효율적인 관리를 통해 수익을 극대화하는 일을 하고 있다. 여기에는 음반 제작자와 영상 제작자가 포함될 수 있다. 현행 저작권법에서 '음반 제작자'는 음반을 최초로 제작하는 데 있어 전체적으로 기획하고 책임을 지는 자로 규정되어 있다.

'영상 제작자'는 영상 저작물의 제작에 있어 그 전체를 기획하고 책임을 지는 자로 정의되어 있다. '영상 저작물'이란 연속적인 영상이 수록된 창작물로서 그 영상을 기계 또는 전자 장치에 의해 재생하여 볼 수 있거나 보고 들을 수 있는 것을 말한다. 아울러 이들 회사는 '문화예술기획업자'라 할 수 있다. 현행 예술인복지법에서 '문화예술기획자'는 문화예술 용역에 관한 기획·제작·유통업에 종사하는 자로서 예술인과 계약을 체결하는 자로 정의하고 있다.

음원 기획·제작사	빅히트엔터테인트, SM엔터테인먼트, YG엔터테인먼트, JYP엔터테인먼트, FNC엔터테인먼트, 큐브엔터테인먼트 등

넷째, 음원 유통사는 음악 플랫폼과 음원 유통 사업자를 말한다.[8] 음원 플랫폼 사업자의 경우 온라인 서비스 제공자(사업자)를 겸할 수도 있다. 현행 저작권법에서 '온라인 서비스 제공자'는 이용자가 선택한 저작물 등을 그 내용의 수정 없이 이용자가 지정한 지점 사이에서 정보 통신망을 통해 전달하기 위하여 송신하거나 경로를 지정하거나 연결을 제공하는 자 또는 이용자들이 정보 통신망에 접속하거나 정보 통신망을 통하여 저작물 등을 복제·전송할 수 있도록 서비스를 제공하거나 그를 위한 설비를 제공 또는 운영하는 자를 지칭한다.

음원 유통사 (음악 플랫폼, 음원 유통사)	카카오(멜론), CJ ENM(엠넷닷컴), 지니뮤직(도시락), 소리바다(소리바다), 네이버(네이버뮤직), NHN벅스(벅스, 세이클럽), 드림어스컴퍼니(FLO) 등

주요 음원 유통사(서비스 브랜드)는 카카오(멜론[9]), CJ ENM(엠넷닷컴), 지니뮤직(도시락), 소리바다(소리바다), 네이버(네이버뮤직), NHN벅스(벅스, 세이클럽), 드림어스컴퍼니(FLO) 등이 있다. 이들은 회원으로 가입해 스트리밍 서비스로 음악을 듣는 상품, 월정액을 내는 무제한 다운로드 상품 등 다양한 묶음 상품을 출시해 이용자들을 유인하고 있다. 2019년부터 저작권자의 몫을 기존보다 5% 정도 더 배분하는 방향으로 강화되자 상품 가격을 평균 30% 정도 인상했다.

다섯째, 미디어 플랫폼은 음악 관련 콘텐츠를 유통하는 방송사업자(케이블, 지상파 채널), 오프라인 매장을 대체하는 디지털 채널들, 유튜브 등을 말한다.[10] 이 가운데 '방송사업자'는 방송을 업으로 하는 자로, '디지털음성송신사업자'는 디지털음성송신을 업으로 하는 자로 현행 저작권법에 규정되어 있다. 여기에서 '디지털음성송신'은 공중 송신 중 공중으로 하여금 동시에 수신하게 할 목적으로 공중 구성원의 요청에 의해 개시되는 디지털 방식의 음성 송신을 말하는데, 전송은 제외된다.

'플랫폼(platform)'은 원래 역에서 기차를 타고 내리는 곳(정거장, 정류장)을 뜻하는데, 정거장처럼 콘텐츠가 여러 곳에서 들어와 유통된다고 하여 콘텐츠 유통망이나 유통 매체를 '미디어 플랫폼' 또는 '플랫폼'으로 부르게 되었다. 요즘 유행하는 신조어 가운데 '플랫폼 경제'는 이 플랫폼을 주축으로 하는 경제를, '플랫폼 기업'은 유튜브, 우버택시, 에어비앤비처럼 기업이 콘텐츠 생산이나 상품 제작을 하지 않고 유통 경로, 즉 놀이터만을 제공하는 사업을 하는 경우를 각각 지칭한다.

미디어 플랫폼	KBS·MBC·SBS와 같은 지상파 방송, Mnet·KMTV·SBS MTV와 같은 음악전문 채널, 넷플릭스, 웨이브와 같은 OTT, 유튜브, 네이버, 다양한 온라인 음악 사이트와 휴대폰 음악 앱(어플리케이션)

미디어 플랫폼은 KBS·MBC·SBS와 같은 지상파 방송, Mnet·KMTV·SBS MTV 같은 케이블과 IPTV 음악전문 채널, 넷플릭스·웨이브와 같은 OTT(over the top, 인터넷 영상 서비스), 유튜브, 네이버, 다양한 온라인 음악 사이트와 휴대폰 음악 앱(어플리케이션) 등이 사례다. 웨이브는 넷플릭스에 대응하기 위해 SK텔레콤이 지상파 방송 3사(KBS, MBC, SBS)와 합작해서 만든 토종 OTT이다.

이 가운데 현행 '방송법'의 규제를 받는 미디어 플랫폼은 음악에 대한 자체 심의를 진행하기 때문에 지상파 TV·라디오, 케이블 채널 등 방송 매체에 음악이 전송되려면 외설성과 저속성을 배제한 일정 정도의 건전성이 요구된다. 심의를 받으려면 CD와 같은 실물 앨범(방송사별로 요구량이 1~5장으로 다양함), 곡별 가사파일을 첨부한 심의 신청서를 제출하여 방송사별 기준을 통과해 적격(適格) 판정을 받아야 한다. KBS의 경우 한국음반산업협회에 음원심의 업무를 위탁하고 있어 심의를 받으려면 한국음반산업협회에 회원 가입을 선행해야 한다.

여섯째, 이용자 그룹은 팬과 평단을 지칭한다. 팬들은 뮤지션 등 음악 분야 아티스트들의 콘텐츠를 매개로 정서적·심리적 유대가 형성되어 강한 애착을 나타내기도 하지만 낯선 비판자로 돌변하기도 한다. 아티스트들의 팬덤 간 대결이나 다툼이 나타나는 경우도 있다. 팬들이 자금을 모아 지하철 광고판에 생일축하 광고를 하는 열성적인 사례부터 아티스트의 개인사에 파고들어 독점욕을 행사하려는 '사생팬'과 같은 일탈적 행동을 드러내기도 한다. 그러나 최근 몇 년 전부터는 팬 사이트의 자정 운동, 주로 불우이웃 돕기와 같은 선행, 사회공헌 선도, 사회적 의제에 동참 등 매우 바람직하고 모범적인 팬덤의 모습이 나타나고 있다.

이용자(수용자)	국내외의 일반적인 음악 이용자(소비자), 특정 아티스트의 팬클럽과 팬클럽 회원, 음악 평론가와 언론사의 음악 담당기자, 음악 전문 유튜버

평단은 각 언론사의 음악 담당기자들과 직업적인 음악 평론가, 최근 늘어난 음악 전문 유튜버가 중심을 이룬다. 이들은 일반 팬들과 다른 직관을 갖추고 있으며 정보 전달 외에도 비판적인 시각에서 비평을 하기 때문에 아티스트들이나 이들이 속한 기획사 입장에서는 협조 요청 대상인 동시에 경계 대상이다. 언론사는 부서별 인사이동이 잦아 음악 담당기자들은 자신이 맡은 분야에 오랫동안 집중하여 전문성이 높은 글쓰기를 하기 어려운 경우가 많다. 아울러 기자들은 직무의 철학과 원칙에 따라 취재,

보도, 논평을 할 때 시시비비를 명확히 가려야 하기 때문에 특정 아티스트를 비판할 경우 일부 극렬한 팬덤과 자주 충돌을 일으키기도 한다.

일곱째, 이익 단체는 음악 산업 관련 각종 협회와 단체를 나타낸다. 이들은 집단적 이익 보호와 확대, 친목 확대를 위해 결사를 하여 각종 협회를 구성하고 회원사들에게 유리한 정책과 법안을 이끌어 내기 위해 정부와 국회 등을 상대로 정책, 입법 로비를 한다. 한국음반산업협회는 음반 제작자들의 연합체로 케이팝 등 한류 문화를 선도하고 있는 음반 제작자 및 전통 가요, 성인 가요 등을 통해 국내 음반시장의 한 축을 이루고 있는 음반 제작자들을 회원으로 두고 있다.

이익 단체	한국음반산업협회[1], 한국음악저작권협회[2], 한국음악실연자연합회[3], 함께하는음악저작인협회[4], 한국가수협회, 한국가요작가협회, 한국 연예매니지먼트협회 등

주: 1), 2), 3), 4)를 4대 음악 저작권신탁관리단체라 한다.

한국음반산업협회는 음반 유통형태의 변화에 따른 유통환경 조성, 음반 제작자의 권익보호 제도의 안정화를 사업 목표로 표방하고 있다. 한국음악저작권협회는 저작권법에 따라 저작권자들의 권익을 보호하고 음악 저작물 사용자의 이용 편의를 도모함으로써 음악 문화의 향상 발전에 기여하고자 설립·운용되고 있다. 특히 방송에 사용하는 음원의 사용료와 노래방에서 불리는 노래의 저작권료 등에 대한 징수·분배를 대행하고 있다.

한국음악실연자연합회는 가수, 연주자, 국악인, 성악가, 지휘자와 같은 음악 실연자의 저작인접권 관리와 분배, 창작 지원, 복지 지원 등의 역할을 하고 있다. 저작권법은 노래를 부르고 연주하는 음악 실연자에게 실연권이 있다고 규정하고 있기에, 이 권리의 보호와 정당한 수익 분배에 앞장서고 있다. 한국가수협회는 가수 회원들의 권익 향상과 복지를 위해, 한국가요작가협회는 창작 활동의 자유 보장 및 저작물 침해에 대한 적극 보호 등을 위해 각각 설립·운용되고 있다. 한국연예매니지먼트협회는 배우, 가수 등이 소속된 매니지먼트사의 연합체로 회원사 이익 도모, 분쟁 중재, 공정 경쟁과 산업 발전 모색을 주 사업으로 하고 있다.

정책·규제 기관	문화체육관광부(대중문화산업과, 저작권정책과, 예술정책과 등), 영상물등급위원회(뮤직비디오 및 음원 광고 등), 방송통신심의위원회(방송 및 통신 유통 콘텐츠)

여덟째, 정책·규제 기관은 음악 산업 관련 정책과 제도를 마련하고 시행하는 정부 기관을 말한다. 정부 기관에는 먼저 창작자의 권리 보호와 산업 진흥 정책을 주관하고 있는 문화체육관광부가 있는데, 음악 산업과 관련해서는 문화체육관광부 내의 대중문화산업과가, 저작권 문제와 관련해서는 저작권정책과가, 예술인 복지 확대와 관련해서는 예술정책과가 각각 담당하고 있다. 특히 음악 창작자의 저작권 보호 문제와 이에 따른 수익의 합리적인 배분, 음반 사재기 같은 불공정 시장 행위의 예방 및 근절, 청소년 아티스트의 인권과 복지 향상 등에 관해서는 문화체육관광부가 적극적으로 규제 및 조정 역할을 하고 있다.

심의 기관으로는 문화체육관광부 산하 기관인 '영상물등급위원회'와 민간 기관인 '방송통신심의위원회'가 있다. 1996년 6월 7일부터 '음반 및 비디오물에 관한 개정 법률'이 발효되어 정부(문화체육관광부)는 물론 정부로부터 위탁받은 자율 심의 기구(공연윤리위원회)에 의한 음반사전심의제도가 폐지되어 현재 가요 심의는 진행하지 않고 있기에 이 기관들의 역할은 제한적이다. 사전 심의는 창작의 자유와 표현의 자유를 침해하는 사전 검열로서 '위헌'이라는 비판이 비등했기 때문이다. 그러나 방송사의 자체 심의는 남아 있어 음반이 TV나 라디오를 통해 방송이 되려면 음반 제작 주체가 음반 관련 자료를 제출해 각 방송사의 심의 기준을 통과해야 한다.

그래서 정부 차원의 음악 관련 심의는 뮤직비디오나 음원 홍보물, 외국인이 참여한 공연물 등 일부에만 국한되고 있다. 먼저, 영상물등급위원회는 영상물과 공연물, 그것의 광고·선전물에 대한 윤리성 및 공공성을 확보하고 청소년을 보호하기 위해 설립되었는데, 음악의 경우 뮤직비디오, 외국인 국내 일반 공연 및 관광업소 공연 추천 공연물 등에 대해서만 심의한다. 비디오는 연속적인 영상이 테이프, 디스크 같은 디지털 매체에 담겨 있거나 정보 통신망으로 유통되도록 제작된 것이 해당된다. DVD와 디지털 방송 시대에 맞게 대용량으로 개발된 블루레이 디스크(blue-ray disc), 인터넷, 휴대폰 등으로 제공되는 VOD 서비스도 등급 분류를 받아야 한다.

비디오물은 '전체 관람가', '12세 이상 관람가', '15세 이상 관람가', '청소년(만 19세 미만) 관람 불가', '제한 관람가'로 분류된다. 청소년 유해성 확인 대상 광고·선전물은 영화 광고·선전물의 경우 포스터, 전단, 스틸(still) 광고, 신문 광고, 온라인 광고 등 온·오프라인을 통해서 배포·게시되는 영화 광고·선전물이며, 비디오 광고·선전물의 경우 '청소년 관람 불가'에 해당하는 비디오물의 광고·선전물이다.

민간 기관인 방송통신심의위원회에서는 방송의 공정성과 공공성 유지에 위배되거나 정보 통신망을 통해 불법 정보를 유통한 행위, 명예훼손 분쟁의 조정과 청소년 보호 유해물 결정에 관하여 심의를 한다. 따라서 음악 관련 방송물이나 콘텐츠가 위의 사례 가운데 어느 하나 이상에 해당될 경우에만 심의 대상이 되며, 심의 결과에 따른 처분은 콘텐츠를 유통하는 사업자(방송사, 통신사업자)에게 부과한다.

2005년 '카우치 사태' 등에 관한 제재(시청자에 대한 사과, 방영 금지, 책임자 징계)가 이에 해당된다. 당시 생방송으로 진행된 MBC 〈음악캠프〉에 출연한 럭스는 동료 인디밴드 카우치와 함께 무대에 올라 공연하던 중 카우치의 멤버 2명이 하의를 완전히 탈의해 약 4초간 방송되는 전대미문의 방송 사고를 일으켰다. 이들은 공연 음란 및 업무방해 혐의로 구속되고 심의 기관은 제재에 착수했다. 심의 기관의 제재가 실효성이 약하다는 여론에 따라 유사한 내용의 프로그램을 생방송할 경우 5분 지연시켜 전송해 방송하는 '딜레이 룰(delay rule)'이 도입되기도 했다.

5
음악산업 관련 정책과 법률

1. 음악산업 정책과 유관 법률의 이해

우리나라의 음악산업 정책은 음악 산업의 진흥, 이해관계자들의 이해 조정과 권리 보호, 분쟁의 원활한 중재·해결, 사업등록제와 표준계약서 도입을 통한 사업과 계약의 공정성·투명성·구체성 강화, 저작권 보호를 비롯한 SNS 시대의 법률적 쟁점 해소, 콘텐츠 제작의 창의성과 다양성 확대, 창작자의 권리 보호와 확대, 스태프(staff) 등 열악한 환경에 있는 자의 보호와 권익 향상, 예술인의 사회보장 확대와 창작 지원, 청소년 보호, 성희롱 예방, 주 40시간 근로제 반영 등에 초점을 두고 있다.

우리나라 음악산업 진흥 정책의 이념과 기조를 담은 법률은 '음악산업 진흥에 관한 법률', '문화산업진흥기본법', '콘텐츠산업진흥법', '예술인복지법'이다. 음악 및 공연(콘서트, 뮤지컬, 갈라 쇼, 퍼포먼스 등) 사업을 창업 및 영위해야 할 때 준수해야 할 원칙과 규정을 담은 법률은 '대중문화예술산업발전법'과 '공연법'이다. 물론 대중문화예술산업발전법에는 음악산업 진흥 정책도 담겨 있다.

먼저 음악산업 진흥 정책의 이념, 기조를 담은 법률을 살펴보자.

첫째, '음악산업진흥에 관한 법률(음악산업법)'[1]에서는 정부에게 음악분야 창업 및 제작 등의 지원, 음악산업 자료의 관리, 전문 인력의 양성, 기술개발 추진, 표준화, 음악 공연의 활성화, 지식재산권 보호 등의 의무를 부과하고 있다. 이에 따라 문화체육관광부장관은 음악 산업에 관한 창업을 활성화하고 창업자의 안정적인 성장·발전을 위하여 필요한 지원을 할 수 있다. 또 음악 산업의 경쟁력을 강화하고 우수 음악상품의 개발을 촉진하기 위하여 음악 창작자 및 음반·음악 영상물 제작자에게 필요한 재원의 전부 또는 일부를 융자하거나 그 밖의 지원을 할 수 있다. 노래방 사업의 정의와 절차, 사업자에 대한 교육도 이 법에 포함되어 노래방 사업을 하려면 이 법률과 관련 시행령, 규칙을 정확히 이해해야 한다.

둘째, '문화산업진흥기본법(문화산업법)'[2]에서는 문화 산업의 지원·육성에 필요한 사항을 정하여 문화산업 발전의 기반을 조성하고 경쟁력을 강화함으로써 국민의 문화적 삶의 질 향상과 국민경제의 발전에 기여하고, 이를 위해 국가와 지방자치단체로 하여금 문화산업 진흥 정책을 수립·시행토록 했다. 문화산업 전문 투자회사, 투자조합, 유통회사, 우수문화상품, 문화상품·기술에 대한 가치 평가를 하는 평가 기관, 문화산업전문회사(문전사)를 지정·지원·육성할 수 있고 문화산업 시설을 집적하거나 문화산업단지를 조성할 수 있다. 문화산업 진흥을 위한 싱크탱크 역할을 하는 한국콘텐츠진흥원(본원 전남 나주 소재)의 설립과 운용도 이 법에 근거한다.

셋째, 음악을 포함한 콘텐츠 산업 육성을 위해 '콘텐츠산업진흥법(콘텐츠산업법)'[3]에서는 콘텐츠 산업의 진흥에 필요한 사항을 정함으로써 콘텐츠 산업의 기반을 조성하고 그 경쟁력을 강화해 국민 생활의 향상과 국민경제의 건전한 발전을 꾀하도록 했다. 이 법은 콘텐츠 산업 진흥과 저작권 보호에 관해 '문화산업진흥기본법'과 '저작권법'에 우선해 적용된다. 콘텐츠 산업 정책의 기본 이념은 콘텐츠 제작자의 창의성 발휘, 콘텐츠에 관한 지식재산권의 국내외 보호, 콘텐츠의 원활한 유통과 이용자의 문화를 향유 촉진, 다양한 콘텐츠 관련 사업 창출과 효율화·고도화, 국제 경쟁력 강화와 콘텐츠 산업의 지속적인 발전 등이다. 아울러 이 법에서는 문화체육관광부장관이 콘텐츠의 합리적 유통 및 공정한 거래를 위하여 공정거래위원회와 방송통신위원회 및 미래창조과학부와의 협의를 거쳐 표준계약서를 마련하고, 콘텐츠 사업자에게 이를 사용하도록 권고할 수 있게 했다.

넷째, '예술인복지법'[4]은 예술인의 직업적 지위와 권리를 법으로 보호하고, 복지를 지원해 창작 활동을 증진하고 예술 발전에 기여하고자 제정되었다. 이 법은 문화국가 실현과 국민의 삶의 질 향상에 중요한 공헌을 하는 존재로서 예술인이 정당한 존중을 받아야 한다는 원칙에서 출발한다. 예술 활동에서 불공정 행위 금지, 표준계약서 보급과 적용, 고용, 임금 등에서 차별을 받지 않도록 예술인의 경력증명서 발부, 예술인의 업무상 재해 보호, 예술인 복지 사업을 효율적으로 수행하기 위하여 예술인 사회보장, 직업 안정과 이직, 창작 지원, 공제사업 지원 및 추진 등을 골자로 하는 한국예술인복지재단의 설립과 운용 규정 등을 담았다. 국가와 지자체는 차별 없이 예술인 권리와 복지 증진에 관한 시책을 수립하여 시행하고, 이를 위해 복지 및 창작 환경 등에 대한 실태 조사를 3년마다 실시해 공표해야 한다.

이어서 음악 및 공연(콘서트, 뮤지컬, 갈라 쇼, 퍼포먼스 등) 사업을 창업 및 영위해야 할 때 준수해야 할 원칙을 담은 법률을 살펴보자. 특히 음원기획제작업, 음원 관련 사업, 매니지먼트사, 공연제작업 등의 비즈니스를 하려는 사람과 관련 분야에 임직원으로 종사하고자 하는 사람들, 가수, 댄서, 가수 겸 배우, 작사·작곡가 등 아티스트가 되려고 하는 사람들은 예술 활동에서 범죄 및 과실의 예방과 권리 보호를 위해 상세히 살펴봐야 한다. 특히 권리보호 차원에서 청소년 예술인과 일할 경우, 또는 청소년 예술인과 그 부모, 대리인·후견인은 더욱 유념할 필요가 있다.

첫째, '대중문화예술산업발전법(대중문화산업법)'[5]은 대중문화예술산업의 기반 조성, 관련 사업자, 대중문화예술인 등에 관한 사항을 정해 건전한 대중문화 확립 등을 목표로 한다. 이 법에 따라 국가는 대중문화예술산업의 해외 홍보 및 해외 마케팅 활동 지원, 제작물의 국제공동제작 및 해외배급 지원, 해외진출 정보 제공, 외국인의 투자 유치, 해외시장에서 관련 제작물의 지식재산권 보호에 앞장서야 한다. 대중문화예술기획업은 '등록제'로 하며, 사업의 명의 대여도 금지했다. 따라서 휴·폐업하거나 휴업 후 영업 재개 시에는 문화부장관에게 신고해야 한다.

음반·음원 기획·제작업 등 문화예술기획 분야 사업자가 법인을 설립할 경우 임원 1명 이상이 대중문화예술기획업에서 2년 이상 종사한 경력이 있거나 대중문화예술기획업 관련 교육과정을 이수해야 하고, 독립된 사무소, 법인등기부등본, 사업자등록증 등의 서류를 구비한 뒤 문화체육관광부장관에게 등록하여야 한다. 등록사항 변경도 같은 조건과 절차를 따른다. 특히 미성년자, 미성년 후견인, 피한정 후견인, 파산선고를 받은 자로서 복권되지 않은 자, 성매매 및 아동학대 관련 등의 범죄를 저질러 벌금 이상의 형을 선고받고 그 집행이 종료되거나 집행을 받지 아니하기로 확정된 후 3년이 경과되지 아니한 자는 관련 사업 영위가 불가능하다.

등록 시 요건 가운데 하나인 대중문화예술기획업자의 교육은 대중문화산업법의 내용과 준수 사항, 대중문화예술산업의 공정한 영업 질서의 조성에 관한 사항, 성에 대한 건전한 가치관 함양과 성폭력, 성매매, 성희롱

〈표 5-1〉 사업자·예술인이 알아야 할 대중문화산업법과 공연법의 주요 내용

구분	주요 내용
대중문화산업법	• 대중문화예술기획업의 문화체육관광부 '등록제' 명시 　- 임원 1명 이상이 '대중문화예술기획업에서 2년 이상 종사자, 대중문화예술기획업 관련 교육과정 이수자' 요건 충족 명시 　- 성범죄 및 아동학대 범죄 등의 전력자 사업 진입 불가 • 표준계약서 도입을 통한 계약의 투명화, 구체화 　- 계약 기간·갱신·변경·해제, 당사자의 권한·의무, 활동 범위·매체, 아티스트 인성 교육 및 정신건강 지원, 상표권, 초상권, 콘텐츠 귀속, 수익 분배, 분쟁 해결, 아동·청소년 보호조항 명시 • 예술인별 분리 계상·관리, 회계장부 별도 작성·비치 • 예술인 모집 및 용역제공 알선 시 허위 정보 및 약속 금지 • 사업자와 스태프의 성매매 알선·권유, 폭행 금지 • 청소년 예술인의 신체적·정신적 건강, 학습권, 인격권, 수면권, 휴식권, 자유선택권 등 기본적 인권 보호조치 　- 과다 노출행위, 선정적인 표현 행위의 강요 금지 　- 촬영·공연·제작 시 오후 10시부터 오전 6시까지 용역제공 금지 15세 미만 1주일에 35시간, 15세 이상 40시간 초과 금지(국외 활동을 위한 이동, 장거리 이동 등 정당한 사유가 있는 경우 예외) 　- 15세 이상은 당사자 합의로 1일 1시간 1주 6시간 한도로 연장 가능 　- 위반 시 문화체육관광부장관이 시정 권고·명령 조치
공연법	• 조명·음향·방음 시설 등을 갖춰 시도지사에게 공연장 등록 • 공연자는 공연예술통합전산망에 1일 단위 공연 데이터베이스 제공 • 공연물과 그 홍보물의 청소년 유해성 사전 확인 및 조치 • 외국 공연물 공연은 영상물등급위원회의 추천 선행 • 재해대처 계획 보고 및 방비 안전진단 실시 의무 • 공연장별 '무대예술 전문인(무대기계 전문인, 무대조명 전문인, 무대음향 전문인)' 확보 요건: 좌석 1000석 이상 공연장은 자격등급 1급 이상 각 분야 1인 이상, 800석 이상~1000석 미만은 자격등급 2급 이상 각 분야 1인 이상, 500석 이상~800석 미만은 자격등급 3급 이상 각 분야 1인

방지를 위하여 소속 대중문화예술인이 대통령령으로 정한 외부 전문기관이 실시하는 성교육 및 성폭력, 성매매, 성희롱 예방 교육 등이 주된 내용으로 문화체육관광부 장관이 대통령령으로 정하는 전문 기관 또는 협회 등에 위탁해 실시할 수 있다.

사업자들은 영업 질서를 지키고 공정한 계약, 표준계약서에 의한 업무 이행, 계약의 사전설명 의무를 준수해야 한다. 대중문화예술제작업을 겸업하는 대중문화예술기획업자가 소속 대중문화예술인의 대중문화예술용

역을 제공받고자 하는 경우에는 해당 대중문화예술인의 동의를 받아야 한다. 다만, 대중문화예술기획업자가 음반·음원을 제작하는 경우에는 이를 적용하지 아니한다. 대중문화예술기획업자는 소속 대중문화예술인에게 제공한 대중문화예술기획 업무의 대가 및 비용을 해당 대중문화예술인별로 분리하여 계상·관리하고 회계장부를 별도로 작성·비치하여야 한다. 대중문화예술인을 모집하거나 용역(일거리) 제공을 알선하면서 거짓의 정보를 제공하거나 거짓의 약속을 하여서는 아니 된다. 관련 사업자 또는 관련 스태프는 그 직위를 이용하여 성매매 알선·권유 또는 유인하는 행위를 하여서는 안 되며 업무 관계에서 폭행이나 협박을 해서는 안 된다.

관련 사업자가 가수, 작곡가, 연주가 등 대중예술인과 계약할 때는 투명 경영 확립과 계약 당사자 간 분쟁 방지를 위해 계약서에 계약 기간·갱신·변경·해제, 계약 당사자의 권한 및 의무, 대중문화예술용역의 범위 및 활동 매체, 대중문화예술인의 인성 교육 및 정신건강 지원, 상표권, 초상권, 콘텐츠 귀속, 수익 분배, 분쟁 해결, 아동·청소년 대중문화예술인 보호, 부속합의에 관한 사항을 명시해야 한다. 열악한 처지에 있는 대중문화예술제작물 스태프 보호를 위해 이들과 일할 경우 대중문화예술인과 계약할 때와 같은 방식을 적용하도록 했다.

만 19세 미만에 해당하는 '청소년(minor) 보호 원칙'을 명시하여 국가, 대중문화예술사업자, 친권자 또는 후견인은 청소년 대중문화예술인이 대중문화예술용역을 제공하는 경우 그 권익이 침해되지 아니하도록 하며, 건전한 인격체로 성장할 수 있도록 배려해야 할 의무를 부과했다. 사업자가 청소년 예술인과 계약을 체결하는 경우 그 예술인의 신체적·정신적 건강, 학습권, 인격권, 수면권, 휴식권, 자유선택권 등 기본적 인권을 보장하는 조치를 계약에 포함하여야 한다. 청소년 대중문화예술인에게 과도한 노출 행위와 선정적인 표현 행위를 강요해서는 안 된다.

실연(공연)·녹음·촬영과 같은 제작 시 국외 활동을 위한 장거리 이동 사례가 아닌 경우 15세 미만의 청소년 대중문화예술인이 용역을 제공하는 시간은 1주일에 35시간을 초과하지 못하며 특히 오후 10시부터 오전 6시까지의 시간에 15세 미만의 청소년 예술인으로부터 용역을 제공받을 수 없다. 다만, 용역 제공일의 다음 날이 학교의 휴일인 경우에는 해당 예술인과 그 친권자 또는 후견인의 동의를 받아 용역 제공일 자정까지 작업이 가능하다. 국외 이동 등 장거리 이동 시 사업자는 청소년 예술인의 학습권, 휴식권, 수면권 등을 보장하여야 한다.

15세 이상 청소년 예술인의 경우 제작물 제작 시 용역 제공시간은 1주일에 40시간을 초과하지 못하며, 당사자의 합의가 있다면 1일 1시간 1주일에 6시간을 한도로 연장할 수 있다. 15세 미만과 마찬가지로 오후 10시부터 오전 6시까지의 시간에 15세 이상의 청소년 예술인으로부터 용역을 제공받을 수 없다. 다만, 예술인 당사자 및 친권자, 후견인의 동의가 있다면 용역을 제공받을 수 있다. 문화체육관광부장관은 이 사항을 위반할 경우 '시정 권고'와 '시정 명령' 조치를 취할 수 있다.

둘째, '공연법'[6]은 예술의 자유 보장, 건전한 공연 활동의 진흥을 위하여 공연에 관한 규정을 담았다. 국가와 지방자치단체는 공연예술 진흥을 위하여 필요한 계획을, 문화체육관광부장관은 '공연예술진흥기본계획'을 각각 수립해 시행하여야 한다. 공연자는 공연장 등록 및 공연 절차를 준수하고 투명한 산업 통계에 의한 지원정책 마련을 위해 '공연예술통합전산망(KOPIS)'(http://www.kopis.or.kr) 자료제공 의무를 지닌다. 특히 공연자는 공연정보가 1일 단위로 집계되도록 KOPIS의 주요 서버 내 데이터베이스에 저장되도록 제공·전송해야 한다.

누구든지 연소자에게 유해 공연물을 관람시킬 수 없으며, 같은 공연 선전물도 공중이 통행하는 장소에 공공연히 설치·부착·배포할 수 없고, 관람 권유 광고를 할 수 없다. 공연자는 공연물 및 선전물의 등급을 받는 방식으로 연소자 유해성 여부에 대하여 확인을 요청할 수 있다. 국내에서 공연하려는 외국인이나 외국인을 국내에 초청하여 공연하려는 자는 영상물등급위원회의 추천을 받아야 한다. 외국 공연물이 국가 이익, 공공의 질서와 선량한 풍속, 국내 공연질서를 각각 해칠 우려가 있을 때 추천을 받을 수 없기에, 그러할 경우 사실상 공연을 할 수 없다.

공연장은 시설 기준을 갖춰 공연장의 소재지를 관할하는 시도지사와 시장, 군수, 구청장에게 '공연장 등록신청서'를 제출하여야 한다. 공연법 시행령에 따라 '공연장'은 연간 90일 이상 또는 계속하여 30일 이상 공연에 제공할 목적으로 설치하여 운영하는 시설을 지칭한다. 공연법 시행규칙에서 공연장 등록을 하려면 무대 시설(조명·음향시설 포함) 및 방음 시설을 구비해야 한다. 다만, 객석의 천장이 없는 공연장의 경우 방음 시설을 갖추지 아니할 수 있다.

아울러 '안전관리대책'을 마련해 '안전 관리자'를 두는 한편 비상시에 하여야 할 조치 및 연락처, 화재예방 및 인명피해 방지 조치에 관한 사항 등 '재해대처 계획'을 마련해 신고해야 한다. 무대 시설과 기기의 안전 진단도 요구된다. 공연장 좌석 규모에 따라 배치가 요구되는 '무대예술 전문인'의 등급과 규모도 달라진다. 무대예술 전문인은 전문 검정기관이 실시한 무대예술 관련 과목의 이론과 실기를 통과한 무대기계 전문인, 무대조명 전문인, 무대음향 전문인의 3개 분야로 구분한다. 공연법 시행령에 따라 좌석 1000석 이상 공연장은 '자격등급 1급 이상' 각 분야 1인 이상, 800석 이상~1000석 미만은 '자격등급 2급 이상' 각 분야 1인 이상, 500석 이상~800석 미만은 '자격등급 3급 이상' 각 분야 1인이 기준이다.

2. 분야별 표준계약서의 이해와 활용

음악 산업과 비즈니스 분야에 적용되는 표준계약서는 여러 가지가 있기 때문에 면밀히 살펴 각 분야에 맞는 것을 적용해야 한다. '대중문화예술산업발전법'에 따라 방송사(제작사)-가수 간 출연 계약을 표준화하여 규정한 '대중문화예술인 방송출연 표준계약서(가수)'(2013.8), 기획업자-가수 간 전속계약을 표준화한 '대중문화예술인(가수 중심) 표준전속계약서'(2018.11), 기획업자-청소년 간 대중문화예술인(또는 연습생)의 계약을 표준화한 '청소년 대중문화예술인(또는 연습생) 표준 부속합의서'(2019.3)가 각각 마련되었다.

'예술인복지법'에 의해서는 제작자-예술인 간 저작물 공연 활용 계약을 표준화한 '공연예술창작계약서'(2013.5), 제작자-출연자 간 공연 출연 계약을 표준화한 '공연예술출연계약서'(2013.5)를 마련해 이를 2018년 9월 각각 업그레이드하여 보급했다. 이어 분야별 계약 세분화를 위해 공연 사업자와 무대 기술, 소품, 의상, 조명, 음향 등 분야 종사자 및 수행업체의 기술 지원 및 용역계약을 표준화한 '공연예술기술지원계약서'(2019.8)와 '공연예술기술지원 표준용역계약서'(2019.8)를 추가로 마련했다.

각 계약서는 용역을 의뢰한 주체와 제공한 주체의 대등하고 공정한 계약과 처우, 계약의 투명성과 구체성, 용역(활동 영역)의 구체화, 정산의 투명화와 정산기일 준수, 분쟁 방지, 성접대 및 성매매 알선·강요 금지, 인권보호와 성인지 감수성 체화, 청소년 보호, 주 40시간 노동제 취지 반영 등이 골자를 이루고 있다.

첫째, '대중문화예술인(가수 중심) 표준전속계약서'에는 양자가 대등하게 권리의 양도와 대행을 목적으로 최소 3년~최장 7년의 기간 내에서 독점 계약을 하여 일하는 것을 원칙으로 용역 제공 범위와 활동 매체를 구체화하고, 저작권, 저작인접권, 퍼블리시티권 등 아티스트가 누려야 할 권리 보장을 명시했다. 수익 배분과 관련된 정기 정산일자를 지정하도록 했다. 계약 위반 및 해지에 따른 위약벌(違約罰)의 산정 기준도 명시했다. 인성교육 강화 조항을 마련하고 우울증, 자살, 약물남용 방지를 위해 아티스트의 심신 건강이 나빠지면 적절하게 치료를 받도록 했다.

표준계약서에서 계약 기간을 최장 7년으로 한 이유는 가수를 발굴해 육성하는 연예 기획사의 투자비용 회수와 관련이 깊다. 투자 비용을 상쇄하는 손익분기점을 돌파하여 이익을 내려면 매우 많은 시간이 걸리기 때문에 연예 기획사들의 이해를 반영해 이렇게 설정한 것이다. 아이돌의 경우 일반적으로 최초 계약기간 7년이 만료되기 전에 인기가 서서히 식기 때문에 기획사는 최초 계약 만료기간인 7년 후에는 새롭게 발굴한 신인에 투자하는 경향이 있고, 해당 아이돌은 이런 '7년의 저주'를 극복해야만 살아남을 수 있다.[7]

청소년 보호를 위해 인격권, 건강권, 학습권, 수면권, 휴식권, 자유선택권 등을 포함했다. 촬영 스케줄을 빌미로 관행처럼 행해지는 청소년 예술인의 오후 10시 이후 야간 노동은 원칙적으로 금지했다. 아울러 아티스트의 매니지먼트와 대행 업무를 잘하는 특정 매니저와 함께 일하는 것을 조건으로 계약하는 '키맨 조항(keyman clause)' 삽입 등 다양한 부속합의 조항을 추가해 계약서에 첨부할 수 있게 했다. 이 표준계약서는 그간 논란이 되어 온 노예계약, 무리한 일정과 과로 방치, 영리·홍행 목적으로 과도한 성적 표현 강요, 성접대·성매매 알선·강요 등의 병폐를 해결하기 위한 노력으로 오랫동안 논의와 검토를 거쳐 만들어졌다.

[대중문화예술인(가수 중심) 표준전속계약서]

공정거래위원회

표준약관 제10062호
(2014.9.19. 개정)

[프로덕션] _____ (이하 '**갑**'이라 한다)[와, 과]

[아티스트] _____ (본명: ____)(이하 '**을**'이라 한다)[는, 은]

다음과 같이 전속계약을 체결함에 있어 상호 신의성실로서 이를 이행한다.

제1조 (목적)

이 계약은 갑과 을이 서로의 이익과 발전을 위하여 적극적으로 협력하는 것을 전제로, 을은 최선의 노력을 통해 자신의 재능과 자질을 발휘하여 자기발전을 도모함은 물론, 대중문화예술인으로서 명예와 명성을 소중히 하며, 갑은 을의 재능과 자질이 최대한 발휘될 수 있도록 매니지먼트 서비스를 충실히 이행하고 을의 이익이 극대화되도록 최선을 다함으로써 상호 이익을 도모함에 그 목적이 있다.

제2조 (매니지먼트 권한의 부여 등)

① 을은 갑에게 제4조에서 정하는 대중문화예술인으로서의 활동(이하 "연예활동"이라 한다)에 대한 독점적인 매니지먼트 권한을 위임하고, 갑은 이러한 매니지먼트 권한을 위임 받아 행사한다. 다만 을이 갑에게 위 독점적인 매니지먼트 권한의 일부를 위임하는 것을 유보하기로 양 당사자가 합의하는 경우에는 그러하지 아니하다.

② 갑은 을이 자기의 재능과 실력을 최대한 발휘할 수 있도록 성실히 매니지먼트 권한을 행사하고, 갑의 매니지먼트 권한 범위 내에서의 연예활동과 관련하여 을의 사생활보장 등 을의 인격권이 대내외적으로 침해되지 않도록 최대한 노력한다.

③ 을은 계약기간 중 갑이 독점적으로 권한을 행사하도록 되어 있는 연예활동과 관련하여 갑의 사전승인 없이 자기 스스로 또는 갑 이외의 제3자를 통하여 출연교섭을 하거나 연예활동을 할 수 없다.

제3조 (계약기간 및 갱신)
① 이 계약의 계약기간은 ＿＿년 ＿＿월 ＿＿일부터 ＿＿년 ＿＿월 ＿＿일까지 (＿＿년 ＿＿개월)로 한다.

② 제1항에 따른 계약기간이 7년을 초과하여 정해진 경우, 을은 <u>7년</u>이 경과되면 언제든지 이 계약의 해지를 갑에게 통보할 수 있고, 갑이 그 통보를 받은 날로부터 <u>6개월</u>이 경과하면 이 계약은 종료한다.

③ 다음 각 호의 어느 하나에 해당하는 경우에는 제2항의 규정에도 불구하고 갑과 을이 별도로 서면으로 합의하는 바에 따라 해지권을 제한할 수 있다.
  1. 장기의 해외활동을 위해 해외의 매니지먼트 사업자와의 계약체결 및 그 계약이행을 위하여 필요한 경우
  2. 기타 정당한 사유로 장기간 계약이 유지될 필요가 있는 경우

④ 계약기간 중 다음 각 호의 어느 하나와 같이 을의 개인 신상에 관한 사유로 을이 정상적인 연예활동을 할 수 없게 된 경우에는 그 기간만큼 계약기간이 연장되는 것으로 하며, 구체적인 연장일수는 갑과 을이 합의하여 정한다.
  1. 군복무를 하는 경우
  2. 임신·출산 및 육아, 대학원에 진학하는 경우
  3. 연예활동과 무관한 사유로 인하여 병원 등에 연속으로 30일 이상 입원

하는 경우

    4. 기타 을의 책임 있는 사유로 연예활동을 할 수 없게 된 경우
⑤ 이 계약의 적용범위는 대한민국을 포함한 전 세계 지역으로 한다.

제4조 (연예활동의 범위 및 매체)
① 을의 연예활동은 다음 각 호의 활동을 말한다.
    1. 작사·작곡·연주·가창 등 뮤지션으로서의 활동 및 그에 부수하는 방송출연, 광고출연, 행사진행 등의 활동
    2. 배우, 모델, 성우, TV탤런트 등 연기자로서의 활동(단, 갑의 독점적 매니지먼트의 대상이 되는 범위에 대하여는 갑과 을이 별도로 합의하는 바에 따른다)
    3. 기타 위 제1호 또는 제2호의 활동과 밀접히 관련되거나 문예·미술 등의 창작활동 등으로서 갑과 을이 별도로 합의한 활동
② 을의 연예활동을 위한 매체 등은 다음 각 호와 같다.
    1. TV(지상파 방송, 위성방송, 케이블, CCTV, IPTV 기타 새로운 영상매체를 포함한다) 및 라디오, 모바일기기, 인터넷 등
    2. 레코드, CD, LDP, MP3, DVD 기타 음원 및 영상물의 고정을 위한 일체의 매체물과 비디오테이프, 비디오디스크 기타 디지털방식을 포함한 일체의 영상 녹음물
    3. 영화, 무대공연, 이벤트 및 행사, 옥외광고
    4. 포스터, 스틸 사진, 사진집, 신문, 잡지, 단행본 기타 인쇄물
    5. 저작권, 초상권 및 캐릭터를 이용한 각종 사업이나 뉴미디어 등으로 갑과 을이 별도로 합의한 사업이나 매체
③ 제1항 및 제2항의 규정에도 불구하고 구체적인 연예활동 범위와 연예활동 매체 등은 갑과 을이 부속합의서에서 달리 정할 수 있다.

제5조 (갑의 매니지먼트 권한 및 의무 등)

① 갑은 이 계약에 따라 을에 대하여 다음 각 호의 매니지먼트 권한 및 의무를 가진다.

  1. 필요한 능력의 습득 및 향상을 위한 일체의 교육실시 또는 위탁
  2. 제4조 제1항의 연예활동을 위한 계약의 교섭 및 체결
  3. 제4조 제2항의 매체에 대한 출연교섭
  4. 을의 연예활동에 대한 홍보 및 광고
  5. 제3자로부터 을의 연예활동에 대한 대가 수령 및 관리
  6. 연예활동에 대한 기획, 구성, 연출, 일정관리
  7. 콘텐츠의 기획·제작, 유통 및 판매
  8. 기타 을의 연예활동을 위한 제반 지원

② 갑은 을을 대리하여 제3자와 을의 연예활동에 관한 계약의 조건과 이행방법 등을 협의 및 조정하여 계약을 체결할 권한을 가지는데, 그 대리권을 행사함에 있어 갑은 을의 신체적, 정신적 준비상황을 반드시 고려하고, 급박한 사정이 없는 한 미리 을에게 계약의 내용 및 일정 등을 사전에 설명하며, 또 을의 명시적인 의사표명에 반하는 계약을 체결할 수 없다. ③ 갑은 을의 연예활동과 관련하여 계약기간 이후에도 효력을 미치는 계약을 교섭·체결하기 위해서는 을의 동의를 얻는다. ④ 을의 연예활동을 제3자가 침해하거나 방해하는 경우 갑은 그 침해나 방해를 배제하기 위한 필요한 조치를 취한다. ⑤ 갑은 이 계약에 따른 을의 연예활동 또는 연예활동 준비 이외에 을의 사생활이나 인격권을 침해하거나 침해할 우려가 있는 행위를 요구할 수 없고, 부당한 금품을 요구할 수도 없다. ⑥ 갑은 을의 사전 서면동의를 얻은 후 이 계약상 권리 또는 지위의 전부 또는 일부를 제3자에게 양도할 수 있다.

제6조 (을의 일반적 권한 및 의무)
① 을은 제2조 및 제5조에 따라 행사되는 갑의 매니지먼트 활동에 대하여 언제든지 자신의 의견을 제시할 수 있고, 필요한 경우 을의 연예활동과 관련된 자료나 서류 등을 열람 또는 복사해 줄 것을 갑에게 요청할 수 있고, 갑은 이에 응한다. ② 을은 갑의 매니지먼트 권한 행사에 따라 자신의 재능과 실력을 최대한 발휘하여 연예활동을 한다. ③ 을은 연예활동에 지장을 초래할 정도로 대중문화예술인으로서의 품위를 손상시키는 행위를 하지 아니하며, 갑의 명예나 신용을 훼손하는 행위를 하지도 아니한다. ④ 을은 갑이 제5조 제5항의 규정에도 불구하고 부당한 요구를 하는 경우에는 이를 거부할 수 있다. ⑤ 을은 계약기간 중 갑의 사전 동의 없이는 제3자와 이 계약과 동일하거나 유사한 계약을 체결하는 등 이 계약을 부당하게 파기 또는 침해하는 행위를 할 수 없다.

제7조 (을의 인성교육 및 정신건강 지원)
갑은 을이 대중문화예술인으로서 자질·인성을 갖추는데 필요한 교육을 제공할 수 있고, 을에게 극도의 우울중세 등이 발견될 경우 을의 동의하에 적절한 치료 등을 지원할 수 있다.

제8조 (상표권 등)
갑은 계약기간 중 본명, 예명, 애칭을 포함하여 을의 모든 성명, 사진, 초상, 필적, 기타 을의 동일성(identity)을 나타내는 일체의 것을 사용하여 상표나 디자인 기타 유사한 지적재산권을 개발하고, 갑의 이름으로 이를 등록하거나 을의 연예활동 또는 갑의 업무와 관련하여 이용(제3자에 대한 라이선스 포함)할 수 있는 권리를 갖는다. 다만 계약기간이 종료된 이후에는 모든 권리를 을에게 이전하며, 갑이 지적재산권 개발에 상당한 비용을 투자하는 등

특별한 기여를 한 경우에는 을에게 정당한 대가를 요구할 수 있다.

제9조 (퍼블리시티권 등)

① 갑은 계약기간에 한하여 본명, 예명, 애칭을 포함하여 을의 모든 성명, 사진, 초상, 필적, 음성, 기타 을의 동일성(identity)을 나타내는 일체의 것을 을의 연예활동 또는 갑의 업무와 관련하여 이용할 수 있는 권한을 가지며, 계약기간이 종료되면 그 이용권한은 즉시 소멸된다. ② 갑은 제1항의 권한을 행사함에 있어 을의 명예나 기타 을의 인격권이 훼손하는 방식으로 행사할 수 없다.

제10조 (콘텐츠 귀속 등)

① 계약기간 중에 을과 관련하여 갑이 개발·제작한 콘텐츠(이 계약에서 "콘텐츠"라 함은 을의 연예활동과 관련하여 제4조 제2항의 매체를 통해 개발·제작된 결과물을 말한다)는 갑에게 귀속되며, 을의 실연이 포함된 콘텐츠의 이용을 위하여 필요한 권리는 발생과 동시에 자동적으로 갑에게 부여된다.
② 계약종료 이후 제1항에 따라 매출이 발생할 경우, 갑은 을에게 매출의 ____%를 정산하여 (   )개월 단위로 지급한다. 다만, 을이 갑에게 지급하여야 할 금원이 있는 경우에는 위 정산금에서 우선 공제할 수 있고, 갑은 을의 요구가 있는 때에는 정산금 지급과 동시에 정산자료를 을에게 제공한다.
③ 계약종료 후 <u>1년간</u> 을은 갑이 을을 통하여 개발·제작한 콘텐츠의 소재가 된 것과 동일 또는 유사한 것을 해당 콘텐츠와 동일 또는 유사한 형태의 콘텐츠(예컨대, 가수가 동일 곡을 재가창한 음반, 디지털파일 등의 녹음물)로 직접 또는 제3자를 통하여 제작하여 사용하거나 판매할 수 없다.
④ 이 조항과 관련해 갑은 대한민국 저작권 관련 법령에 따라 보호되는 을의 저작권 및 저작인접권(실연권)을 인정하고, 을은 자신의 저작권 및 저작인

접권(실연권)을 활용해 갑의 콘텐츠 유통 등을 통한 매출확대 및 수익구조 다변화를 기할 수 있도록 적극 협력한다.

제11조 (권리침해에 대한 대응)

제3자가 제8조 내지 제10조에 규정된 권리를 침해하는 경우, 갑은 갑 자신의 책임과 비용으로 그 침해를 배제하기 위한 조치를 취할 수 있으며 을은 이와 같은 갑의 침해배제조치에 협력한다.

제12조 (수익의 분배 등)

① 이 계약을 통하여 얻는 모든 수입은 일단 갑이 수령하며, 아래 제2항 및 제3항에 따라 분배한다. 단, 을이 그룹의 일원으로 활동할 경우, 해당 연예활동으로 인한 수입에 대해서는 해당 그룹의 인원수로 나눈다.
② 음반 및 콘텐츠 판매와 관련된 수입은 각종 유통 수수료, 저작권료, 실연료 등의 비용을 공제한 후 갑과 을이 분배하여 가지는데, 그 분배방식(예: 슬라이딩 시스템)이나 구체적인 분배비율은 갑과 을이 별도로 합의하여 정한다.
③ 연예활동과 관련된 수익에 대한 수익분배방식(예: 슬라이딩 시스템)이나 구체적인 분배비율도 갑과 을이 별도로 합의해 정한다. 이때 수익분배의 대상이 되는 수익은 을의 연예활동으로 발생한 모든 수입에서 을의 공식적인 연예활동으로 현장에서 직접적으로 소요되는 비용(차량유지비, 의식주 비용, 교통비 등 연예활동의 보조·유지를 위해 필요적으로 소요되는 실비)과 광고수수료 비용 및 기타 갑이 을의 동의하에 지출한 비용을 공제한 금액을 말한다.
④ 갑은 자신의 매니지먼트 권한 범위 내에서 을의 연예활동에 필요한 능력의 습득 및 향상을 위한 교육(훈련)에 소요되는 제반비용을 원칙적으로 부담하며, 을의 의사에 반하여 불필요한 비용을 을에게 부담시킬 수 없다.

⑤ 을은 연예활동과 무관한 비용을 갑에게 부담시킬 수 없다.
⑥ 을의 귀책사유로 갑이 을을 대신하여 제3자에게 배상한 금원이 있는 경우 을의 수입에서 그 배상비용을 우선 공제할 수 있다.
⑦ 갑은 을에게 분배할 금원을 <u>매월 (　)일자로 정산</u>하여 <u>다음 달 (　)일까지</u> 을이 지정하는 입금계좌로 지급한다. 단, 매월 정산하기 어려운 부분에 대해서는 을에게 이러한 사실을 알리고 별도의 정산주기 및 지급일을 정할 수 있다.
⑧ 갑은 정산금 지급과 동시에 정산자료(총 수입과 비용공제내용 등을 증빙할 수 있는 자료)를 을에게 제공한다. 을은 정산자료를 수령한 날로부터 <u>30일 이내</u>에 정산내역에 대하여 공제된 비용이 과다 계상되었거나 을의 수입이 과소 계상되었다는 등에 대해 갑에게 이의를 제기할 수 있고, 갑은 그 정산근거를 성실히 제공한다.
⑨ 갑과 을은 각자의 소득에 대한 세금을 각자 부담한다.

제13조 (확인 및 보증)

① 갑은 을에 대해 계약체결 당시 제5조 제1항의 매니지먼트 권한 및 의무를 행사하는데 필요한 인적·물적 자원을 보유하거나 그러한 능력을 갖추고 있다는 것을 확인하고 보증한다.
② 을은 갑에 대해 다음 각 호의 사항을 확인하고 보증한다.
  1. 이 계약을 유효하게 체결하는데 필요한 권리 및 권한을 보유하고 있다는 것
  2. 이 계약의 체결이 제3자와의 다른 계약을 침해하지 않는다는 것
  3. 계약기간 중 이 계약내용과 저촉되는 계약을 제3자와 체결하지 않는다는 것

제14조 (계약내용의 변경)

이 계약내용 중 일부를 변경할 필요가 있는 경우에는 갑과 을의 서면합의에 의하여 변경할 수 있으며, 그 서면합의에서 달리 정함이 없는 한, 변경된 사항은 그 다음 날부터 효력을 가진다.

제15조 (계약의 해제 또는 해지)

① 갑 또는 을이 이 계약상의 내용을 위반하는 경우, 그 상대방은 위반자에 대하여 14일간의 유예기간을 정하여 위반사항을 시정할 것을 먼저 요구하고, 그 기간 내에 위반사항이 시정되지 아니하는 경우에 상대방은 계약을 해제 또는 해지하고, 손해배상을 청구할 수 있다.

② 갑이 계약내용에 따른 자신의 의무를 충실히 이행하고 있음에도, 을이 계약기간 도중에 계약을 일방적으로 파기할 목적으로 계약상의 내용을 위반한 경우에는 을은 제1항의 손해배상과는 별도로 계약해지 당시를 기준으로 직전 2년간의 월평균 매출액에 계약 잔여기간 개월 수를 곱한 금액(을의 연예활동 기간이 2년 미만인 경우에는 실제 매출이 발생한 기간의 월평균 매출액에서 잔여기간 개월 수를 곱한 금액)을 위약벌로 갑에게 지급한다. 이 경우 계약 잔여기간은 제3조 제3항의 규정이 적용되는 경우가 아닌 한, 제3조 제1항에 따른 계약기간이 7년을 초과하는 경우에는 7년을 초과한 기간은 계약 잔여기간에서 제외한다.

③ 계약 해지일 현재 이미 발생한 당사자들의 권리·의무는 이 계약의 해지로 인하여 영향을 받지 않는다.

④ 을이 중대한 질병에 걸리거나 상해를 당하여 연예활동을 계속하기 어려운 사정이 발생한 경우 이 계약은 종료되며, 이 경우에 갑은 을에게 손해배상 등을 청구할 수 없다.

제16조 (비밀 유지)

갑과 을은 이 계약의 내용 및 이 계약과 관련하여 알게 된 상대방의 업무상의 비밀을 제3자에게 정당한 사유 없이 누설할 수 없으며 이를 비밀로 유지한다. 이 비밀유지의무는 계약기간 종료 후에도 유지된다.

제17조 (분쟁 해결)

① 이 계약에서 발생하는 모든 분쟁은 갑과 을이 자율적으로 해결하도록 노력한다.

② 제1항에 따라 해결되지 않을 때에는 다음 중 _____에 따라 해결한다.

 1. 중재법에 의하여 설치된 대한상사중재원의 중재(仲裁)

> ☞ '중재'란 분쟁을 해당 분야 전문가들의 판정에 의해 해결하는 제도인데, **소송(3심제)과는 달리 단심**으로 끝남 (중재판정은 법원의 확정판결과 동일한 효력)

 2. 민사소송법 등에 따른 법원에서의 소송(訴訟)

제18조 (아동·청소년의 보호)

① 갑은 아동·청소년 연예인의 신체적·정신적 건강, 학습권, 인격권, 수면권, 휴식권, 자유선택권 등 기본적인 인권을 보장한다. ② 갑은 연예매니지먼트 계약을 체결하는 경우 연예인의 연령을 확인하고 아동·청소년의 경우 영리 또는 흥행을 목적으로 과다노출 및 지나치게 선정적으로 표현하는 행위를 요구할 수 없다. ③ 갑은 아동·청소년 연예인에게 과도한 시간에 걸쳐서 대중문화예술용역을 제공하게 할 수 없다.

제19조 (부속합의)

① 갑과 을은 이 계약의 내용을 보충하거나, 이 계약에서 정하지 아니한 사

항을 규정하기 위하여 부속합의서를 작성할 수 있다. ② 을이 그룹의 일원으로 연예활동을 하는 경우에 제8조(상표권 등) 내지 제10조(콘텐츠 귀속 등)의 규정은 별도의 합의로 정할 수 있다. ③ 제14조에 따른 계약내용 변경 및 제1항에 따른 부속합의는 이 계약의 내용과 배치되거나 위반하지 않는 범위로 한정한다.

이 계약의 성립 및 내용을 증명하기 위하여 계약서 2부를 작성하고, 갑과 을이 서명 날인 후 각 1부씩 보관한다.

계약체결 일시 :　　년　　월　　일
계약체결 장소 :

갑 : 프로덕션
주소 :
회사명 :
대표자 :　　　　　　　인

을 : 아티스트
주소 :
생년월일 :
성 명(실명) :　　　　　　인
[개인인감증명서 첨부]

을의 법정대리인(을이 미성년자인 경우)
을과의 관계 :

```
                    주소 :
                    생년월일 :
                    성명(실명) :              인
                    [개인인감증명서 첨부]
〈첨부〉
1. 부속합의서
```

둘째, '청소년 대중문화예술인 표준 부속합의서(이하 부속합의서)'는 대중문화예술인 또는 대중문화예술기획업체의 연습생이 청소년인 경우, 현재 적용되고 있는 대중문화예술인(가수·연기자) 표준전속계약서에 부속하여 청소년 대중문화예술인의 기본권을 더욱 명확하게 보장하고 폭행, 강요, 협박 등으로부터 보호하기 위한 내용을 담고 있다. 따라서 이 부속합의서는 첫 번째로 소개한 '대중문화예술인(가수 중심) 표준전속계약서'와 연계하여 검토한 뒤 작성하여야 한다.

부속합의서에는 청소년 예술인의 자유선택권, 학습권, 인격권, 수면권 등 기본권을 보장 노력에 관한 사업자의 의무, 폭행, 강요, 협박 등 금지, '청소년 보호법' 따른 유해 행위로부터 청소년 예술인 보호를 명시했다. 구체적으로는 노동시간 및 인권보호 규정 등 앞에서 설명한 '대중문화예술산업발전법'의 주요 내용이 모두 포함되어 있다. 문화부 산하 한국콘텐츠진흥원 '대중문화예술지원센터'(1588-2594)에서는 청소년 예술인의 권익을 보호를 위한 법률·심리 상담을 진행 중이다.

[청소년 대중문화예술인(또는 연습생) 표준 부속합의서]

제1조 (목적) 이 고시는 청소년 대중문화예술인(또는 연습생)의 권익보호를 위하여 대중문화예술인(가수·연기자) 표준전속계약서에 덧붙여 기본권 보장 등 관련 사항을 반영한 표준 부속합의서를 정함을 목적으로 한다.

제2조 (청소년 대중문화예술인 표준 부속합의서) 부속합의서는 '별표1' 내용에 따른다.

제3조 (재검토기한) 이 고시에 대하여 2019년 7월 1일 기준으로 매3년이 되는 시점(매 3년째의 12월 31일까지를 말한다)마다 그 타당성을 검토하여 개선 등의 조치를 하여야 한다.

부 칙

이 훈령은 발령한 날부터 시행한다.

[청소년 대중문화예술인(또는 연습생) 표준 부속합의서]

문화체육관광부

문화체육관광부고시
제2019- 호
(2019. . . 제정)

[대중문화예술기획업자]   [와, 과]
[대중문화예술인(또는 연습생)]   (본명 :   )[는, 은]
다음과 같이 합의서를 체결함에 있어 상호 신의성실로써 이를 이행한다.

제1조 (목적) 이 부속합의서의 목적은 대중문화예술기획업자(이하 '기획업자'라 한다)와 청소년 대중문화예술인(또는 청소년 연습생, 이하 '대중문화예술인'이라 한다) 사이에 _____(이하 '주계약'이라 한다)을 체결함에 있어서 청소년의 권익을 보다 명확하게 보호하고 청소년이 건전한 인격체로 성장할 수 있도록 지원하는데 필요한 사항을 정하는 것에 있다.
※ 위 빈칸에 기획업자와 대중문화예술인 사이에 체결한 주계약의 정확한 명칭을 기재하십시오.

제2조 (적용) 이 부속합의서는 별도의 계약을 구성하고 있으며, 주계약 보다 우선 적용된다.

제3조 (청소년의 자유선택권 보장) 대중문화예술인은 기획업자에 대하여 자기 의사를 자유롭게 밝히고 스스로 결정할 권리를 가지며, 기획업자는 대중문화예술인의 자유선택권을 침해하지 않아야 한다.

제4조 (청소년의 학습권 보장) ① 기획업자는 대중문화예술인이 「교육기본법」 제8조에 따른 의무교육을 받을 권리를 보장하여야 한다. ② 기획업자는 대중문화예술인이 의무교육 외의 「초·중등교육법」에 따른 학교교육을 받을 것을 원할 경우 이에 협조하여야 한다.

제5조 (청소년의 인격권 보장) ① 기획업자는 대중문화예술인이 안전하고 쾌적한 환경에서 자기발전을 추구하고 올바른 가치관을 확립하여 건전한 인격체로 성장할 수 있도록 노력하여야 한다. ② 기획업자는 대중문화예술인에게 폭행, 강요, 협박 등을 하여서는 아니 된다. ③ 기획업자 또는 기획업자 소속 임직원(임원은 등기임원을 말하며 직원은 고용형태를 불문한다)이 대중문화예술인에 대하여 사회 상규에 위배되는 폭력 또는 성폭력을 행사하거나 학대를 한 경우, 대중문화예술인은 계약을 해지할 수 있다.

제6조 (청소년의 신체적·정신적 건강 보장) ① 기획업자는 대중문화예술인이 「학교보건법」 제7조의 건강검사에 참여할 수 있도록 협조하여야 한다. 다만, 대중문화예술인이 대중문화예술용역의 제공 등 부득이한 사유로 건강검사에 참석하지 못할 경우, 기획업자는 대중문화예술인이 이에 상응하는 건강검사를 받도록 조치하여야 한다. ② 기획업자는 필요 시 대중문화예술인이 심리 건강에 관한 상담 또는 검사 등을 받도록 조치하는 등 대중문화예술인의 정신적 건강을 보호하기 위해 노력하여야 한다.

제7조 (청소년의 수면권 및 휴식권 보장) 기획업자는 대중문화예술인이 적절한 휴식과 수면시간을 보장받을 수 있도록 대중문화예술제작업자와 협의하는 등 제반조치를 하는데 노력하여야 한다.

제8조 (청소년의 대중문화예술용역 제공시간) ① 기획업자는 아래 〈표〉에 규정된 바에 따라 대중문화예술인이 대중문화예술용역을 제공할 수 있도록 대중문화예술제작업자와 협의하는 등 제반 조치를 하는데 노력하여야 한다.

〈표〉 청소년의 대중문화예술용역 제공시간 제한

구분	대중문화예술용역 제공시간 기준	대중문화예술용역 제한과 예외
15세 미만의 청소년	■ 주당 35시간 이내	■ 오후 10시에서 오전 6시까지 금지 ＊단, 용역 제공일의 다음 날이 학교의 휴일인 경우에는 청소년과 법정대리인의 동의하에 자정까지 제공 가능
15세 이상의 청소년	■ 주당 40시간 이내 ＊단, 청소년이 합의할 경우에는 1일 1시간, 1주일 6시간 한도 연장 가능	■ 오후 10시부터 오전 6시까지 금지 ＊단, 청소년과 법정대리인이 동의하는 경우에는 오후 10시에서 오전 6시 사이에도 제공 가능

※「대중문화예술산업발전법」의 청소년 대중문화예술용역 제공시간 제한에 관한 규정이 향후 개정될 경우 위 〈표〉는 개정 내용에 따른다.

② 국외 활동을 위한 이동, 장거리 이동 등 정당한 사유가 있는 경우에는 제1항의 〈표〉에 따른 대중문화예술용역 제공시간에 관한 제한을 적용하지 않는다. 다만, 이 경우에도 기획업자는 제4조 및 제7조에 의한 대중문화예술인의 학습권, 휴식권, 수면권이 보장될 수 있도록 노력하여야 한다.

제9조 (청소년에게 금지된 행위 및 청소년 출입금지 장소) 대중문화예술인은 「청소년 보호법」에 따라 음주·흡연 등 청소년에게 금지된 행위를 해서는 아니 되며, 청소년의 출입이 금지되는 장소에 출입해서는 아니 된다.

제10조 (청소년 대중문화예술용역 제공 알선의 제한) ① 기획업자는 「청소년 보호법」에 따라 청소년의 고용이나 출입이 금지되는 업종에 대하여 대중문

화예술인의 대중문화예술용역 제공을 알선해서는 아니 된다. ② 기획업자는 대중문화예술인에게 과다한 노출 및 지나치게 선정적으로 표현하는 행위를 요구할 수 없다.

제11조 (청소년 유해행위의 금지) 기획업자는 「청소년 보호법」에 따른 청소년유해행위를 하여서는 아니 되며, 대중문화예술인이 대중문화예술용역과 관련하여 제3자로부터 이러한 유해행위를 요구받은 경우 대중문화예술인을 보호하기 위해 필요한 조치를 취하여야 한다.

제12조 (청소년 법정대리인의 권한 등) ① 대중문화예술인의 법정대리인은 기획업자가 대중문화예술인을 대리하여 체결한 대중문화예술용역 제공계약의 내용 및 관련 일정을 요청할 수 있으며, 이 경우 기획업자는 대중문화예술인의 법정대리인에게 이를 지체 없이 제공하여야 한다. ② 대중문화예술인의 법정대리인은 주계약에 따른 기획업자의 활동(교육활동을 포함한다)에 대하여 자신의 의견을 언제든지 제시할 수 있다. 이 경우 대중문화예술인의 법정대리인은 미리 대중문화예술인과 협의하여야 한다. ③ 대중문화예술인의 법정대리인은 기획업자에게 대중문화예술인의 정산자료를 비롯한 관련 정산내역을 요청할 수 있으며, 이 경우 기획업자는 대중문화예술인의 법정대리인에게 이를 지체 없이 제공하여야 한다. ④ 기획업자가 대중문화예술인에게 주계약 및 이 부속합의서의 위반사항 시정 요구 및 계약 해제 또는 해지, 손해배상의 청구를 할 경우에는 대중문화예술인의 법정대리인에게도 통보하여야 한다.

제13조 (청소년의 정산금액 지급) 대중문화예술인이 기획업자에게 정산금액의 지급을 청구하는 경우, 대중문화예술용역에 대한 보수청구권이 법정대리

인에게 있다는 계약이 있더라도, 기획업자는 대중문화예술인에게 정산금액을 지급하여야 한다.

제14조 (확인 및 보증) 기획업자는 대중문화예술인에 대하여 「대중문화예술산업발전법」에 따라 대중문화예술기획업자로 등록한 것을 확인하고 보증한다.
등록번호: _____

제15조 (계약의 실효) 이 합의서는 대중문화예술인이 만 19세가 되는 해의 1월 1일이 되는 날에 그 효력을 상실한다.

                계약체결 일시 :　　년　　월　　일
                계약체결 장소 :

                기획업자
                주소 :
                회사명 :
                대표자 :　　　　　　인

                대중문화예술인
                주소 :
                생년월일 :
                성명(실명) :　　　　　인

                대중문화예술인의 법정대리인
                대중문화예술인과의 관계 :

```
주소 :
생년월일 :
성명 :                    인
```

셋째, 대중문화예술인 방송출연 표준계약서(가수)는 방송사–대중문화예술인–매니지먼트사, 또는 제작사–대중문화예술인–매니지먼트사의 관계에서 이루어지는 출연계약 내용을 표준화하여 규정했다. 구체적인 내용은 다음과 같다. 방송 출연료는 '방송 익월(다음 달) 15일 이내'에 지급하며, 미지급 사례가 발생 시 '방송사'가 직접 대중문화예술인에게 출연료를 지급해야 한다. 출연료 지급 기준은 촬영 기준이며, 출연료에 대한 지급보증보험 가입 등 출연료 미지급 예방 장치를 마련해야 한다.

일일 촬영시간은 18시간(가수의 경우 12시간)을 초과할 수 없으며, 이를 3일 초과하여 지속할 수 없다. 장기 촬영의 경우 방송사 또는 제작사는 촬영장에서 충분히 휴식을 취할 수 있는 시설을 제공해야 한다. 촬영 중 사고를 당하는 경우 필요한 조치를 적극적으로 취해야 하며, 이를 위해 미리 상당한 가액의 상해보험에 가입하여야 한다. 미성년 대중문화예술인의 신체·정신적 건강 및 학습권·수면권 등이 침해되지 않도록 최선을 다해야 한다.

재촬영 등 추가의 촬영 기간은 7일을 초과할 수 없으며, 방송사 또는 제작사는 그 기간 동안 발생하는 모든 비용을 지급해야 한다. 계약을 해지하는 경우 계약서에서 정한 출연 횟수의 100%에 해당하는 출연료의 10% 이상을 지급해야 한다. 저작권신탁관리단체와 특약을 체결하여 저작인접권 이용에 따른 사용료 지급 등 저작권법에 따라 권리 귀속 처리할 수 있다.

[대중문화예술인 방송출연 표준계약서(가수)]

영상물 등 제작업을 영위하는 ㈜_____(이하 '방송사 또는 제작사'라고 한다)와 _____(이하 '가수'라고 한다) 및 가수의 소속사 ㈜_____(이하 '매니지먼트사'라고 한다. 단, 가수가 전속계약을 체결한 소속사가 없는 경우는 해당 없음)는 방송사 또는 제작사가 제작하는 프로그램 _____(가제)(이하 '프로그램'이라 한다)에 대한 출연 및 가창계약을 다음과 같이 체결한다.

프로그램	제목	00000 (가제)		
	장르 및 횟수	0000 / 0회 (예정)		
	방송사/제작사	0000		
	방송예정일	0000년 00월 00일 ~ 0000년 00월 00일		
지급내역	출연료	자유계약	1회당	원(부가세 별도)
		등급계약	1회당	등급
	지급방법	방송 익월 15일 이내에 지급		

* 본 계약은 상기된 프로그램에 출연하는 것에 한하여 '방송사 또는 제작사'와 을이 합의함을 의미한다.
* 본 프로그램을 활용한 2차적 저작물 및 본 프로그램과 관련된 초상권, 성명권의 상업적 사용권 등에 대한 사용권 및 권리 배분에 대한 합의는 별도로 한다.

제1조 (계약의 목적)

본 계약은 '방송사 또는 제작사'가 제작하는 프로그램에 '가수'가 출연하여 가창하기로 합의하고 이에 필요한 당사자 간의 권리와 의무를 정함을 목적으로 한다.

제2조 (계약기간)

본 계약은 체결일로부터 효력을 발생하며, 본 계약에 따른 '가수'의 모든 서비스의 제공이 완결될 때 종료된다.

제3조 (계약의 대상)

본 계약의 대상이 되는 프로그램의 제목과 내용은 다음과 같다.

1. 프로그램명 : "   "
2. 제작형식 :
3. 방송일정 : 0000년 00월 00일 ~ 0000년 00월 00일 (예정)
4. 제작사 :

제4조 ('방송사 또는 제작사'의 의무)

(1) '방송사 또는 제작사'는 본 계약에서 정하는 바에 따라 '가수'에게 출연료를 지급한다. 출연료의 지급방식은 '가수'와 '매니지먼트사'가 합의하여 지정하는 다음 계좌에 입금하는 형식으로 한다. '방송사 또는 제작사'는 '가수' 또는 '매니지먼트사'의 요청이 있는 경우에 출연료의 내역을 제공하여야 한다.

계좌번호 : _____

(2) '방송사 또는 제작사'는 본 프로그램과 관련한 제작사업 전 과정에서 '가수'의 신체적, 정신적 준비상황을 고려하여야 하며, 특히 '가수'의 프라이버시나 인격을 훼손하지 않도록 선량한 관리자의 주의 의무를 다하여야 한다.

(3) 방송사 또는 제작사는 '가수'가 자신의 능력을 발휘할 수 있는 환경을 제공하기 위하여 최선을 다해야 한다. 이를 위하여 '방송사 또는 제작사'는 '가수'에게 프로그램의 촬영에 필요한 대본이나 촬영내용을 파악할 수 있는 자료를 촬영일 2일 전까지 제공하여 '가수'가 프로그램의 내용을 숙지하고 촬영에 임할 수 있도록 한다. 1일 최대 촬영시간은 12시간을 초과할 수 없으며, 1일 최대 촬영시간을 3일을 초과하여 지속할 수 없다. '방송사 또는 제작사'는 '가수'가 촬영장에서 충분히 휴식을 취할 수 있는 공간(화장실 등 편의

시설 포함)을 제공하여야 한다.

(4) '방송사 또는 제작사'는 '가수'가 '방송사 또는 제작사'의 연출이나 연출에 필요한 일반적인 지시에 따른 행위 중에 사고를 당하는 경우 필요한 조치를 적극적으로 취해야 한다.

(5) '방송사 또는 제작사'는 '가수'가 미성년자인 경우에 '가수'의 신체적, 정신적 건강 및 학습권, 수면권 등이 침해되지 않도록 하여야 하며, '가수'가 폭력적이거나 선정적으로 표현되지 않도록 하여야 한다.

(6) 해외 촬영이 있는 경우는 촬영 내용, 체류 기간, 제반 비용, 촬영에 필요한 필수 인원, 여행보험 및 안전에 대해 '가수'의 의견을 충분히 반영하여 별도의 협의를 하여야 한다.

(7) '방송사 또는 제작사'가 본 계약에 정해진 촬영 일정을 변경하는 경우는 부득이한 경우로 한하며, 이로 인하여 '가수'의 다른 스케줄이나 업무가 방해되지 않도록 사전에 협의하고 조율할 의무를 진다.

(8) '방송사 또는 제작사'는 본 프로그램의 제작 방영과 관련하여 사회적 물의(약물, 도박 등 법령 위반과 이에 준하는 물의)를 일으키거나 대중문화예술인의 품위를 손상시키는 행위를 하지 않아야 한다.

제5조 ('가수' 및 '매니지먼트사'의 의무)

(1) '가수'는 대중문화예술인으로서 필요한 재능과 역량을 최대한 발휘하여 성실히 임해야 하며, 사회적 물의(약물, 도박 등 법령위반과 이에 준하는 물의)를 일으키거나 대중문화예술인으로서의 품위를 손상시키는 행위를 하지 않아야 한다. 또한 '매니지먼트사'는 '가수'가 전단의 의무를 다할 수 있도록 소속사로서의 주의를 게을리 하여서는 아니 된다.

  1) 촬영 전
    ① '가수'와 '매니지먼트사'는 신체적, 정신적으로 최선의 상태로 촬영에

임할 수 있도록 준비 하여야 한다.

② '가수'는 '방송사 또는 제작사'(방송사 또는 제작사가 지정하는 자를 포함한다. 이하 같다)의 요청에 따라 본 프로그램의 협의, 리허설 및 홍보활동 등에 참여하여야 한다. '방송사 또는 제작사'는 위와 같은 활동에 필요한 일정이나 비용부담 등에 대하여 사전에 '가수'와 협의하여야 한다.

2) 촬영기간 중

① '가수'는 '방송사 또는 제작'의 본 프로그램 제작과 관련한 정당한 지시나 요청에 대해 거부하여서는 아니 된다.

② '가수'는 '방송사 또는 제작사'가 제작하는 프로그램에 대한 모든 연출적 상황(의상, 분장, 미용, 코디네이션 등)에 대해 제작의도에 반하지 않는 한도 내에서 연출자와 상의하여 협조를 다하여야 한다. 또한 다른 출연자들이 피해를 입지 않도록 하여야 한다.

3) 촬영 후

'가수'는 '방송사 또는 제작사'가 보충촬영, 재촬영, 사후녹음 등의 서비스의 제공을 요청하는 경우 이에 협조하며 '방송사 또는 제작사'는 이에 준하는 제 비용을 부담한다.

(2) '가수'는 본 프로그램의 홍보와 관련된 '방송사 또는 제작사'의 요청에 적극 협조하여야 한다. '가수'는 프로그램의 홍보 활동[포스터 촬영, 예고편 제작, 홍보 인터뷰(일간지, 스포츠지, 방송 등) 등을 포함한다.]에 대해 협조한다. '방송사 또는 제작사'는 위 홍보 활동에 필요한 일정이나 비용 부담 등에 대하여 사전에 '가수'와 협의하여야 한다.

제6조 (권리의 귀속)

(1) 제3조에 명시한 프로그램에 포함된 '가수'의 저작인접권은 동조 제2항 내지 제6항에 따른다.

(2) 방송사업자는 저작권신탁관리단체와 특약을 체결하여 프로그램에 포함된 '가수'의 저작인접권 이용에 따른 사용료를 지급해야 한다. '가수'는 특별한 사유가 없는 한 이에 따라야 하며, '가수'가 저작권신탁관리단체에 속하지 않은 경우에는 저작권법에 따른다.

(3) 제작사는 프로그램에 포함된 '가수'의 저작인접권 이용에 따른 사용료를 제2항의 특약을 준용하여 '가수' 또는 '가수'가 속한 저작권신탁관리단체에 지급해야 한다.

(4) 위 제3항에 불구하고, 제작사가 프로그램의 이용을 방송사업자에게 허락하는 경우, 제작사는 프로그램에 포함된 '가수'의 저작인접권 이용에 따른 사용료를 제2항의 특약을 적용하여 '가수' 또는 '가수'가 속한 저작권신탁관리단체에게 지급하도록 계약을 체결해야 한다. 이 이용에는 제작사가 방송사업자에게 프로그램을 위탁하여 방송사업자가 이용을 허락하고 제작사와 수익을 배분하는 경우도 포함한다.

(5) '방송사 또는 제작사'는 본 프로그램을 수정·편집하여 변형된 형태로 활용하기 위해서는 '가수'의 동의를 얻어야 하며, 이 경우 '방송사 또는 제작사'는 이러한 이용에 따른 상당한 사용료를 '가수'와 합의하여 지급하여야 한다.

(6) 본 계약서에 정하지 않은 사항은 저작권법에 따른다.

제7조 (프로그램 내용의 변경)

프로그램의 제작이 완료된 후 그 전부 또는 일부의 내용을 변경하고자 할 경우에는 '방송사 또는 제작사'와 '가수'는 상호 협조하여야 한다.

제8조 (비밀유지)

당사자는 상대방의 동의 없이 본 계약 내용 및 본 프로그램 제작과정에서 알게 된 정보를 제3자에게 누설해서는 안 된다.

제9조 (계약 해제 및 손해배상)
(1) 당사자는 천재지변, 전쟁, 기타 객관적으로 통제할 수 없는 불가항력적인 여건으로 인하여 계약을 유지할 수 없는 경우에 본 계약을 해제할 수 있다.
(2) 당사자가 정당한 이유 없이 본 계약을 위반하는 경우, 15일 간의 유예기간을 정하여 위반사항을 시정할 것을 먼저 요구하고, 그 기간 내에 위반사항이 시정되지 아니하는 경우에 계약을 해제할 수 있다. 단, 계약을 더 이상 유지하기 어려운 중대한 계약 위반이거나 시정에 필요한 기간이 충분하지 않은 경우에는 시정 요구 없이 계약을 해제할 수 있다.
(3) 당사자는 계약의 불이행으로 상대방에게 발생한 모든 손해를 배상할 책임이 있다.

제10조 (위임 등의 금지)
당사자는 본 계약상 권리나 의무 또는 지위의 전부 또는 일부를 상대방의 사전 서면 동의 없이 제3자에게 양도, 이전, 위임, 위탁할 수 없다.

제11조 (책임면책 및 보험)
(1) '방송사 또는 제작사'는 본 프로그램의 촬영 기타 제작과 관련하여 '가수'에게 발생할 수 있는 위험에 대비할 목적으로 상해보험을 가입해야 하며, '가수'와 '매니지먼트사'는 이러한 사고로 인한 본 건 프로그램의 제작지연 등의 책임을 지지 않는다.
(2) 프로그램의 제작 중에 고의 또는 과실로 상대방에게 손해를 가한 자는 그 손해를 배상할 책임이 있다.

제12조 (분쟁 해결)
(1) 이 계약에서 발생하는 모든 분쟁은 '방송사 또는 제작사'와 '가수'가 자율

적으로 해결하도록 노력한다.
(2) 제1항에 따라 해결되지 않을 때에는 다음과 같은 방법 중 하나로 해결한다.
 ① 당사자들이 속한 관련 단체로 구성된 분쟁해결기구 및 저작권위원회 등을 통해서 해결할 수 있다. 분쟁해결기구에는 변호사 등 법률 전문가를 포함시켜야 한다.
 ② 민사소송법 등에 따른 법원에서의 소송(訴訟)

제13조 (기타 부속합의)
(1) '방송사 또는 제작사'와 '가수'는 이 계약의 내용을 보충하거나, 이 계약에서 정하지 아니한 사항을 규정하기 위하여 부속합의서를 작성할 수 있다.
(2) 계약 내용의 변경 및 제1항에 따른 부속합의는 이 계약의 내용과 배치되거나 위반하지 않는 범위로 한정한다.

제14조 (이행의 보증)
(1) '가수' 및 '매니지먼트사'는 본 계약서에 규정된 의무 등 제반 사항을 상호 연대하여 준수하기로 한다. (2) '매니지먼트사'는 '가수'의 매니지먼트 및 에이전시 회사로서 본 계약상의 '가수'의 법률행위에 대한 위임권을 적법하게 보유하고 있음을 보증한다.

아래의 계약 당사자는 상기의 조건을 포함하는 첨부 계약 내용에 대해 합의하고 본 계약을 체결하며, 이를 증명하기 위하여 계약서 3통을 작성하여 '방송사 또는 제작사'와 '가수' 및 '매니지먼트사'가 각 1통씩 보관한다.

년   월   일

'방송사 또는 제작사' 상호 :

    사업자번호 :

    소재지 :

    대표이사 :

'가수' 성명 :

    주민등록번호 :

    주소 :

'매니지먼트사' 상호 :

    사업자번호 :

    소재지 :

    대표자 :

넷째, 5종의 공연예술 관련 계약서들은 예술인복지법 제정에 따라 복지 사각지대에 있는 공연 예술인들의 권익을 향상하고 공정한 보상 체계를 강화해 공연예술 생태계의 건강성과 지속 가능성을 높이기 위해 마련되었다. 공연예술 분야의 창작, 출연, 기술 지원에 관하여 표준 계약모델을 마련하기 위해 관련 단체와 전문가의 의견 청취와 토론 및 연구를 거쳐 2018년 9월 '표준창작계약서', '표준출연계약서', '표준기술지원계약서' 등 3종을 먼저 개발, 통합 고시해 보급했다.

그러나 공연예술 현장에서 공연 기획사와 무대·조명·음향·소품·의상 등 업체 간 용역계약이 많은 기술지원 분야의 현장 특성상 표준계약서의 구체화와 세분화가 필요하다는 의견이 많아 오랜 연구와 논의 끝에 2019

년 8월 '기술지원 표준근로계약서'와 '공연예술기술지원 표준용역계약서'를 추가로 마련했다. 이는 사용자와 근로자 간의 권리·의무 관계를 명확히 하여 분쟁 발생을 최소화하기 위한 목적도 있다.

　기술지원 표준근로계약서에는 법정 근로시간(주 40시간) 규정, 임금의 지급 기준과 방법 명시(현금 지급), 안전배려 의무, 성희롱·성폭력 예방 등 사용자의 의무 명시, 제반사항 준수 등 근로자의 의무 명시, 산업재해보험 가입 의무화 등이 있다. 공연예술기술지원 표준용역계약서에는 기획사와 협력사 간의 계약 사항에 대한 문서화, 협력사의 직접 대금 청구, 근로자의 미지급 임금에 대한 기획사의 직접 지급, 성범죄에 따른 계약해지 사유 추가 등을 규정하고 있다. 개인의 신분과 재산에 관한 사법 관계를 각자의 의사와 책임에 따라 자율적으로 정하는 '사적 자치(私的自治, private autonomy)' 원칙 내에서 계약 당사자 쌍방의 이익을 균형 있게 보호하기 위한 것이다.

[공연예술-출연계약서]

사용자 _____(이하 갑이라 함)와 실연자 _____(이하 을이라 함)는 공연(작품) _____(이하 공연이라 함)과 관련한 계약을 다음과 같이 체결한다.

제1조 (계약의 목적)
본 계약은 공연의 제작과 관련하여 갑과 을 사이의 권리와 의무를 명확히 하는 것을 목적으로 한다.

제2조 (공연개요)

① 본 계약 출연대상이 되는 공연의 개요는 다음과 같다

  1. 공 연 명 :

  2. 공연일정 : ____년 ____월 ____일부터 ____년 ____월 ____일까지

  3. 공연횟수 :

  4. 연습일정 : ____년 ____월 ____일부터 ____년 ____월 ____일까지

  5. 공연장소 :

  6. 공연제작사 :

② 을은 공연기간 내 _____ 역할을 맡아 출연하며 세부사항은 갑과 을의 합의에 의해 결정하도록 한다.

제3조 (계약기간)

본 계약 기간은 ____년 ____월 ____일부터 ____년 ____월 ____일까지로 한다.

제4조 (출연료)

① 갑은 을에게 _____회 출연에 대한 총 사례로 금 _____원을 법령에 따라 징수할 세금을 공제한 후 다음의 기준에 따라 지급한다.

  1. 1차 지급 _____원 (계약 체결 후 ____일 이내)

  2. 2차 지급 _____원 (공연 종료 후 ____일 이내)

② 상기금액은 다음과 같이 을의 계좌로 입금한다.

  1. 입금은행:

  2. 계좌번호:

  3. 예금주:

제5조 (을의 의무와 권리)

① 을은 실연의 주체로서 합의된 연습일정 및 공연일정을 성실히 이행하여야 한다.

② 공연 전 워밍업이나 모니터링 참여 등 공연의 원활한 진행을 위한 갑의 요구를 존중하고 따라야 한다.

③ 을은 공연 홍보물 제작을 위해 필요한 사진 등을 제공하여야 하며, 갑이 공연의 홍보활동을 위해 사진 및 영상촬영, 매체인터뷰 등을 요청할 시 이에 적극 협조하여야 한다.

④ 을은 공연홍보를 위한 범위 내에서 위 제3항에 따라 제공된 사진, 초상, 성명, 필적 등을 사용할 수 있는 권리를 갑에게 부여한다.

⑤ 을은 공연 관련 업무 수행 중 사고에 대비하여 산업재해보상보험 또는 상해보험에 가입하여야 한다.

제6조 (갑의 의무와 권리)

① 갑은 을이 연습 참가 및 공연출연에 최선을 다할 수 있도록 적정시설 및 기기가 구비된 장소를 제공하여야 하며, 필요한 경우 원활한 공연준비 및 진행을 위해 전문 무대인력을 제공한다.

② 갑은 을이 출연을 위해 필요한 의상이나 분장, 도구, 악기 등을 제공한다. 다만 양자 간의 합의로 을이 자신의 소유물을 사용하는 경우, 갑은 을에게 소요비용을 보상할 수 있다.

③ 갑은 을의 예술적 견해나 의사를 존중한다.

④ 갑은 을의 성명(실명/예명)과 역할을 원칙적으로 공연과 관련된 모든 홍보물에 표시하여야 하며, 표기의 크기, 위치 및 방법 등은 갑이 결정하되 사전에 을과 협의하여야 한다. 다만 티저광고 등 일부 홍보물의 특성에 따라 갑은 이를 표시하지 않을 수 있다.

⑤ 갑은 을이 공연 관련 업무 수행 중 사고에 대비하여 산업재해보상보험 또는 상해보험에 가입할 수 있도록 지원하여야 한다.

제7조 (상품화)

공연의 기록이나 홍보를 위한 용도가 아닌, 상업적 목적으로 CD, DVD, 초상권을 사용한 머천다이징 등 제품을 제작, 판매하고자 할 경우 갑은 을과 사전에 별도 합의하여야 한다.

제8조 (권리의 귀속)

공연과 관련한 스틸사진, 영상물, 녹음물에 대한 저작권 기타 권리는 원칙적으로 갑에게 있다.

제9조 (계약의 변경)

① 공연 일정이 정해진 횟수를 초과했을 경우, 그로 인해 을의 용역 부담이 증가하는 경우 갑은 을에게 그에 상응하는 초과 수당을 지급하여야 한다.
② 갑이 을에게 계약서에 표기된 역할 이외에 추가 배역의 커버와 스윙 역할을 요구할 경우 그에 상응하는 초과수당 지급에 대하여 갑과 을은 별도 협의할 수 있다
③ 본 계약의 내용은 갑과 을 간의 상호 서면합의에 의해서만 변경할 수 있다.

제10조 (계약해지 및 손해배상)

① 갑과 을은 어느 일방이 계약을 위반했을 경우, 이에 관한 시정사항을 서면으로 통지하고 그 당사자가 ____일 이내에 시정하지 않을 경우, 계약을 해지하고 손해배상을 청구할 수 있다.
② 을이 사전 통보나 정당한 사유 없이 공연 또는 연습에 불참하여 공연에

지장을 초래할 경우 계약을 해제하고 손해 배상을 청구할 수 있다.
③ 을이 대내외적으로 불미스러운 행동이나 사건을 유발하여 공연과 제작사의 명예를 손상시켜 공연에 지장을 초래한 경우 이에 대한 피해를 배상하여야 한다.

제11조 (불가항력)
① 출연자의 사망이나 질병, 지진, 화재, 수해, 기타 천재지변으로 인한 공연장의 일부 또는 전부의 멸실, 전쟁, 내란, 폭동, 전염병의 창궐, 기타 갑과 을 양 당사자에게 책임이 없는 사유에 의하여 계약의 이행이 지체 또는 불가능하게 될 경우, 갑과 을은 상호 합의 하에 본 계약을 해지 또는 변경할 수 있다.
② 전항의 사유로 인해 공연이 취소된 경우 발생한 손해는 갑과 을의 상호 합의에 따라 처리한다.

제12조 (비밀 유지)
갑과 을은 상호 본 계약에 따른 업무수행 중 인지한 비밀을 제3자에게 공개하거나 누설해서는 안 된다.

제13조 (양도 금지)
갑과 을은 사전 서면동의 없이 본 계약상의 지위를 제3자에게 양도하거나, 본 계약상의 권리와 의무를 제3자에게 대신하게 할 수 없다.

제14조 (분쟁 해결)
① 갑과 을 사이에 본 계약과 관련하여 분쟁이 발생했을 경우 당사자는 우호적으로 해결하도록 노력하여야 한다.
② 제1항에 따라 해결되지 않을 때는 아래 두 가지 해결 방식 중 ( )에 표시

한 방식에 따라 해결한다.
 1. 중재법에 따라 설치된 대한상사중재원의 중재 (   )
 2. 민사소송법에 따른 법원에서의 소송. 이 경우 제1심 관할법원은
    _____ 지방법원으로 한다. (   )

제15조 (효력 발생 등)
① 본 계약은 계약 체결일로부터 효력이 발생한다.
② 본 계약에 명시되지 않은 사항은 갑과 을이 성의를 갖고 상호 협의로 결정하되, 저작권법 등 대한민국 법령, 일반적인 상관례(商慣例), 대한민국 공연계 관행에 따른다.

이 계약의 성립을 증명하기 위하여 갑과 을은 계약서 2부를 작성하여 각각 서명날인 후 각 1부씩 소지한다.

                              년   월   일

갑   을
대표자   (인)   성명   (인)
단체명   주민등록번호
주소   주소

[공연예술-창작계약서]

[저작물의 표시]
제목 :   (부제 :   )
장르 :

[저작자의 표시]
성명 :
주소: (전화번호 :   )

공연제작자 _____을(를) 일방 당사자(이하 '갑'이라 한다)로 하고, 위 표시의 저작자 _____을(를) 타방 당사자(이하 '을'이라 한다)로 하여, '갑'과 '을'은 다음과 같이 위 표시 저작물(이하 '위 저작물' 이라 한다)의 공연이용에 관한 계약을 체결한다.

제1조 (계약 내용)
을은 제4조에서 정하는 방법으로 위 저작물을 이용할 수 있는 권리를 갑에게 허락하며, 갑은 제6조에서 정하는 소정의 저작물 사용료를 을에게 지급하도록 한다.

제2조 (공연 내역)
① 공연일정 :
② 공연장 :

제3조 (저작물의 제공시기)

을은 완성된 저작물 1부를 ＿＿＿년 ＿＿＿월 ＿＿＿일까지 갑에게 제공하여야 한다.

제4조 (이용 허락의 범위)

갑은 을이 창작한 위 저작물을 아래의 방법으로 이용할 권리를 가진다.

① 갑은 제2조의 기간 동안 배타적으로 ＿＿＿＿＿＿＿＿ 공연에 이용할 권리 (이하 '공연이용권'이라 한다)를 가진다.

② 갑은 제1호의 공연 준비를 위해 필요한 범위 내에서 위 저작물을 복제 배포할 수 있다.

③ 갑은 위 저작물 및 공연실황이나 연습장면의 일부를 계약에 따른 공연 홍보를 위해 이용할 수 있다.

제5조 (공연 이용권의 존속 기간)

① 갑의 공연이용권은 제3조에서 정하는 저작물의 제공 시기로부터 ＿＿＿년 간으로 한다.

② 갑은 제1항의 기간이 만료되기 ＿＿＿개월 전에 공연이용권의 연장을 신청하거나, 계약기간 만료 후 재계약 협상을 할 수 있다. 이러한 경우 을은 갑과 우선 협상하여야 한다.

③ 을은 제1항의 기간 동안 위 저작물을 본인 스스로 공연하거나 갑 이외의 제3자에게 공연이용권을 허락하여서는 아니 된다.

제6조 (저작물의 사용료 및 지급 방법)

① 갑은 을에게 제4조의 방법으로 위 저작물을 이용하는 대가로 금 ＿＿＿＿＿＿＿＿＿원을 관계법령에 따라 징수할 세금을 공제한 후 다음 각 호의

기준에 따라 지급한다.
  1. 계약금 : 금 _____원정 (계약 체결 후 7일 이내)
  2. 잔금 : 금 _____원정 (공연 개막 후 7일 이내)
② 제5조의 기간 내에 제2조의 공연일정 이외의 공연이 행해질 경우, 갑은 을에게 저작권 사용료로 티켓 판매 매출액의 ___%를 지급한다.
③ 일정 금액의 개런티를 받는 지방공연이나 초청공연의 경우 갑은 을에게 초청금액의 ___%를 저작물 사용료로 지급한다.

제7조 (저작권)
① 제4조가 규정한 공연이용권의 범위는 아래와 같다.
  1. 공연 실황 및 연습 장면의 영상화 및 녹음, 그 영상물 및 녹음물의 복제 배포
  2. 공연 실황 및 연습 장면의 방송, 전송, 디지털 음성송신
  3. 공연의 음반제작에 대한 권리
  4. 공연과 관련된 상품화권
② 제1항 1호., 2호, 3호의 대상이 되는 수단 또는 매체는 TV, 라디오, 위성방송, 케이블 방송, 유무선 인터넷 방송의 송·수신 매체와 마그네틱 테이프, CD, DVD, 레이저 디스크, VOD, MP3 등의 아날로그 및 디지털 기록 매체 등 현재 알려져 있거나 향후 개발될 수단 또는 매체를 포함한다.
③ 제1항 1호, 2호, 3호로 인한 매출발생시 판매 및 영업활동을 통해 발생하는 매출의 ___%를 을에게 지급한다. 지급 시기는 수익이 발생한 해당 월의 익월 ___까지로 한다.
④ 작품의 번역, 드라마화, 영화화, 출판 기타 2차적 저작물 작성권은 을에게 귀속하나, 갑은 우선협상권을 가진다.

제8조 (갑의 권리와 의무)

① 갑은 공연의 기획 및 제작을 총괄하며 공연기간 내 국내 및 해외에서 공연할 수 있는 권리를 갖는다.
② 갑은 정해진 지급 기일 내에 제6조에 명시한 금액을 을에게 지급해야 한다.
③ 갑은 공연에 대한 준비에 만전을 기해야 하며, 위 저작물의 저작자로서 을의 예술가적 주장이나 의사를 존중하여야한다
④ 갑이 을에게 원작의 각색을 의뢰하는 경우, 갑은 원작자로부터 공연화 권리를 획득하여야 하며, 이를 이행하지 않아 발생하는 책임은 갑에게 있다
⑤ 모든 프로그램, 광고, 사인판 및 기타 홍보자료에 을의 역할과 이름을 기재하여야 한다. 다만 티저 광고인 경우 표기하지 않을 수 있다.
⑥ 갑은 을에게 증정용 티켓 ___매와 공연 프로그램 ___부를 제공한다.

제9조 (을의 권리와 의무)

① 을은 본 공연의 _____로서 연습 및 공연에 차질을 주는 일이 없도록 일정을 준수해야 하며 공연의 완성도를 높이는 데 최선을 다해야 한다.
② 을은 공연의 제작자, 연출, 다른 창작자들과 긴밀한 협의 하에 작업하여야 하며, 수정 요구를 할 때는 이를 적극적으로 반영하여야 한다.
③ 을은 이 계약의 목적이 된 위 저작물이 을의 독자적인 창작활동을 통해 만들어진 것임을 보증하고, 이와 관련하여 분쟁이 발생하는 때에는 모든 책임을 지며 이로 인해 발생하는 갑의 손실은 을이 책임지기로 한다.
④ 을은 공연 홍보물 제작을 위한 사진 등을 제공하고, 매체 인터뷰 등 홍보활동에 적극 참여하여야 한다.

제10조 (계약 해지 및 손해 배상)

① 갑과 을은 어느 일방이 이 계약에서 정한 의무를 이행하지 않을 경우, 이

에 관한 시정사항을 서면으로 통지하고 그 당사자가 ＿＿일 이내 시정하지 않으면, 계약을 해지할 수 있다.

② 갑과 을은 어느 일방의 귀책사유로 계약이 해지되는 경우 그로 인한 손해배상을 청구할 수 있다.

제11조 (불가항력)

지진, 화재, 수해, 기타 천재지변으로 인한 공연장의 일부 또는 전부의 멸실, 전쟁, 내란, 폭동, 전염병의 창궐, 기타 갑과 을 양 당사자에게 책임이 없는 사유에 의하여 계약의 이행이 지체 또는 불가능하게 될 경우, 갑과 을은 상호 협의 하에 본 계약을 해제하거나 변경할 수 있다. 이러한 경우 쌍방 간 채무 불이행의 책임은 발생하지 않는다.

제12조 (비밀 유지)

각 당사자는 상대방의 사전 서면 승인을 득하지 아니하고는 본 계약의 내용을 제3자에게 공개하여서는 안 된다.

제13조 (양도금지)

갑과 을은 사전 서면 동의 없이 본 계약상의 지위를 제3자에게 양도하거나, 본 계약상의 권리와 의무를 제3자에게 대신하게 할 수 없다.

제14조 (분쟁 해결)

① 갑과 을 사이에 본 계약과 관련하여 분쟁이 발생했을 경우 당사자는 우호적으로 해결하도록 노력하여야 한다.

② 제1항에 따라 해결되지 않을 때는 아래 두 가지 해결 방식 중 (   )에 표시한 방식에 따라 해결한다.

1. 중재법에 따라 설치된 대한상사중재원의 중재 ( )
  2. 민사소송법에 따른 법원에서의 소송. 이 경우 제1심 관할법원은 _____ 지방법원으로 한다. ( )

제15조 (효력 발생 등)
① 본 계약은 계약 체결일로부터 효력이 발생한다.
② 본 계약에 명시되지 않은 사항은 갑과 을이 성의를 갖고 상호 협의로 결정하되, 저작권법 등 대한민국 법령, 일반적인 상관례, 대한민국 공연계 관행에 따른다.
③ 본 계약의 내용을 변경하고자 할 경우, 갑과 을 간의 상호 서면합의에 의해서만 변경할 수 있으며, 그렇지 아니할 경우 본 계약서가 우선한다.

이 계약의 성립을 증명하기 위하여 갑과 을은 계약서 2부를 작성하여 각각 서명 날인 후 각 1부씩 소지한다.

년   월   일

갑   을
대표자   (인)   성명   (인)
단체명   주민등록번호
주소   주소

[공연예술-기술지원계약서]

제작자 _____(이하 갑이라 함)와 _____ 스태프 _____(이하 을이라 함)는 공연(작품) _____(이하 공연이라 함)과 관련한 계약을 다음과 같이 체결한다.

제1조 (계약의 목적)
본 계약의 목적은 계약서의 내용에 대하여 갑과 을 사이의 권리와 의무를 명확히 함에 있다.

제2조 (공연·행사 개요)
① 공연명:
② 공연일정: ___년 ___월 ___일부터 ___년 ___월 ___일까지
③ 공연회수:
④ 공연장소:
⑤ 계약내용
  1. 갑이 검증한 을의 견적 내용에 따른 시스템
  2. 상기 1호의 시스템의 설치와 운영

제3조 (계약 기간)
본 계약 기간은 ___년 ___월 ___일부터 ___년 ___월 ___일까지 한다.

제4조 (용역 비용 및 지급 방법)
갑은 을이 제2조의 의무를 성실히 이행하는 조건으로 을에게 다음의 기준에 의해 용역비용을 지급한다.

① 용역비용

  1. 금 _____원(부가가치세 별도)

  2. 세부내역 별첨

② 지급일시 및 지급방법

  1. 계약금: _____원(부가가치세 별도) ___년 ___월 ___일

  2. 잔금: _____원(부가가치세 별도) ___년 ___월 ___일

③ 갑은 상기금액을 정해진 시기 안에 을의 계좌로 입금하여야 한다.

  1. 입금은행:

  2. 계좌번호:

  3. 예금주:

제5조 (을의 의무와 권리)

① 을은 공연의 원활한 운영을 위해 별첨한 시스템을 일정에 차질 없이 설치 및 운영한다.

② 을은 공연준비 또는 공연 중 유발될 수 있는 진행상의 안전사고에 만전을 기하며, 을의 귀책사유로 인한 안전사고가 발생하는 경우 이에 대한 일체의 책임을 진다.

③ 을은 갑과 합의하여 작성한 견적서와 동일한 내용의 장비 및 시스템, 행사지원 인력을 사용하여야 하며 변경이 불가피할 경우 사전에 갑의 동의를 얻어야 한다.

④ 을은 갑이 요청하는 자료를 제출하여야 한다.

⑤ 을은 제2조에 명기된 공연 외에 재공연에 대해 우선적으로 참여하도록 한다.

⑥ 을은 제3조의 계약 기간 중 타 작품에 참여할 시 갑과 사전 합의하여야 한다.

제6조 (갑의 의무와 권리)

① 갑은 공연장소의 제공 및 시설사용 협조와 함께 공연 개최에 따른 진행 업무를 지원한다.

② 갑은 을의 업무수행에 필요한 제반자료를 상호 합의된 일정에 따라 제공하여, 을의 업무수행이 원만하게 진행되도록 최대한 협조한다.

③ 갑은 본 공연에 대한 홍보 및 광고활동에 대한 책임이 있으며 이를 위하여 을의 성명, 초상, 경력을 사용할 수 있다.

④ 갑은 을의 성명과 역할을 공연과 관련된 홍보물 및 프로그램에 표시하여야 하며, 표기의 크기, 위치 및 방법 등은 갑이 결정하되 사전에 을과 협의하여야 한다. 다만 티저광고 등 일부 홍보물의 특성에 따라 갑은 이를 표시하지 않을 수 있다.

⑤ 갑은 본 공연물이 공연될 수 있도록 최선을 다해야 하며, 불가항력의 사항이 발생할 시 갑과 을은 상호 합의 하에 진행사항을 변경할 수 있다.

⑥ 갑은 을에게 스태프용으로 증정용 티켓 ＿＿매와 공연 프로그램(북) ＿＿부를 무상으로 제공한다.

제7조 (계약의 변경)

① 리허설 또는 공연 일정이 정해진 시간을 초과했을 경우, 그로 인해 을의 용역 부담이 증가하는 경우 갑은 을에게 그에 상응하는 초과 비용을 지급하여야 한다.

② 본 계약의 내용을 변경하고자 할 경우, 갑과 을 간의 서면합의에 의해서만 변경할 수 있으며, 그렇지 아니할 경우 본 계약서가 우선한다.

제8조 (계약의 해지)

다음 각 항에 해당하는 경우 갑 또는 을은 서면으로 계약을 해지할 수 있다.

① 갑 또는 을이 양자 합의 없이 임의로 본 계약을 타인에게 위임, 양도할 경우
② 갑 또는 을이 본 계약의 의무를 이행할 능력이나 의사가 없다고 판단될 경우
③ 갑 또는 을이 본 계약의 조항을 위반하여 상대방이 문서로써 그에 대한 시정을 요구한 날로부터 ＿＿일 이내에 시정하지 아니한 경우

제9조 (손해 배상)
① 갑의 귀책사유로 인해 계약이 해지된 경우 을이 갑으로부터 지급 받은 금액에 대해서는 반환을 청구할 수 없으며, 갑은 이로 인한 을의 손해를 배상하여야 한다.
② 을의 귀책사유로 인해 계약이 해지된 경우 을은 계약금액의 ＿＿배를 손해배상 하여야 한다.
③ 을이 정당한 사유 없이 시스템 설치 및 운영일정에 차질을 빚어 공연에 지장을 초래한 경우 을은 이로 인한 갑의 피해를 배상하여야 한다.

제10조 (책임과 보험)
① 공연 진행 중 을이 반입한 물품으로 인하여 발생하는 사고 등 제 손실에 대하여는 을이 책임진다.
② 갑은 을의 공연 관련 업무 수행 사고에 대비하여 을이 상해보험 또는 산업재해보상보험에 가입하도록 지원하여야한다.

제11조 (불가항력)
① 지진, 화재, 수해, 기타 천재지변으로 인한 공연장의 일부 또는 전부의 멸실, 전쟁, 내란, 폭동, 전염병의 창궐 기타 갑과 을 양 당사자에게 책임이 없는 사유에 의하여 계약의 이행이 지체 또는 불가능하게 될 경우, 갑과 을은

상호 합의 하에 본 계약을 해지 또는 변경할 수 있다.

② 전항의 사유로 취소된 공연에 대한 계약금이 이미 지급된 경우 을은 갑에게 계약금을 환불하되 이미 지불한 비용 기타 발생한 손해는 쌍방합의에 따라 처리한다.

제12조 (비밀 유지)

갑과 을은 상호 본 계약에 따른 업무 수행 중 인지한 비밀을 제3자에게 공개하거나 누설해서는 안 된다.

제13조 (대행 및 양도 금지)

① 갑과 을은 사전 서면동의 없이 본 계약상의 지위를 제3자에게 양도하거나, 본 계약상의 권리와 의무를 제3자에게 대신하게 할 수 없다.

② 을이 갑의 승인에 따라 본 계약상의 지위를 제3자에게 대신하게 하는 경우, 을은 제3자에 대한 감독 책임을 진다.

제14조 (분쟁 해결)

① 갑과 을 사이에 본 계약과 관련하여 분쟁이 발생했을 경우 당사자는 우호적으로 해결하도록 노력하여야 한다.

② 제1항에 따라 해결되지 않을 때는 아래 두 가지 해결 방식 중 ( )에 표시한 방식에 따라 해결한다.

　1. 중재법에 따라 설치된 대한상사중재원의 중재 ( )
　2. 민사소송법에 따른 법원에서의 소송. 이 경우 제1심 관할법원은 _____ 지방법원으로 한다. ( )

제15조 (효력발생 등)

① 본 계약은 계약 체결일로부터 효력이 발생한다. ② 갑과 을은 본 계약서에 정한 사항을 성실히 이행하며, 본 계약서에 명시되지 않은 사항은 상호협의로 결정하되, 대한민국 법령, 일반적인 상관례, 대한민국 공연계의 관행에 따른다.

이 계약의 성립을 증명하기 위하여 갑과 을은 계약서 2부를 작성하여 각각 서명날인 후 각 1부씩 소지한다.

년   월   일

갑		을	
대표자	(인)	성명	(인)
단체명		주민등록번호	
주소		주소	

[공연예술기술지원 표준근로 계약서]

공연기획·제작사 _____(이하 '사용자'라 함)와 _____(이하 '근로자'라 함)는 _____ 공연 (이하 '공연'이라 함)에 대한 기술지원 등 업무를 위하여 다음과 같은 내용으로 근로계약을 체결한다.

제1조(목적) 이 계약은 근로 조건 및 양 당사자 간의 권리와 의무를 명확히 정함으로써 분쟁을 사전에 예방하고 당사자의 상호 이익과 발전을 도모함을 목적으로 한다.

제2조(계약의 내용) 계약의 주요 내용은 다음과 같다.

공연물	공연명		
	공연회수		
	공연일정	20 년 월 일 ~ 20 년 월 일	
계약 업무	계약기간	20 년 월 일 ~ 20 년 월 일 (개월 일)	
	업무 (* 업무에 해당하는 부분만 명기하고, 업무 내용이 많은 경우 별지 사용)	연습실 내	
		무대설치 관련	
		리허설 관련	
		공연시 관련	
		철거 관련	
		기타	
	업무 장소 및 부서		
	근로시간		
	휴게시간		
	업무 담당자	* 근로자에게 안전이나 업무지시 등을 하는 사람의 성명과 긴급 연락처를 명기	

임금 지급 (해당 항목 에 명기)	구분	금액	지급 시기
	□ 월급	금액 원 (기준시급 원)	매월 일
	□ 주급	금액 원 (기준시급 원)	매주 요일
	□ 일급	금액 원 (기준시급 원)	
	지급방식	은행 : 예금주 : 계좌번호 :	

제3조(계약 기간) ① 사업자의 계약 연장 또는 갱신의 통지가 없는 한 계약 기간의 만료로 이 계약에 의한 근로관계는 종료된 것으로 본다. ② 계약 연장 또는 갱신하기 위해서 사용자는 근로조건을 명확히 하여 계약 기간 만료 (   )일 전에 통지하여야 하며 근로자가 이의를 제기하지 않는 한 근로자는 이에 동의하고 계약은 연장된 것으로 본다. ③ 계약 기간이 만료되었음에도 불구하고 근로자의 근로제공에 관하여 사용자가 이의를 제기하지 않은 경우, 근로 기간을 제외하고 종전과 동일한 근로조건으로 계약이 갱신된 것으로 본다. ④ 제3항에 의해 갱신된 계약은 기간의 정함이 없는 계약으로 하며 양 당사자는 언제든지 계약을 해지할 수 있다.

제4조(근로시간 및 휴가 등) ① 근로시간은 ____시 ____분부터 ____시 ____분까지(휴게시간 : ____시 ____분 ~ ____시 ____분)로 하며, 변경이 필요할 경우 최소 ____일 전 양 당사자 간 합의하여 정한다.
② 사용자와 근로자는 「근로기준법」 제50조 내지 제53조에 따른 근로시간(1주간 40시간, 상호 합의 시 연장근로 1주간 12시간 포함)을 준수하여야 한다. 이 경우에는 대기시간 및 제작을 위해 필요불가결하게 걸리는 시간을 포함한다. ③ 사용자는 근로자에게 근로시간이 4시간인 경우에는 30분 이상,

8시간인 경우에는 1시간 이상의 휴게시간을 근로시간 도중에 주어야 한다. ④ 사용자는 근로자가 1개월을 만근한 경우 「근로기준법」에 따라 1일의 유급휴가를 주어야 한다. ⑤ 사용자는 근로자에게 매주 정기적으로 휴일(__요일)을 부여하되 요일은 변경할 수 있다. 사용자가 제작 일정 등의 문제로 근로자에게 정기 휴일을 부여하기 어려운 경우 상호 협의하여 임금 추가 지급 등의 상응하는 대가를 지급하여야 한다.

제5조(임금의 기준 및 지급 방법) ① 사용자와 근로자는 다음 각 호와 같이 급여를 정한다.
 1. 급여는 당사자 간 약정한 근로일수를 기준으로 정하되 최저임금제를 준수하여야 한다.
 2. 용역 방식에 의한 임금 지급은 총액의 형태로 계산할 수 있으나 근로일수 및 근로시간을 기준으로 최저임금제를 준수하여야 한다.
② 임금의 지급은 현금으로 지급하거나 근로자 통장에 입금하여야 한다.
③ 추가근로는 합의하여 정할 수 있으며, 연장근로(1일 근로시간이 8시간을 초과하는 시간의 근로)와 야간근로(오후 10시부터 오전 6시까지 사이의 근로) 및 8시간 이내의 휴일근로에 대해서는 '시간당 통상임금'의 100분의 50을 가산하고, 8시간을 초과하는 휴일근로에 대해서는 '시간당 통상임금' 이상을 가산하여 지급하여야 한다.
④ 임금을 지급함에 있어 월 임금(기본급+초과수당)에서 근로소득세 및 보험료 중 근로자의 부담부분을 공제한 후 지급한다.

제6조(임금의 직접 청구) ① 사용자가 도급인으로부터 용역을 받은 경우에 사용자가 약정한 임금을 지급하지 않고 있고 도급인도 대금을 지급하지 않은 경우 근로자는 도급인에게 직접 임금을 청구할 수 있다. ② 본 건 공연과

관련하여 사업이 여러 차례의 도급에 따라 행하여지는 경우에 상위 도급인의 귀책사유로 근로자에게 임금을 지급하지 못한 경우에는 그 상위 도급인은 사용자와 연대하여 책임을 진다.

제7조(실비 변상) ① 근로자가 제2조의 업무 수행과 관련하여 사용자의 동의를 얻어 지출한 구입비, 임차료, 출장비 등의 비용에 대하여는 사용자의 부담으로 하며, 영수증을 제출한 날로부터 (   )일 이내에 지급한다. 다만, 증빙서류의 종류와 범위에 관하여는 상호 협의한다. ② 사용자가 근로자에게 업무와 관련 없이 근로자의 동의를 얻어 지급한 비용에 대해서도 근로자는 영수증을 받은 날로부터 (   )일 이내에 지급한다.

제8조(사용자의 의무) ① 사용자는 근로자가 자신의 역량과 능력을 최대한 발휘할 수 있는 환경을 마련하고, 근로에 필요한 시설, 설비 등 인적·물적 자원을 제공하여야 한다.
② 사용자는 근로환경의 위험요인을 사전에 확인하고 안전장구를 지급하는 등 근로자의 안전을 배려할 의무를 지며, 근로자의 근로 제공 과정에서 근로자의 생명, 신체, 건강에 대한 보호 의무를 다하여야 한다. 이를 위해 사용자는 담당자를 지정하고 안전을 위한 매뉴얼을 제작하게 하거나 이를 숙지하게 할 교육을 제공하여야 한다.
③ 동일한 장소에서 장기간에 걸쳐 고정적으로 작업하는 경우, 사용자는 근로자가 공연제작 현장에서 충분히 휴식을 취할 수 있도록 편의(식사 및 휴게 공간 등)을 제공하여야 한다. 다만, 편의 제공이 곤란한 경우 사용자와 근로자는 상호 협의하여 정할 수 있다.
④ 사용자는 건전한 근로환경의 유지를 위해 근로자의 인격을 존중하고 평등한 기회를 제공하여야 하며, 근로자의 성별, 종교, 장애, 연령, 조합원 여

부, 단기 고용 등을 이유로 차별하여서는 아니 된다.
⑤ 사용자는 직장 내 성희롱·성폭력을 예방하여야 한다.

제9조(근로자의 의무) ① 근로자는 본 건 공연이 원활하게 진행될 수 있도록 업무 수행에 최선을 다하여야 한다.
② 근로자는 업무와 관련하여 사용자 또는 사용자가 위임한 상급자의 업무 지시 및 안전조치에 관한 제반 지시를 성실히 따라야 한다.
③ 근로자는 사용자의 동의가 없는 한 근로계약 기간 중 관련업에 겸직하거나 제3자와 거래할 수 없으며, 사용자의 경영상 이익에 반하는 행위를 하지 않는다.
④ 근로자는 업무 수행 중 습득한 정보에 대해 기밀을 유지하여야 하며, 계약 기간 만료 후에도 사용자의 동의 없이 관련 정보를 유출해서는 아니 된다.
⑤ 근로자는 자신이 제공하는 역무가 타인의 저작권 및 기타 지식재산권을 비롯한 권리를 침해하지 않는 것을 보증한다.
⑥ 근로자는 직장 내 성희롱, 성폭력이 발생하지 않도록 노력하여야 한다.

제10조(보험 가입) ① 사용자는 근로자의 업무 수행 중 사고에 대비하여 상해보험 또는 산업재해보상보험에 가입하여야 한다. 다만 근로자가 법인인 경우 상호 협의하여 별도로 정할 수 있다.
② 사용자는 근로자가 자신의 보험 가입 정보에 대한 확인 및 열람을 요청하는 경우 이에 성실하게 응하여야 한다. ③ 사용자는 근로자가 업무상 재해를 입은 경우, 상해보험 또는 「산업재해보상보험법」에 따라 보상받을 수 있도록 관련 업무처리에 성실히 협조하여야 한다.

제11조(계약의 변경) ① 사용자는 계약 기간을 연장 또는 단축하여야 할 업

무상 사유가 발생할 경우 사유 발생일로부터 30일 이전에 근로자에게 알려주어야 한다. ② 합리적이고 객관적인 사유가 발생하여 부득이하게 계약 내용의 변경이 필요한 경우에는 사용자와 근로자는 상호 합의하여 정하며, 근로조건의 변경사항에 대해서는 별도 서면(전자 서면을 포함)으로 작성하여야 한다.

제12조(지식재산권의 귀속) 본 공연과 관련하여 근로자가 제공한 모든 용역의 결과물 및 서비스에 관련된 지식재산권은 사용자에게 귀속된다. 다만 그 지식재산권이 권리로서 인정될 정도로 가치가 있는 경우 사용자는 근로자에게 정당한 보상을 하여야 한다.

제13조(권리·의무의 양도) ① 근로자는 본인의 근로제공을 사용자의 동의 없이 제3자에게 대리하거나 대행하게 할 수 없다. ② 사용자는 근로자의 동의 없이 본 계약상 사용자의 지위를 제3자에게 이전할 수 없다.

제14조(크레디트의 명기) ① 사용자는 공연물 및 공연물을 안내하는 전송, 복제, 배포에 있어 근로자의 역할과 성명을 명시한 크레디트(credit)를 명기하여야 한다. 다만, 근로의 제공을 완료하지 못한 경우에는 그러하지 아니하다. ② 크레디트의 위치, 크기, 표시 방법 등은 상호 간 협의하거나 공연예술 업계의 관행에 따른다.

제15조(계약의 해제·해지 및 손해배상) ① 근로자는 부득이하게 계약을 해지하고자 할 경우 해지하고자 하는 날로부터 (   )일 전에 사용자에게 서면으로 해지의 의사표시를 하여야 한다.
② 근로자는 다음 각 호의 어느 하나에 해당하는 사유가 발생한 경우 2주의

기간을 정하여 그 이행을 최고하고 사용자가 그 기한 내에 이행하지 않으면 계약을 해지할 수 있다.

 1. 사용자가 임금 지급을 2주 이상 연체한 경우

 2. 사용자가 공연 중단 등 노무 수령을 할 수 없는 상황이 2주 이상 지속되는 경우

③ 사용자와 근로자는 다음 각 호의 어느 하나에 해당하는 사유가 발생한 경우에는 본 계약의 전부 또는 일부를 해제·해지할 수 있다. 이러한 경우에 상대방에게 지체 없이 서면으로 통지하여야 하며, 7일 이내에 서면으로 이의 제기가 없을 경우 계약이 해제·해지된 것으로 본다.

 1. 회사의 사실상의 파산, 기타 천재지변 등 불가항력적인 사정으로 인하여 본 건 공연이 더 이상 불가능할 경우

 2. 근로자가 사망 또는 질병과 같은 건강상의 이유 등으로 계약 내용을 이행할 수 없다고 인정될 경우

 3. 사용자 또는 근로자가 본 계약의 중요한 내용을 이행하지 아니하거나 위반한 경우

 4. 사용자의 정당한 지시에도 근로자가 지속적으로 불응하거나 근로자의 능력이 부족하여 계약 내용을 이행할 수 없다고 인정되는 상당한 이유가 있는 경우

 5. 사용자 또는 근로자가 성폭력, 성추행, 성희롱 그밖에 성적인 범죄를 저질러 계약의 이행에 지장을 초래한 경우

④ 사용자 또는 근로자는 자신의 귀책사유로 인해 상대방에게 발생한 손해에 대해서는 배상할 책임이 있다. 이때 제3항의 해제·해지는 손해배상청구에 영향을 주지 아니한다.

제16조(금품 청산) ① 사용자는 계약 종료 후 (   )일 이내에 근로자에게 임

금, 진행비, 그 밖에 일체의 금품을 지급하여야 한다. 다만, 특별한 사정이 있을 경우에는 당사자 사이의 합의로 기일을 연장할 수 있다. ② 사용자가 제1항의 금품의 전부 또는 일부를 (　)일 이내에 지급하지 아니한 경우, 그 다음 날부터 지급하는 날까지의 지연 일수에 대하여 연 12%의 지연이자를 지급하여야 한다. 다만, 사용자가 천재·사변 등의 사유에 따라 임금 지급을 지연하는 경우 그 사유가 존속하는 기간에는 적용하지 아니한다.

제17조(이의 및 분쟁의 해결) ① 사용자와 근로자는 본 계약 및 개별 계약에 명시되지 아니한 사항 또는 계약의 해석에 다툼이 있는 경우에는 상호 협의하여 해결하도록 노력하되, 최종적으로는 「근로기준법」에 따른다. ② 본 계약과 관련하여 양 당사자 사이에 발생한 이의 및 분쟁에 대해서는 우선 '예술인 신문고' 또는 「콘텐츠산업진흥법」 제29조에 따른 콘텐츠분쟁조정위원회의 분쟁 조정을 통한 해결을 모색할 수 있다. ③ 부득이하게 민사소송이 제기된 경우 법령에 정한 절차에 따른 법원을 관할 법원으로 한다.

제18조(효력의 발생) 본 계약의 효력은 계약 체결일로부터 발생한다.

본 계약의 체결을 증명하기 위하여 계약서 2통을 작성하여 '사용자'와 '근로자'가 서명날인 한 후 각각 1통씩 보관한다.

20　년　월　일

〈기획·제작사〉
상호(사업체명 또는 성명) :
사업자등록번호 :

대표자 성명 :　　　　　　　　　(인 또는 서명)

주소 :

전화번호 :

〈근로자〉

성명 :　　　　　　　　　　　(인 또는 서명)

주소 :

전화번호 :

생년월일 :

[공연예술기술지원 표준용역계약서]

이하의 계약 내용과 같이 _____ 공연 (이하 '공연'이라 함)에 대한 기술지원 등 용역 제공 업무와 관련하여 공연의 기획 및 제작을 담당하는 ㅇㅇㅇ(개인 또는 개인 사업자, 법인)와(이하 '기획·제작사'라 함) □ 무대·소품, □ 의상·분장, □ 조명·음향, □ 기타 제공의 업무를 담당하는 ㅇㅇㅇ(개인 또는 개인 사업자, 법인)는(이하 '협력사'라 함) 다음과 같은 내용으로 용역계약을 체결한다.

제1조(목적) 본 계약은 기획·제작사가 제작하는 공연을 위하여 필요한 용역(무대·소품·의상·분장·조명·음향 기타 장치 및 설비 등 제작·납품 또는 대여 등)의 내용 중 이하에서 구체적으로 정하는 사항을 제공하기로 합의하고 이에 필요한 당사자 간의 권리와 의무를 정함을 목적으로 한다.

제2조(계약의 기본 원칙) 기획·제작사와 협력사는 본 계약에 따른 용역 제공 등을 완료하고 그 대금을 지급함에 있어 상호 대등한 입장에서 신의성실의 원칙에 따라야 하며「예술인복지법」및「공연법」,「산업재해보상보험법」,「산업안전보건법」등 관련 법령을 준수하여야 한다.

제3조(계약의 내용) 본 계약의 주된 내용의 요약은 다음과 같으며, 각 세부 사항은 본 계약 제4조부터 제19조에서 정한 바와 같다.

공연	공연명	공연명 ( ), 공연회수 ( ), 리허설 ( )
	공연장소	
	공연일정	20 년 월 일부터 20 년 월 일까지
용역 계약 업무	용역 업무 전체에 대하여 계약 기간을 특정할 경우	20 년 월 일부터 20 년 월 일까지
	개별 용역 내용에 따라 기한을 정하는 경우	(예시) 1. 무대설치 및 보수 : 20 년 월 일까지 2. 공연 종료 후 무대시설 철거 : 20 년 월 일까지 3. 폐기물 처리 : 20 년 월 일까지 ※ 용역계약에 따른 구체적인 위탁내용이나 납품하는 물건 목록이 많은 경우 "별지 기재와 같다"로 간략히 기재한 후 본 계약서와 별도로 "별지"를 붙여 상세한 내용을 기재할 수 있습니다.
대금 지급	용역 대금	총액 원(부가세 별도) ※ 용역 대금 산정의 세부 내역은 제5조 제1항 각호의 사항을 고려하여 별첨하기로 한다.
	지급 시기 및 방식, 지연이자	**※ 전액 일시금 지급의 경우** ○○ 업무 완료일로부터 ○○일 이내에 전액 지급 입금: 은행(예금주:) 계좌번호 **※ 선급금 또는 계약금, 잔금 등 명칭을 불문하고 본 계약에 따른 용역 대금을 분할하여 지급할 경우** 　각각의 지급액(대금의 % 또는 금액), 지급기한 및 지급방식에 대해 상세히 기재할 것 　1. 선급금 : 총 용역 대금의 % 일금 _____만 원(부가세 별도) 　　__년__월__일까지 또는 ○○ 업무 완료일로부터 ○○일 이내 지급 　2. 중도금 : 총 용역 대금의 % 일금 _____만 원(부가세 별도) 　　__년__월__일까지 또는 ○○ 업무 완료일로부터 ○○일 이내 지급 　3. 잔금 : 총 용역 대금의 % 일금 _____만 원(부가세 별도) 　　__년__월__일까지 또는 ○○ 업무 완료일로부터 ○○일 이내 지급 기획·제작사는 위와 같은 용역 대금을 협력사가 지정하는 아래의 계좌로 지급기한을 엄수하여 송금하기로 한다. 입금: 은행(예금주:) 계좌번호 ※ 위 대금지급 의무를 지체할 경우 연 6%의 비율로 계산한 지연이자를 가산하여 협력사에 지급하도록 한다(제7조 제1항).

제4조(계약 기간 등) ① 본 계약의 기간은 제3조에 기재한 기간으로 하며 기획·제작사와 협력사가 문서(전자 문서를 포함)를 통해 별도로 계약 연장 또는 갱신을 정하지 아니할 경우 본 계약은 계약 기간의 만료로 종료된다.

② 제1항에서와 같이 기획·제작사와 협력사가 별도로 계약 연장 또는 갱신을 합의할 경우 변경한 부분을 제외하고는 기존 계약 내용을 그대로 유지하기로 한다.

제5조(용역 제공 내용에 관한 협의사항 확인 등) ① 기획·제작사와 협력사는 계약 체결 단계에서 다음 각 호의 내용을 충분히 반영하여 거래 조건을 설정하기로 하고, 계약 체결 후 지체 없이 협의된 다음 각 호에 해당하는 내용을 별도의 문서(전자 문서를 포함)로 작성·확인하기로 한다(별도의 문서도 본 계약의 내용으로 포함된다).

 1. 용역 제공 일정표
 2. 용역 제공 일정별 예상 투입인력(경력에 따른 임금산정을 포함) 및 장비 투입 계획
 3. 업무별 대금 산출 세부 내역서(견적서)
 4. 기타 본 계약상 용역 제공과 관련하여 필요하다고 기획·제작사와 협력사가 협의하여 정한 특약사항 및 이와 관련된 서류

② 제1항 각호의 내용이 본 계약의 목적과 일치하지 아니하거나 부적합한 경우 기획·제작사는 그 기간을 정하여 문서(전자 문서를 포함)로 협력사에 수정을 요구할 수 있다. 협력사는 기획·제작사와 최종 협의된 수정 내용을 지체 없이 기획·제작사에 문서로 통지하여야 하며, 기획·제작사는 통지를 받은 날로부터 3일 이내에 문서로 이의를 제기할 수 있다.

③ 기획·제작사는 본 계약에 따른 용역 제공이 완료되기 전까지 필요한 지시를 할 수 있다. 다만, 협력사가 그 지시를 따르기에 부적합한 사유가 있다

고 판단할 경우에는 협의하여 달리 정할 수 있다.

④ 협력사와 기획·제작사는 상호 요구 사항을 수용하기 위하여 필요한 경우 대리인의 역할을 수행할 업무 담당자의 지정을 요청할 수 있으며, 정당한 이유가 없는 한 이에 응하여야 한다. 지정된 업무 담당자는 본 계약과 관련된 사항에 대한 결정, 의사표시의 전달 및 수령 등에 대한 적법한 대리권이 존재하는 것으로 본다.

제6조(대금의 결정 및 조정) ① 본 계약에 따른 용역 대금은 제3조에서 명시한 금액과 같으며, 이는 제5조 제1항 각호의 사항과 재료비, 노무비, 경비, 적정 수익 등을 고려하여 기획·제작사와 협력사가 협의를 통하여 정한 것이다.

② 본 계약 체결 후 제5조에 따른 용역 제공 내용의 변동으로 추가 비용이 발생한 경우, 협력사는 기획·제작사에 대금의 조정을 요청할 수 있으며, 기획·제작사는 요청을 받은 날로부터 7일 이내에 대금 조정을 위한 협의를 개시하여야 한다.

③ 협력사는 제5조에서 미리 합의된 내용을 기획·제작사의 동의 없이 임의로 변경하여서는 아니 되며, 이를 위반한 경우에는 추가 비용을 청구할 수 없다.

제7조(지체상금 등) ① 기획·제작사는 제3조에서 정한 기한 내에 협력사에 대금을 지급하여야 하고, 이를 지체할 경우 지급해야 할 용역 대금의 연 6%의 비율에 의한 금원을 가산하도록 한다.

② 협력사가 제3조에서 정한 기한 내에 본 계약에 따른 용역 업무를 완료하지 못한 경우 지체일수에 대하여 용역 대금의 (   )/1000을 곱한 금액을 지체상금으로 지급하여야 한다. 이러한 경우에 기획·제작사는 협력사에 지급해야 할 용역 대금이 남아있을 경우 위 지체상금을 용역 대금에서 공제할 수

있다.

③ 지체상금을 정함에 있어 다음 각 호의 어느 하나에 해당할 경우에는 제2항의 지체일수로 산정하지 아니한다.

  1. 천재지변 등 불가항력의 사유에 의한 경우

  2. 기획·제작사의 책임으로 수급 업무의 착수가 지연되거나 수급 업무의 수행이 중단 또는 검수가 지연된 경우

  3. 본 계약 체결 후 기획·제작사의 요청에 따라 협력사의 용역 수행이 잠정적으로 중단된 경우 그 기간

  4. 기타 협력사의 책임에 속하지 않은 사유로 인하여 용역 수행이 지체된 경우

제8조(대금의 직접 지급 요청 등) ① 계약 기간 중 기획·제작사에 다음 각 호의 어느 하나에 해당하는 사유가 발생한 경우 협력사는 기획·제작사에 금원을 지급하기로 한 제3자(이하 '제3채무자')에게 용역 제공이 완료된 부분에 해당하는 용역 대금을 직접 자신에게 지급하도록 요청할 수 있다. 기획·제작사는 협력사의 제3채무자에 대한 직접적인 권리행사를 위해 채권양도의 통지가 필요한 경우 민법상의 필요한 절차를 즉시 취해주어야 하며, 협력사가 직접 통지할 필요가 있는 경우 채권양도 통지에 대한 대리권을 수여한 것으로 합의한다.

  1. 기획·제작사의 지급정지·파산, 그 밖에 이와 유사한 사유가 있거나 사업에 관한 허가·인가·면허·등록 등의 취소, 그 밖의 사유로 기획·제작사가 대금을 지급할 수 없게 된 경우

  2. 제3채무자가 대금을 직접 협력사에 지급하기로 제3채무자, 기획·제작사 및 협력사 간에 합의한 경우

  3. 용역 대금을 분할하여 지급할 경우 기획·제작사가 협력사에 총 2회분

이상의 대금 지급기일을 위반한 경우

② 기획·제작사는 제3채무자에게 협력사의 계약 위반 사실을 증명하여 제1항에 따른 대금의 직접 지급 중지를 요청할 수 있다.

③ 제1항에 따라 협력사가 제3채무자에게 대금을 직접 청구하기 위해 기성 부분의 확인 등이 필요한 경우 기획·제작사는 지체 없이 이에 필요한 조치를 이행한다.

④ 협력사가 제3채무자로부터 용역 대금을 직접 수령한 경우 협력사는 기획·제작사 및 제3채무자에게 용역 대금의 사용내역을 대금 수령일로부터 14일 이내에 통보한다.

제9조(미지급 임금 등의 지급 요구) ① 협력사가 용역 대금의 전부 또는 일부를 지급받았음에도 근로자에게 임금 등을 지급하지 않은 경우 기획·제작사는 협력사에 이를 지급할 것을 요구할 수 있으며, 협력사는 지체 없이 이를 따라야 한다.

② 협력사가 제1항에 따른 기획·제작사의 요구에 응하지 아니하여 근로자가 기획·제작사에 임금 등의 지급을 요청하거나 또는 기타 공연의 준비에 지장을 초래할 경우 기획·제작사는 협력사에 지급해야 할 잔여 용역 대금에서 근로자에게 임금 등을 직접 지급할 수 있으며, 지체 없이 그 지급내역을 문서로 협력사에 통지한다.

③ 기획·제작사는 제2항에 따라 임금 등의 직접 지급 전에 그 사실을 협력사에 통지하여야 하며, 협력사는 이에 즉시 이의를 제기할 수 있다.

④ 기획·제작사가 근로자에게 임금 등을 지급하기 전에 협력사는 자신이 먼저 미지급 임금 등을 근로자에게 지급하고, 그 사실을 기획·제작사에 통지한다. 이러한 경우에 기획·제작사는 지급기한이 도래한 용역 대금을 지체 없이 협력사에 지급한다.

제10조(완수 검사 및 하자 보수 등) ① 기획·제작사는 협력사와 협의하여 본 계약상 용역 업무(무대 세트, 조명·음향·영상장비의 설치 등)에 대한 완수 여부를 확인하기 위한 객관적이고 공정 타당한 검사의 기준과 방법을 선택하여야 한다. 이러한 경우에 기획·제작사는 별도의 검사인을 지정할 수 있으며, 별도로 지정하지 않은 경우에는 제5조 제4항에서 정한 업무 담당자를 검사인으로 본다.

② 협력사는 본 계약에 따른 용역 제공을 완료한 후, 기획·제작사에 완수 검사를 요청할 수 있으며, 기획·제작사는 검사 요청을 받은 날로부터 7일(필요한 경우 당사자의 합의로 검사 기간을 달리 정할 수 있다) 이내에 완수 여부를 확인해주어야 한다(이 기간 내 완수 여부를 통지하지 아니하거나 검사 합격 여부의 통지를 하지 아니하고 기획·제작사가 용역 제공된 내용을 사용한 경우에는 검사에 합격한 것으로 본다).

③ 기획·제작사의 검사 결정에 이의가 있을 경우 협력사는 재검사를 요청할 수 있으며, 기획·제작사는 지체 없이 재검사하여야 한다.

④ 용역 제공 내용에 대한 검사 결과 수급 업무에 하자가 있는 경우 기획·제작사는 협력사에 하자의 보수를 청구할 수 있다. 다만, 다음 각 호의 경우에는 그러하지 아니하다.

 1. 수급 업무의 하자가 기획·제작사의 요청 또는 지시 등에 따라 발생한 경우
 2. 수급 업무의 하자가 기획·제작사가 공급한 설비 또는 자재로 인하여 발생한 경우

⑤ 제4항의 하자가 중대하고 완전물 급부 또는 하자 보수가 불가능하여 수급 사무의 목적을 달성할 수 없는 경우 기획·제작사는 본 계약을 해제 또는 해지할 수 있다.

제11조(부당한 위탁취소 및 변경 금지) 기획·제작사는 정당한 이유 없이 협

력사의 책임으로 볼만한 사유가 없음에도 불구하고 본 계약의 내용을 임의로 취소하거나 일방적으로 변경하는 행위를 하여서는 아니 된다.

제12조(안전배려 의무 등) ① 기획·제작사가 협력사의 본 계약에 따른 용역을 제공할 장소를 지정하거나 이를 제공한 경우 안전사고의 방지를 위하여 협력사에 다음 각 호의 사항에 대한 설명 및 정보제공을 하여야 한다.
  1. 용역 수행 장소의 위험성과 작업의 순서 및 동선(動線)에 관한 사항
  2. 작업 개시 전 점검에 관한 사항
  3. 용역 수행 장소의 보호 장비 및 안전장치의 취급과 사용에 관한 사항
  4. 정리, 정돈 및 청소에 관한 사항
  5. 그 밖에 공연장의 안전 관리에 관하여 필요한 사항

② 기획·제작사가 지정하거나 제공한 장소가 업무를 수행함에 있어서 요구되는 안전 요건을 갖추지 못한 경우 협력사는 장소의 변경 또는 안전시설의 보완 등을 요구할 수 있으며, 기획·제작사는 이에 성실히 응하여야 한다.

③ 협력사는 기획·제작사의 안전조치에 관한 지시에 따라야 하며, 기획·제작사와 협력사는 본 계약상의 용역 업무를 수행함에 있어 안전사고가 발생하지 않도록 상호 성실히 협력하여야 한다.

제13조(재위탁의 금지 등) ① 기획·제작사 또는 협력사는 본 계약상의 권리 또는 의무를 상대방의 동의 없이 제3자에게 양도하거나 담보를 설정하는 등 처분행위를 할 수 없다. 특히 협력사는 기획·제작사의 동의 없이 수급 업무의 전부 또는 일부를 제3자에게 재위탁할 수 없다. ② 제1항에 의하여 기획·제작사의 동의를 얻어 용역 내용의 전부 또는 일부를 제3자에게 위탁하는 경우에도 협력사는 본 계약에서 정한 기획·제작사에 대한 자신의 이행 의무를 면할 수 없다.

제14조(크레디트의 명기) ① 기획·제작사는 공연물 및 공연물을 안내하는 제작물에 협력사의 역할과 성명을 표시한 크레디트를 명기하여야 한다. 다만, 협력사가 수급 업무의 제공을 완료하지 못한 경우에는 그러하지 아니하다.
② 크레디트의 위치, 크기, 표시 방법 등은 상호 간 협의하거나 공연예술 업계의 관례에 따른다.

제15조(지식재산권의 귀속 및 물품의 반환 등) ① 이 계약에 따른 창작물에 대한 저작권 등 지식재산권의 귀속 및 행사는 「저작권법」 등 관련 법률의 정함에 따르기로 한다.
② 기획·제작사가 본 계약 기간의 종료에도 불구하고 창작물을 계속 이용하고자 하는 경우에는 그 사용 기간 및 방법, 이용허락의 대가 등에 대해 저작권자와 별도로 협의하기로 한다.
③ 기획·제작사가 합리적 대가를 지급하지 않은 협력사의 기획·시안 등에 대해서 기획·제작사는 협력사의 동의 없이 이를 무단 사용하여서는 안 된다.
④ 기획·제작사와 협력사는 계약 과정에서 알게 된 상대방의 정보를 부당하게 이용하거나 제3자에게 제공하여서는 안 된다.
⑤ 공연 종료 후 협력사의 창작물의 반환이나 폐기가 필요한 경우 구체적인 방법에 대하여는 별도 협의하기로 한다.

제16조 (계약의 변경) 합리적이고 객관적인 사유가 발생하여 부득이하게 본 계약 내용의 변경이 필요한 경우에는 기획·제작사와 협력사는 상호 협의하여 문서(전자 문서를 포함)로써 계약을 변경할 수 있다.

제17조(계약의 해제 또는 해지) 기획·제작사 또는 협력사는 다음 각 호의 어느 하나에 해당하는 사유가 발생한 경우에는 본 계약의 전부 또는 일부를 해

제 또는 해지할 수 있다.

1. 기획·제작사 또는 협력사가 본 계약의 중요한 내용을 위반하여 그 시정을 요청받았음에도 불구하고 이에 응하지 않은 경우
2. 기획·제작사 또는 협력사가 감독관청으로부터 영업정지 또는 취소 등의 행정처분을 받아 더 이상 업무를 수행할 수 없는 경우
3. 기획·제작사 또는 협력사에 소속된 자가 본 계약과 관련된 구성원들에게 성폭력, 성추행, 성희롱 그밖에 성적인 범죄를 저질러 계약의 이행에 지장을 초래한 경우
4. 기획·제작사와 협력사가 협의한 시설, 장비, 인력 등의 제공 의무가 원만히 이행되지 아니하거나 필요한 업무협력이 이루어지지 않아 협력사가 수급한 업무를 이행함에 있어 현저하게 어려움이 발생한 경우
5. 기획·제작사가 정당한 사유 없이 협력사의 수급 업무 수행에 필요한 사항의 협력 행위를 이행하지 아니하거나 지체하여 협력사의 업무 수행에 지장을 초래한 경우
6. 기획·제작사 또는 협력사의 파산 등 계약목적의 달성이 사실상 곤란하다고 인정할 수 있는 객관적인 사유가 발생한 경우

제18조(손해 배상) ① 기획·제작사 또는 협력사는 자신의 귀책사유로 인하여 본 계약의 전부 또는 일부가 해제 또는 해지됨으로써 발생한 손해에 대해 상대방에게 손해배상책임이 있다. 다만 천재지변 등 불가항력으로 인하여 발생한 손해에 대해서는 그러하지 아니하다.
② 협력사의 장비 등이 기획·제작사의 고의 또는 과실로 파손되는 경우 기획·제작사는 손해배상책임이 있다.
③ 협력사의 귀책사유로 인하여 기획·제작사의 공연에 지장을 초래한 경우 협력사는 기획·제작사에 손해배상책임이 있다.

제19조(이의 및 분쟁의 해결) ① 기획·제작사와 협력사가 본 계약 및 개별 계약에 명시되지 않은 사항 또는 계약의 해석에 이견이 있는 경우 상호 협의하여 해결하도록 노력하여야 한다. ② 협력사는 정당한 이유 없이 용역 대금의 미지급 등 기획·제작사의 의무 불이행을 이유로 이미 설치 완료된 기획·제작사의 공연 진행에 필요한 시설을 무단 회수하는 등 상대방의 업무를 방해하는 행위를 하여서는 아니 된다. ③ 제1항의 규정에도 불구하고 분쟁이 해결되지 않을 경우 다음에서 선택하는 분쟁 해결의 방법에 따르기로 한다.

☐ 중재[8] : 본 계약에서 발생하는 모든 분쟁은 대한상사중재원에서 국내 중재 규칙에 따라 중재로 해결한다.

☐ 분쟁 조정 : 한국공정거래조정원에 설치된 하도급분쟁조정협의회에 분쟁 조정 절차를 신청할 수 있다.

☐ 소송 : 계약 당사자 쌍방의 관할 법원에 소송을 제기할 수 있다.

제20조(특약 사항) 기획·제작사와 협력사는 다음과 같은 사항을 특약사항으로 정하기로 한다.

1.
2.
3.
4.

본 계약의 체결을 증명하기 위하여 계약서 2통을 작성하여 기획·제작사와 협력사가 서명날인 한 후 각각 1통씩 보관한다.

20 년   월   일

〈기획·제작사〉

상호(사업체명 또는 성명) :

사업자등록번호 :

대표자 :   (인 또는 서명)

주소 :

전화번호 :

〈협력사〉

상호(사업체명 또는 성명) :

사업자등록번호 :

대표자 :   (인 또는 서명)

주소 :

전화번호 :

6

음악 저작권과 수익 배분

1. 음악 저작자의 권리와 보호

저작권(著作權, copyright)은 권리 보유자가 보호할 필요가 있을 때는 현행 저작권법에 따라 절차를 밟으면 충분히 보호받을 수 있다. 음악 분야에서도 창작자 등 저작권자가 저작권을 철저하게 보호받는 것은 당연하다. 그러나 저작자 가운데 일부가 생각을 달리해 음원 저작권에 대해 무상 배포·전파를 통해 얻는 이익이 훨씬 크다고 판단하거나 발상을 전환하여 공익적인 목적으로 사용하는 경우 판단이 달라질 수도 있다. 가수가 우선 얼굴 알리기에 다 걸기(all-in)를 할 필요가 있을 경우에도 공유 영역에서 자유로이 활용하게 할 수 있다. '카피라이트(copyright)'가 저작권 보호의 의미로 사용되는 데 반해 '카피레프트(copyleft)'는 저작권 소유자가 모든 사람들에게 무상으로 자신의 창작물을 쓸 수 있도록 허용하는 것 또는 저작물 공유 촉진 운동을 지칭한다.[1] 'copyright'에 빗대어 반대 의미로 'copyleft'라고 명명한 것이다.

음악계에서는 무엇보다도 저작권 보호가 최우선적인 원칙이지만 이렇듯 음악 보급과 홍보를 우선하는 등의 사례처럼 필요에 따라 아이러니하게도 카피레프트가 제한적으로 허용 및 장려되는 상황도 있다. 많은 가수들은 새로운 앨범을 내놓을 때 뮤직비디오는 카페레프트의 효과를 겨냥해 '맛보기용'으로 인터넷·유튜브 등에 개방해 유통하고, 실제 앨범은 신비감 또는 구매 욕구를 한층 자아내도록 비닐로 밀봉 포장하여 유료 판매하는 관행을 유지하고 있다. 우리 음악이 중국, 동남아로 확산되어 케이팝 신드롬을 일으킨 것은 수많은 현지 청소년들의 불법 복제나 다운로드에 의한 감상이 상당 부분 기여했다는 분석도 있기 때문에 음악 유통에서 무조건 저작권 보호만이 능사가 아니라는 견해도 있다. 필요할 경우 전략적으로 저작권 공유가 어느 정도 필요하다는 것이다.

작사·작곡·편곡자 등 창작자에게 생활의 방편이 되는 경제적·재산적 권리인 저작권은 작사가, 작곡가 등의 창작자들이 음악 저작물, 영상 저작물 등 자신이 창작한 작품이나 콘텐츠를 보유한 경우 독점적으로 갖는 권리를 말한다. 저작권은 저작물을 창작한 때부터 발생하며 어떠한 절차나 형식의 이행을 필요로 하지 아니한다. 창작자가 만들어 낸 콘텐츠를 저작물 또는 원저작물이라 하며, 원저작물을 번역·편곡·변형·각색·영상 제작 그 밖의 방법으로 작성한 창작물을 '2차적 저작물'이라 한다. 원저작물을 부분별로 구성하여 편집한 것을 '편집 저작물'이라 한다. 2차적 저작물과 편집 저작물은 독자적인 저작물로서 각각 보호된다.

음악 분야에서도 창작자가 갖는 저작권은 '저작인격권'과 '저작재산권'으로 구성되어 있다. 저작인격권은 저작자가 자신의 저작물에 대해 갖는 정신적·인격적 이익에 대한 보호 권리[2]로서 세부적으로 공표권·성명표시권·동일성유지권으로, 저작재산권은 복제권·공연권·방송권·전시권·배포권·대여권·공중송신권·2차적 저작물 작성권으로 각각 구성되어 있다. 이 가운데 공표권은 저작자가 자기 저작물을 공표하거나 공표하지 아니할 것을 결정할 권리를, 성명표시권은 저작물의 원본이나 그 복제물에 또는 저작물의 공표 매체에 그의 실명 또는 이명을 표시할 권리를, 동일성유지권은 저작자가 자기 저작물의 내용·형식 및 제호의 동일성을 유지할 권리를 각각 갖는 것을 말한다. 저작인격권은 저작자 일신(一身)에 전속하며, 원칙적으로 저작자의 저작물을 이용하는 경우 저작인격권의 침해가 될 행위를 해서는 아니 된다. 공동 저작물의 저작인격권은 저작자 전원의 합의에 의하지 아니하고는 이를 행사할 수 없다. '일신 전속(一身專屬)'이라는 말은 법률에서 특정한 자에게만 귀속되며 다른 사람에게는 양도되지 않는 속성을 지칭한다.

음악 산업의 주체별 저작권 보유 체계는 〈표 6-1〉과 같다. 음악 저작자(작사·작곡·편곡자 등), 실연자(가수, 코러스, 연주자, 밴드, 지휘자 등), 음반 제작자(기획사), 방송사업자(지상파, 케이블 채널)가 각각 음악의 저작권과 저작인접권과 관련하여 구체적으로 어떤 권리를 갖는지 서로 비교하면서 살펴볼 수 있다.

저작재산권은 세계적으로 특별 규정이 있는 경우를 제외하고는 저작자가 생존하는 동안과 사망한 후 70년간 존속한다.[3] 공동 저작물의 저작재산권은 맨 마지막으로 사망한 저작자가 사망한 후 70년간 존속한다. 저작재산권의 세목인 복제권은 저작자는 그의 저작물을 복제할 권리를, 공연권은 그의 저작물을 공연할 권리를, 공중송신권은 그의 저작물을 공중 송신할 권리를, 전시권은 저작자가 미술 저작물 등의 원본이나 그 복제물을 전시할 권리를, 배포권은 저작자가 허락을 하여 판매한 경우를 제외하고 저작물의 원본이나 그 복제물을 배포할 권리를 각각 지칭한다.

그 저작물을 인쇄 그 밖에 이와 유사한 방법으로 문서·도화로 발행하고

<표 6-1> 음악 산업의 주체별 저작권 보유 체계

구분		보장되는 저작물에 관한 권리
음악 저작자 (작사·작곡·편곡자 등)	저작권	저작인격권(공표권, 성명표시권, 동일성유지권), 저작재산권(복제권, 공연권, 방송권, 전시권, 출판권을 포함한 배포권, 대여권, 공중송신권, 2차적 저작물 작성권)
실연자 (가수, 코러스, 연주자, 밴드, 지휘자 등)	저작인접권	성명표시권, 동일성유지권, 실연자의 인격권의 일신전속성, 복제권, 배포권, 대여권, 공연권, 방송권, 전송권, 방송사업자·디지털음성송신사업자·공연 사업자로부터 녹음된 상업용 실연음반을 방송, 공연한 경우 보상을 받을 권리
음반 제작자 (기획사)		복제권, 배포권, 대여권, 전송권, 방송사업자·디지털음성송신사업자·공연 사업자가 상업용 음반을 방송, 공연한 경우에는 보상받을 권리
방송사업자 (지상파, 케이블 채널)		복제권, 동시중계방송권, 공연권

자 하는 자에 대하여 '출판권'을 설정할 수 있다. 출판을 할 때는 저작물을 원작 그대로 출판할 권리를 갖고 복제권자는 그 저작물의 복제권을 목적으로 하는 질권이 설정되어 있는 경우에는 그 질권자의 허락을 받아야 출판권을 설정할 수 있다. 대여권은 저작자가 상업적 목적으로 공표된 음반이나 상업적 목적으로 공표된 프로그램을 영리를 목적으로 대여할 권리를, 2차적 저작물 작성권은 저작자가 그의 저작물을 원저작물로 하는 2차적 저작물을 작성해 이용할 권리를 각각 갖는 것을 의미한다.

이러한 저작재산권은 행사가 제한되는 경우가 있다. 재판·수사·입법·행정 목적을 위한 내부 자료로서 사용할 필요가 있는 경우 저작물의 복사가 가능하다. 정치적 연설과 각급 의회에서의 공개 진술 용도로는 누구나 자유롭게 이용할 수 있다. 국가·정부·지자체가 생산해 공표한 공공 저작물은 국가 안전보장 관련 정보가 포함되거나 개인의 사생활 또는 사업상 비밀에 해당하는 경우가 아니면 허락 없이 이용할 수 있다. 공표된 저작물은 고등학교 및 이에 준하는 학교 이하의 학교의 교육 목적상 필요한 교과용 도서와 수업, 입학·검정 시험, 언론기관의 보도·비평, 교육·연구 등을 위한 목적으로는 정당한 범위 안에서 공정한 관행에 합치되게 이를 인용할 수 있다.

저작물의 배포·전파를 통해 저작물의 보호 가치를 높이는 데 기여한 실연자와 음반 제작자, 방송사업자는 창작자와 달리 '저작인접권(著作隣接權, neighboring copyright)'을 갖는다. 저작인접권은 글자대로 저작권에 인접한(이웃하는), 저작권과 유사한 권리라는 의미다. 현행 저작권법에서 저작인접권을 갖는 주체는 실연자(가수, 코러스, 연주가, 국악인, 소리꾼, 지휘자 등), 음반 사업자, 방송사업자에 국한된다. 실연자가 음반(음원) 녹음 과정에서 저작자에게 자신의 숙련된 경험을 토대로 음원을 더 빛나게 할 창의적 의견을 제시하고 저작자가 이를 수용해 녹음하는 경우가 많아, 이 경우 음원의 권리가 저작권자만의 몫인지 논란의 여지가 있다.[4]

먼저, 실연자가 갖는 저작인접권은 성명표시권, 동일성유지권, 실연자의 인격권의 일신전속성, 복제권, 배포권, 대여권, 공연권, 방송권, 전송권이다.[5] 아울러 방송사업자와 디지털음성송신사업자는 녹음된 상업용 음반을 사용하여 방송하는 경우, 공연 사업자는 상업용 실연 음반을 사용하여 공연하는 경우 각각 실연자의 권리 대행 단체와 협의하여 규정을 마련해 상당한 보상금을 실연자에게 보상해야 한다. 공동 실연자의 경우 이들이 선출한 대표자가 그 권리를 행사한다.

음반 제작자가 갖는 저작인접권은 복제권, 배포권, 대여권, 전송권이다. 이와 함께 방송사업자와 디지털음성송신사업자, 공연 사업자가 상업용 음반을 사용해 방송 및 공연한 경우에는 상당한 보상금을 그 음반 제작자에게 지급해야 한다. 방송사업자가 갖는 저작인접권은 복제권, 동시중계방송권, 공연권이다. 이 가운데 '공연권'은 공중의 접근이 가능한 장소에서 방송의 시청과 관련하여 입장료를 받는 경우에 그 방송을 공연할 권리를 갖는 것을 말한다.

저작인접권(실연자의 인격권은 제외)은 실연의 경우에는 그 실연을 한 때(단, 실연을 한 때부터 50년 이내에 실연이 고정된 음반이 발행된 경우에는 음반을 발행한 때로 한정), 음반의 경우에는 그 음반을 발행한 때(단, 음을 음반에 맨 처음 고정한 때의 다음 해부터 기산하여 50년이 경과한 때까지 음반을 발행하지 아니한 경우에는 음을 음반에 맨 처음 고정한 때), 방송의 경우에는 그 방송을 한 때에는 다음 해부터 기산하여 70년(단, 방송의 경우에는 50년)간 존속한다.

저작권의 등록은 저작권법에 의거 설립된 문화체육관광부 산하 '한국저작권위원회'(www.copyright.or.kr)를 통해 인증을 받아 저작권등록부에 등재함으로써 완성된다. 한국저작권위원회는 저작권에 한 사항을 심의하고 저작권에 관한 분쟁을 알선·조정하며, 저작권의 보호 및 공정한 이용에 필요한 사업을 수행한다. 본원은 경남 진주에, 분원은 서울시 후암동의 서울역 건너편 DB손해보험 빌딩에 있다.

한국저작권위원회에 저작물을 등록할 때는 저작자의 실명·이명(異名)(공표 당시에 이명을 사용한 경우에 국한)·국적·주소, 저작물의 제호·종류·창작 연월일, 공표 여부, 맨 처음 공표된 국가, 공표 연월일 등을 기재한다. 저작자가 사망한 경우 그의 유언으로 지정한 자 또는 상속인이 등록을 할 수 있다. 창작 연월일 또는 맨 처음의 공표 연월일이 등록된 저작물은 등록된 연월일에 창작 또는 맨 처음 공표된 것으로 추정한다. 다만 저작물을 창작한 때부터 1년이 경과한 후에 창작 연월일을 등록한 경우에는 등록된 연월일에 창작된 것으로 추정하지 아니한다.

저작권은 굳이 등록하지 않더라도 권리가 인정되는 '무방식주의(無方式主義)'[6]를 채택하고 있기 때문에 등록 심사가 형식적으로 이루어진 측면이 있다. 2020년 1월에 개정되어 같은 해 7월 시행된 현행 저작권법은 보호받지 못하는 저작물은 권한이 없는 자가 등록 신청을 하는 경우 등록을 반려할 수 있게 했다. 아울러 사후에라도 잘못된 등록된 것으로 확인될 경우 직권으로 등록을 말소할 수 있도록 함으로써 권리관계를 명확하게 하여 진정한 저작권자의 권리를 보호할 수 있게 했다.

아울러 직권조정 결정을 도입하여 저작권 분쟁의 신속하고 효율적 해결이 가능하도록 했다. 이전의 법체계의 분쟁조정제도 아래에서는 당사자 일방이 동의하지 않으면 조정이 성립되지 않아 소송이 유일한 분쟁해결 방안이었다. 이에 따라 경미한 저작권 침해에 대해서도 형사 고소와 합의금 종용이 남발되는 폐해가 있었다. '직권조정'은 분쟁 조정의 예정 가액이 1천만 원 미만인 경우나 어느 한쪽 당사자가 합리적인 이유 없이 한국저작권위원회의 조정부가 제시한 조정안을 거부하는 경우 조정부 직권으로 조정을 성립시킬 수 있게 하는 제도다.

한국저작권위원회와 별도 기구인 '한국저작권보호원'(https://www.kcopa.or.kr)은 저작권법에 따라 저작권 보호를 위한 시책 수립 지원 및 집행과 저작권 보호와 관련한 사항을 심의하고 저작권 보호에 필요한 사업을 수행하여 문화 및 문화 관련 사업의 향상 발전에 이바지함을 목적으로 설립되었다. 서울 마포구 상암DMC에 소재한다. 음악, 방송, 웹툰 등의 장르를 대상으로 온라인상 불법 복제물 유통 경로 모니터링을 하고 불법 복제물이 발견되면 스크린 캡처 이미지 수집 등을 토대로 종합상황실에 침해 사실을 알리고 증거 자료로 확보하여 사후 조치를 취할 수 있도록 지원하고 있다.

2. 수익배분 구조와 분쟁처리 절차

음악 산업의 플레이들 간의 수익 분배를 둘러싼 논쟁은 창작자의 몫이 적다는 점에서 그간 음원전송사용료가 핵심 이슈 가운데 하나였다. 문화

<표 6-2> 음원전송사용료 징수 규정의 주요 내용

수익 배분	스트리밍 상품	60%(창작자) : 40%(사업자) → 65% : 35%로 조정			
	다운로드 상품	70%(창작자) : 30%(사업자)를 그대로 유지			
		1곡	30곡 상품	50곡 상품	65곡 상품
상품 할인율 조정 후 폐지	2018년	490원 (0%)	245원 (50%)	200.39원 (59.1%)	171.5원 (65%)
	2019년	490원 (0%)	294원 (40%)	240.46원 (50.9%)	205.8원 (58%)
	2020년	490원 (0%)	392원 (20%)	320.62원 (34.6%)	274.4원 (44%)
	2021년	490원 (0%)	490원 (0%)	490원 (0%)	490원 (0%)
	예외 조항	2019년 1월 1일 이전 자동 결제 가입자는 종전 규정 계속 적용			

자료: 문화체육관광부.

체육관광부는 2018년 6월 20일, 한국음악저작권협회, 함께하는음악저작인협회, 한국음악실연자연합회, 한국음반산업협회란 4개 음원 신탁 관리 단체의 음원전송사용료 징수 규정 개정안을 창작자의 권리가 확대되는 방향으로 최종 승인[7]해 2019년 1월 1일부터 시행했다. 문화체육관광부가 승인한 징수 규정에 의해 마련된 산정 방식과 규모에 따라 음악 서비스 업체가 음원 유통사와 저작권자에게 지불하는 '음원 저작권 사용료'가 정해진 것이다. 이는 저작자의 권리와 이에 인접한 권리를 보호하기 위해 마련된 '저작권법'과 '음악산업진흥에 관한 법률'의 취지를 살리기 위한 정책이었다.

음원전송사용료는 스트리밍 또는 다운로딩 방식으로 음악을 재생할 때 권리자(작곡·작사가, 실연자, 음반 제작자)가 받는 저작권료를 의미한다. 바뀐 규정에 따르면 수익배분 비율은 스트리밍 60%(창작자) : 40%(사업자)에서 65%(창작자) : 35%(사업자)로 창작자 몫을 5%포인트 확대했다. 다운로드 상품의 경우

〈표 6-3〉 스트리밍 음원 상품 수익의 세부적인 분배 관행

창작자			사업자	
기획·제작사	48.25%	65%	35%	음원 유통, 판매 대행 등
작사·작곡·편곡자	10.50%			
실연자(가수·연주자 등)	6.25%			

2015년에 창작자의 몫을 10%포인트 상향 조정한 바 있어 기존의 70%(창작자) : 30%(사업자)를 유지했다. 따라서 음원 매출의 거의 대부분을 차지하는 스트리밍의 경우 업계 분배 관행을 반영하면 일반적으로 큰 틀에서 창작자 몫인 65%는 다시 '기획사'(레이블, 제작사 등) 48.25%, 작사·작곡·편곡자 그룹인 '저작권자'(한국음악저작권협회 등이 권리 대행) 10.5%, 가수·연주가 등 실연자 그룹인 '저작인접권자'(한국음악실연자협회 등이 권리 대행) 6.25%로 각각 재분배되고, 사업자 몫 35%는 멜론과 같은 '음악 플랫폼'(유통) 사업자가 판매 대행금 조로 모두 가져간다.

저작권자 외 저작인접권자는 권리 신탁 단체를 활용할 경우 자신들의 몫에서 10% 안팎으로 책정된 별도의 수수료(신탁 권리 대행 수수료)를 선납해야 한다. 다운로드 상품의 분배 구조는 보다 복잡하다. 상세한 분배 내용은 음원 유통 층위의 복잡성 정도에 따라 다양한 셈법이 존재하고 상황이나 경우의 수에 따라 가변적 요소가 적지 않은 '음원전송사용료 징수 규정'에 따른다. 이 징수 규정은 문화체육관광부 자문 기구로 출범한 '음악산업발전위원회'에서 논의한다.

문화부가 새로 마련한 규정에서는 음원전송사용료 징수 규정에 아울러 매출액 대비 요율제를 도입해 묶음 다운로드 상품 곡당 단가 정산 방식에서 곡당 단가 또는 매출액 기준 가운데 높은 저작권료 수준으로 정산하는 방식으로 바꾸기로 했다. 묶음 다운로드 상품 등의 할인율이 최대 65%에 이른다는 지적에 따라 3년 후인 2021년부터 할인 제도를 전면 폐지하기로

했다.

묶음/앨범/기간제 다운로드 상품의 수익배분 방식은 기존 곡당 단가 정산 방식에서 곡당 단가 또는 요율 정산 중 더 큰 금액의 정산 방식으로 조정했다. 묶음/앨범 다운로드 상품의 할인율은 2018년 65%에서 2019년은 58%, 2020년은 44%, 2021년은 0%로 단계적으로 폐지하기로 했다. 기간제 다운로드 상품의 할인율은 2018년 38%에서 2021년 0%로 완전 폐지했다. 결합 상품의 할인율도 2018년 50%에서 2021년 0%로 완전 폐지했다. 다만 2019년 1월 1일 이전 자동 결제 가입자의 경우 종전의 규정을 계속 적용받는다.

그간 창작자 단체는 스트리밍 상품에 대한 낮은 분배비율 개선, 미판매 수입액(소위 '낙전') 문제 해소, 묶음 다운로드 상품 등에 대한 과도한 저작권료 할인율 개선 필요성 등을 줄기차게 지적해 왔다. 징수규정 개정으로 권리자가 정당한 보상을 받을 수 있는 창작 환경을 어느 정도 조성할 수 있게 되었다. 할인율 단계적 폐지, 기존 가입자에 대한 비소급 등 안전 장치를 통해 소비자 부담은 최소화할 수 있을 것으로 기대되었지만 이후 음원업체들이 음원상품 가격을 평균 30%정도 일제히 올려 창작자 몫을 5%포인트 늘려 주는 대신 그 비용을 소비자에게 모두 전가시켰다는 평가를 받고 있다.

이후 2019년 9월 우리나라 최대 규모의 음원 서비스 사업자였던 '멜론'이 유령회사를 만들어 저작권료를 가로챈 범죄를 저질러 검찰 수사 끝에 기소됨에 따라 음악 산업계의 신뢰가 크게 저하되는 일이 있었다.[8] 이 사건은 음악 서비스 사업자가 권리자에게 매출액, 가입자 수 정보를 제공하지 않거나 허위로 제공해 저작권료를 빼낸 사례라는 점에서 분배율 조정 이전에 그것의 근거가 되는 데이터에 대한 불신을 키웠다. 당시 검찰 조사결과에 따르면 이 회사는 2009년 가상 음반사를 클래식 곡의 권리자로 등록한 뒤 허위로 이용 기록을 작성해 실제 권리자에게 줘야 할 금액(41억 원)을 가상 음반사에 정산했다.

이 회사는 이어 2010~2013년에는 음악감상 상품을 결제한 후 음악을 이용하지 않은 사용자로부터 발생한 매출액(142억 원)을 뺀 채 저작권료를 정산했는데, 권리자에게 아직 정산하지 않은 사실을 알리지 않거나 정산해 주는 것처럼 속인 것으로 드러났다. 멜론은 2004년 SK텔레콤의 사내 서비스로 시작해 2009년 SK의 자회사인 로엔엔터테인먼트로 운영하다가 2014년 홍콩 사모펀드에 매각되었다. 이후 2016년 다음카카오가 인수해 운영을 시작하면서 '이엔컴퍼니'라는 이름을 잠시 거쳤다가 지배 구조를 재정비하면서 2018년 9월 1일 '카카오엠'으로 사명을 변경했다.

이에 따라 문화부는 2019년 10월 15일 권리자, 서비스 사업자, 공익위원 등 14명으로 구성되어 2016년 4월 문화부 자문 기구로 출범한 '음악산업발전위원회' 주최로 열린 '음악 저작권료 정산 투명성 제고 토론회'에서 음악업계와 함께 음악 저작권료 정산 투명성 제고 방안을 발표했다. 음악업계는 지속 가능하고 투명한 음악 생태계 조성을 목표로 정산 정보의 정확성과 신뢰성을 높이기로 했다.

유통사들은 구체적으로 저작권료를 정산할 때 저작권료 산정 근거뿐만 아니라 검증을 위한 자료까지 제공하도록 정산 정보의 제공 범위를 확대하기로 했다. 특정 음악감상 상품에 대해 매출액 대비 요율제 정산을 할 경우 상품 매출액 정보만을 제공했던 기존 방식에서 벗어나 매출액을 검증하기 위한 가입자 수, 상품 대행사 거래 내역 등을 추가로 제공해야 한다. 이러한 정산 정보의 제공 범위에 관한 사항을 음악 권리자와 서비스 사업자 간에 체결할 이용 계약에 반영해 개정하기로 했다.

벅스뮤직, 플로, 지니뮤직, 카카오 멜론, 네이버 바이브 등 음원 유통사들은 2019년 7월 저작권료 정산에 대한 특별 감사와 신뢰회복 조치의 협

<표 6-4> 음악 산업 투명화를 위한 유통사 행동 강령에서 제시된 근절 대상 불법행위

- 음악이 사용된 원천 기록의 조작 및 숨김
- 음악을 사용하는 사용자 정보의 조작 및 숨김
- 음악을 생산 또는 관리하는 권리자 정보의 조작 및 숨김
- 사람 또는 사람이 아닌 수단에 의해 실제 청취를 위한 것이 아닌 목적으로 디지털 음악 사용 기록을 발생시키는 모든 행위
- 정상적인 판매용이 아닌 '가짜 음원'을 등록하는 행위
- 남의 음반을 무단으로 변형하여 등록하는 행위
- 갑의 지위를 이용하여 을에게 불공정한 조건을 강요하는 행위
- 위 모든 행위를 초월하여 발생할 수 있는 모든 불법적 편취 행위

<그림 6-1> 한국음악실연자연합회 홈페이지의 '마이뮤직서비스'

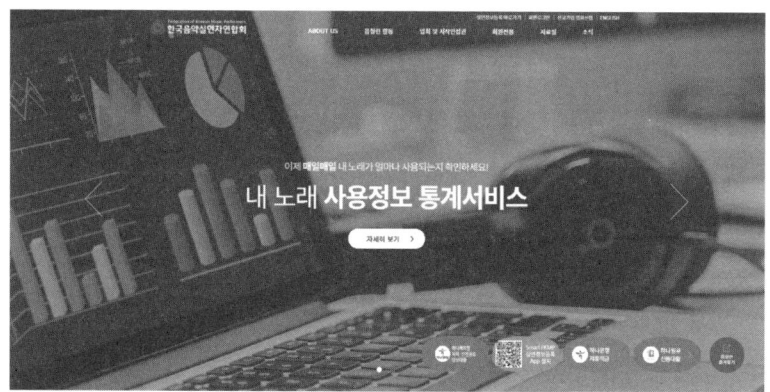

조를 확약했다. 이들은 음악이 사용된 원천 기록의 조작·숨김 등 <표 6-4>와 같은 행위를 불법행위, 부정행위, 시장교란 행위로 간주하고 근절을 다짐했다. 이에 앞서 음악 산업에서 정직하고 투명한 거래의 정착을 위해 디지털 음악 산업이 가진 불완전성을 보완하는 등의 노력을 하기로 했다.

저작인접권자 등의 권리를 대행하고 있는 단체인 한국음악실연자연합회는 2019년 9월부터 개별 저작권자 차원에서도 저작물 이용 횟수 등을 상시 조회할 수 있도록 정보 공개를 확대해 정산과 분배 결과를 상시 검증

할 수 있도록 했다. 이때 도입된 '마이뮤직서비스'는 창작자와 같은 저작권자가 각 음악 서비스 플랫폼(멜론, 벅스, 플로, 지니, 소리바다, 엠넷 6개사)에 대하여 각각 특정 기간 자기 곡의 이용 횟수, 곡별 순위를 상시 확인할 수 있도록 통계를 제공하는 서비스다. 이용 행위를 한 뒤 3일 후면 집계에 포함된다.

문화체육관광부는 한국저작권위원회를 통해 2016년부터 주요 음악 서비스 사업자(7개)로부터 매일 음악 사용 기록을 수집해 정책 수립에 활용하고 있다. 저작권신탁단체들은 이 자료를 매월 저작권료 정산을 할 때 정산 검증 자료로 활용하고 있다. 방송과 공연 분야로 음악 사용 기록 수집을 확대해 음악 분야 전반을 아우를 수 있는 통합전산망도 구축할 예정이다. 저작권신탁관리단체에 소속되지 않은 권리자를 위해서도 정산 정보 제공 범위, 부당행위 발생 시 손해배상에 대한 사항을 규율하는 표준계약서를 마련해 보급할 계획이다.

음악 비즈니스 분야에서 저작권 분쟁이 발생하면 일단 이해 당사자 간 해결이 우선이다. 음악 산업에서 산업 전체에 효력을 미치는 사안의 경우 '음악산업발전위원회'를 통해서도 중재·조정할 수 있다. 음악 분야에서 발생하는 저작권 분쟁은 다른 문화 콘텐츠의 사례와 마찬가지로 '한국저

〈그림 6-2〉 저작권 분쟁조정 절차

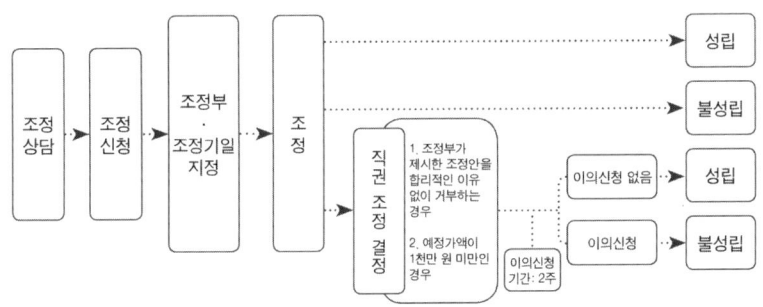

자료: 한국저작권위원회 홈페이지.

작권위원회'가 저작권법에 따라 관장하는 '조정제도'를 활용할 수 있다. 한국저작권위원회의 조정제도란 〈그림 6-2〉와 같이 당사자가 저작권 분쟁 조정을 신청하면 전문가들(1~3인)로 구성된 조정부가 분쟁 당사자의 합의를 유도함으로써 분쟁에서 신속하게 벗어날 수 있도록 지원하는 제도다. 신청금은 건당 1만~10만 원으로 신청일로부터 3개월 이내 결정되어 재판상 화해(확정 판결)와 같은 효력을 발생시킨다. 국제적인 저작권 분쟁의 경우 세계지식재산기구(WIPO)의 조정제도를 이용해야 한다.

2부 뮤직 비즈니스의 실제

7장 뮤직 비즈니스의 개요
8장 아티스트의 개발과 육성
9장 뮤직 프로듀싱과 퍼블리싱
10장 콘서트 기획과 제작
11장 뮤직 비즈니스 경영과 창업 · 취업
12장 뮤직 비즈니스 성공사례 분석

7

뮤직 비즈니스의 개요

1. 뮤직 비즈니스의 개념과 생태계

뮤직 비즈니스(music business)는 음악을 매개로 다양한 가치를 창출하는 모든 활동이다.[1] 즉, 음악을 매개로 하는 사업이다. 가수와 아티스트가 참여해서 음악을 창작해 음원 또는 앨범을 만들어 이용자들에게 판매하거나 관객을 상대로 실연(공연)하는 일련의 과정으로 기획·제작, 유통, 판매, 서비스 등 모든 과정을 지칭한다. 뮤직 비즈니스는 토머스 에디슨이 소리의 녹음과 복제가 가능한 축음기(전축)를 발명(1877)하여 음악을 음반에 취입함으로써 복제를 통해 감상하는 것이 가능해지면서 활성화하기 시작했다. 라디오와 TV는 음악에 대한 욕구를 폭발적으로 증가시켰고 카세트리코더는 그것의 보편적 향유 시대를 이끌었다.

뮤직 비즈니스의 분야는 작사·작곡, 프로듀싱, 음악 안무와 스타일링,

〈표 7-1〉 뮤직 비즈니스를 구성하는 10대 요소

• 밴드·가수(아티스트)	• 매니저(아티스트 관리자)
• 아티스트·음악 담당 부서	• 기획
• 스튜디오	• 생산·패키징·판매
• 판촉(마케팅)	• 언론 홍보
• 순회공연	• DJ와 언론인들

자료: Longhurst(1995).

뮤지션 매니지먼트, 공연 기획·제작, 뮤직 퍼블리싱(music publishing), 라이선싱(licensing), 마케팅, 음원 유통과 음악 서비스까지 망라된다. 영국의 문화 연구가 브라이언 롱허스트(Brian Longhurst, 1995)[2]는 뮤직 비즈니스를 구성하는 10대 요소로 밴드(가수), 매니저, 아티스트·음악 담당 부서, 기획(publishing), 스튜디오(producing & recording), 생산·패키징·판매, 판촉, 언론 홍보(PR), 순회공연(touring), DJ와 언론인들을 제시했다. 롱허스트의 경우, 디지털 시대에 수행한 연구가 아니라서 현재에 적용한다면 SNS를 기반으로 한 소셜 팬덤 등의 이용자 그룹이 추가되어야 한다.

음악 기업에 국한해 접근할 경우 북미·유럽을 비롯한 글로벌 음악시장은 BMG뮤직그룹(Bertelsmann Music Group), 소니뮤직엔터테인먼트(Sony Music Entertainment), 워너미디어(Warner Media), EMI(Electric & Musical Industries), 비벤디유니버설뮤직그룹(Vivendi Universal Music Group)이라는 '빅 5(Big Five)'가 다양한 사업을 영위하며 음악 시장의 80% 이상을 차지하고 있다.[3] 우리나라 음악 시장은 CJ ENM, 카카오엠(옛 '로엔엔터테인먼트'), 빅히트엔터테인먼트, SM엔터테인먼트, YG엔터테인먼트, JYP엔터테인먼트라는 '빅 6'가 이끌어 가고 있다.

이렇게 비즈니스를 통해 부가가치가 생성되는 과정을 '가치사슬(value chain)'이라 한다. 예술적인 음악 활동과 달리 '뮤직 비즈니스'라 칭하는 이유는 음악을 매개로 한 모든 작업과 행위를 예술보다 사업의 관점에서 돈(수익)과 가치 창출이라는 언어로 정의·해석하기 때문이다. '비즈니스'는 사전적으로 '어떤 일을 일정한 목적과 계획을 가지고 짜임새 있게 지속적으로 경영함'이라는 뜻을 지녔기에 언제나 그 주체는 일련의 계획과 목표를 갖고 일을 진행한다. 협업(cooperation), 컬래버래이션, 융통성(flexibility), 조화(harmony)의 역학이 작동되기도 한다.

음악 비즈니스의 주체는 자격 요건이 따로 규정된 것이 아니기에 뮤지션에 속하는 아티스트들은 물론 일반인도 될 수 있고, 음악 전공자는 물론 비전공자도 될 수 있다. 사업은 법인이나 개인 사업자의 형태로 참여할 수 있고, 개별적으로 프리랜서의 지위로도 참여할 수도 있다. 구상한 음악사업 분야가 상당히 유망할 경우 상법에 따라 법인을 설립해 사업을 영위하는 것이 유리하다. 음악 분야에서 지극히 특화된 소규모 사업이나 전문적인 분야는 개인 사업자 방식이 나을 수 있다.

먼저 법인을 설립해 창업을 한 경우 매출이 증가할수록 절세(絶稅, tax shield)에 유리하다. 경영을 잘한 뒤 훗날 상장을 추진할 경우 주주들은 주가가치 상승으로 인한 막대한 차익을 기대할 수 있다. 법인 창업은 개인 사업자보다 사업에 실패할 경우 떠안는 책임도 상대적으로 제한된다. 그러나 의결 절차가 복잡해 사업 확장을 위한 의사 결정이 상대적으로 더디고 회사 이윤을 대표자가 전용하는 것이 불가능하다.[4] 회계 투명성, 결산 보고 등 지켜야 할 규정도 매우 많다. 노래, 음원 등의 엔터테인먼트 콘텐츠와 이를 실연하는 스타 뮤지션은 이용자들의 인정을 받기 시작하면 어느덧 정상 쾌도에 올라 그 인기와 가치가 하늘을 찌르듯 높아질 수 있다. 이런 현상은 해당 기업이 창출한 현재의 성과는 물론 지속 가능성을 가늠하는 미래 가치로 연결된다.

법인을 설립해 엔터테인먼트 사업을 하는 사람들의 경우 대체로 상장 실현을 위해 경영에서 다채로운 수단을 가동해 그 조건을 충족하고 상장 이후에도 각고의 노력을 하여 '주식 부호'의 지위에 오르는 꿈을 꾼다. 무명 가수나 매니지먼트 현장의 로드 매니저의 먼 꿈도 대부분 여기에 닿아 있다. 개인 사업자 방식은 대표자의 입장에서 발생한 수익을 독식할 수 있다. 결산보고의 의무가 없고 폐업이 자유로운 점은 이점이나 사업 실패 시 손실과 부채의 책임을 온전히 개인이 떠안아야 한다.

마이클 포터(M. Porter)가 정립한 가치사슬 관점에서 보면 뮤직 비즈니스는 음악·음원·뮤지션이 창출한 부가가치에 직접 또는 간접적으로 기여하는 모든 활동·기능·프로세스가 연계된 것을 의미한다. 음악 상품과 서비스의 생산·운송·마케팅·판매·물류·A/S 등과 같은 현장업무 활동은 '주활동(primary activities)'이며, 음악 상품과 서비스를 창출하는 데 도움을 주는 조직의 구매·기술 개발·인사·재무·기획 등 현장 활동을 지원하는 제반 업무는 '지원 활동(support activities)'이라 할 수 있다.

우리나라 문화체육관광부는 '음악 산업'을 음악 제작업, 음악 및 오디오물 출판업, 일반 복제 및 배급업, 음반 도·소매업, 온라인 음악 유통업, 음악 공연업, 노래연습장 운영업으로 분류하고 있기 때문에, 이에 해당하는 세부 업종의 사업을 모두 뮤직 비즈니스(생태계)라 규정할 수 있다. 보다 세부적으로 '음악 제작업'은 음악 기획 및 제작업과 음반(음원) 녹음시설 운영업이 있고, '음악 및 오디오물 출판업'은 음악 오디오물 출판, 기타 오디오물 제작업이 있다.

'일반 복제 및 배급업'은 음반 복제업과 음반 배급업으로, '음반 도·소매업'은 음반 도매업과 음반 소매업으로 각각 나누어진다. '온라인 음악 유통업'은 인터넷·모바일 음악 서비스업, 음원 대리 중개업, 인터넷·모바일 음악 콘텐츠 제작 및 제공업(CP)으로, '음악 공연업'은 음악공연 기획 및 제작업과 기타 음악공연 서비스업으로 각각 구분된다, '노래연습장 운영업'은 기존에 있었던 주된 영업 행태인 일반 노래방과 최근 몇 년 사이 새롭게 많이 생겨난 코인 노래방 사업이 있다.

〈표 7-2〉 음악 사업의 분류

문화체육관광부의 분류			임성준(2013)의 분류
음악 사업	음악 제작업	• 음악 기획 및 제작업 (작사·작곡, 프로듀싱, 안무 등) • 음반(음원) 녹음시설 운영업	• 탤런트 비즈니스 가수, 작곡자, 작사가, 안무가, 연주자 등 • 프로덕션 비즈니스 - 음원 기획·제작사 • 전통적 유통 채널 비즈니스 음반사, 방송사 • 온라인 유통 채널 비즈니스 음원 유통사(멜론, 아이튠즈, 판도라 등) • SNS 플랫폼 비즈니스 - 유튜브, 네이버, 페이스북 등
	음악 및 오디오물 출판업	• 음악 오디오물 출판 • 기타 오디오물 제작업	
	일반 복제 및 배급업	• 음반 복제업 • 음반 배급업	
	음반 도·소매업	• 음반 도매업 • 음반 소매업	
	온라인 음악 유통업	• 인터넷·모바일 음악 서비스업 • 음원 대리 중개업 • 인터넷·모바일 음악 콘텐츠 제작 및 제공업 (CP)	
	음악 공연업	• 음악공연 기획 및 제작업 • 기타 음악공연 서비스업	
	노래연습장 운영업	• 노래연습장 운영업(일반 노래방, 코인 노래방)	

    경영학자 임성준(2013)[5]은 케이팝의 경쟁력을 분석하면서 음악 산업의 하위 섹터를 일별했다. 우리나라 음악 사업을 '탤런트 비즈니스'(가수, 작곡자, 작사가, 안무가, 연주자 등), '프로덕션 비즈니스'(음원 기획·제작사), '전통적 유통 채널 비즈니스'(음반사·방송사), '온라인 유통 채널 비즈니스'(음원 유통사: 멜론, 아이튠즈, 판도라 등), 'SNS 플랫폼 비즈니스'(유튜브, 네이버, 페이스북 등)로 구분한 것이다.

    뮤직 비즈니스를 영위하는 개인이나 기업은 업종 제한이 없기 때문에 이런 다양한 분야 가운데 여러 분야의 사업을 겸업(兼業)하는 경우가 많다. 한 사업자가 음악 분야의 제작과 매니지먼트를 동시에 사업으로 영위할 수 있는 것이다. 엔터테인먼트 사업에서 미국은 제작업과 매니지먼트업에 대해 상호 지분투자는 10%까지 가능하지만, 상호 겸업은 아티스트의 출연기회 봉쇄 등을 이유로 법으로 금지되어 있다. 음원 기획사로 출발하여 현재 종합 매니지먼트 기업으로 성장한 SM엔터테인먼트, YG엔터테인먼트, JYP엔터테인먼트, FNC엔터테인먼트는 음원 기획·제작업과 뮤지션 매니지먼트 사업을 겸업하고 있다.

구체적으로 SM엔터테인먼트가 음악 부분의 사업을 얼마다 다양하게 펼치고 있는지 살펴보자. SM엔터테인먼트는 2020년 8월 기준 SM C&C를 포함해 총 36개의 계열회사(국내 18개, 해외 18개, 상장사 5개, 비상장사 31개)를 거느리고 있는데, 지속 가능성을 목표로 수익 다각화에 초점을 두어 앞에서 언급한 음악 제작업, 음악 및 오디오물 출판업, 일반 복제 및 배급업, 음반 도·소매업, 온라인 음악 유통업, 음악 공연업, 노래연습장 운영업을 모두 영위하고 있다. 음반 기획 및 제작·배급·유통, 라이선싱, 퍼블리싱, 가수 매니지먼트와 에이전시(agency), 스타 마케팅, 인터넷과 모바일 콘텐츠 사업, 아카데미·교육 사업 등을 영위하고 있는 것이다.

계열사의 음악 부분 사업만 살펴보면 SM C&C는 영상 콘텐츠 제작과 매니지먼트를, 키이스트는 음원 콘텐츠 제작과 라이선싱 사업을 포함하고 있다. 드림메이커엔터테인먼트는 국내외 공연 사업을 전담하고, 밀리언마켓은 음반 기획·제작, 작사·작곡·프로듀싱을 전문으로 사업을 한다. 디어유와 에브리씽재팬은 모바일 어플리케이션 개발 및 운영 회사이다. DA뮤직은 음반 회사이며, DA뮤직퍼블리싱은 저작권 개발 및 관리 회사이다. 에스엠라이프디자인그룹은 도서 발행, 인쇄 전문 회사이다.

SM엔터테인먼트는 2006년 12월 영상 노래 반주기를 만드는 에스엠브라보의 주식 49%를 인수해 노래방 사업에도 진출했다. 에스엠브라보는 이후 사명을 'SM어뮤즈먼트'로 바꾸고 2008년 9월 서울 로데오 거리에 노래방, 오디션룸, 미니 쇼케이스룸, 신인 연습공간, 파티 행사공간, 캐주얼

카페 등을 갖춘 복합 문화공간 'EverySing'을 오픈했으나 수익 면에서 흑자를 거두지는 못했다.

뮤직 비즈니스를 수익 모델 유형별로 살펴볼 경우, 방송 모델, 앨범 구매 모델, 곡당·앨범당 과금 지불 모델 외에도 최근 사업 확장 가능성이 짙은 분야는 디지털 음원 구독, 인공지능(AI)과 로봇 기술을 활용한 음악 사업, 비접촉(contactless) 공연 사업, 인건비 절감형 간편 음악사업 분야이다.

첫째, 디지털 음원 구독 모델은 디지털 기술을 활용해 LP·SP·CD·카세트테이프 등 실물 음반이 아닌 휴대폰과 같은 휴대 전자기기를 통해 음원 파일을 다운로드받아 감상하도록 하는 모델이다. 전문적이고 다채로운 선곡 서비스와 가격 경쟁력 등을 갖춰야 성공할 수 있다.

둘째, AI와 로봇을 활용한 음악 사업은 가상현실(VR)과 특수 효과의 가미는 물론 오디오 신호 분석, 사물·데이터를 군집화 및 분류하는 데 사용하는 딥 러닝(deep learning) 인공지능 기술을 결합해 음원에서 보컬, 반주 등을 분리하는 기술을 적용한 모델이다. 일례로 자회사 SM어뮤즈먼트에 VR과 특수효과 기술을 갖추고 있는 SM엔터테인먼트는 음원분리 기술을 보유한 SK텔레콤과 함께 공동 사업에 착수했다. 실제 노래 영상에서 가수의 보이스만 제거하고 이용자 자신의 목소리를 넣어 주도성, 흥미 요소를 높이는 콘텐츠를 제작해 보급하는 것이다.

셋째, 비접촉 사업은 얼굴을 맞대는 직접적인 접촉을 하지 않고 온라인으로 유료 콘서트나 퍼포먼스를 진행하는 모델이다. 방역 상황에 적합하고 대관료를 절감하는 한편 번잡한 마케팅과 안전 관리의 수고를 줄일 수 있다. 이미 BTS의 '방방콘 라이브'와 슈퍼엠의 '비욘드 라이브'가 히트하면서 상용화 가능성을 엿보였다.

넷째, 간편형 음악 사업은 음악을 여흥·놀이 기능을 덧붙인 기계와 결합하여 운용하는 모델이다. 인공지능 기술이 가미되면 이용자들은 더욱 흥미로우면서도 편리함을 느낄 수 있다. '코인 노래방'이 대표적 사례인데 지금보다 인공지능 기능이 많이 들어가야 더욱 활성화할 수 있을 것이다. 사업자 입장에서는 오락성과 비용에 민감한 청소년과 청년층의 감성을 공략하여 이용을 유인함으로써 인건비를 줄이면서 수익을 꾀할 수 있는 장점이 있다.

2. 뮤직 비즈니스의 기획과 실행

한국의 뮤직 비즈니스는 가수를 육성하고 음반을 내는 기획사가 모든 것을 책임지고 아티스트(가수)에게 '원스톱 풀 서비스(one stop full service)'를 제공하는 구조라서 기획사의 힘이 막강하다. 기획사는 모든 투자 위험과 책임 부담을 지는 대신, 사업이 잘되면 수익도 가장 많이 취한다. 따라서 소속사에 속한 가수들은 스타로 뜨기 전까지는 실제 불공정함을 느끼더라도 많은 것을 감내하는 편이다.

반면 미국은 대체적으로 가수를 중심에 두고 그의 비즈니스 일정 및 성장 관리에 필요한 매니저, 음악 기획과 창작을 맡는 프로듀서와 작사·작곡가, 녹음을 담당하는 리코딩 전문가와 레코드사, 계약과 분쟁을 담당하는 법률 전문가, 콘서트 투어를 담당하는 에이전트, 패션과 뷰티 메이크업을 돕는 스타일리스트 등 각 영역의 전문가들이 붙어 도와주는 시스템이다.[6] 회사 내에 음악 사업 가치사슬의 모든 조직을 갖추고 있지 않으며, 모든 것을 책임지지도 않는 분업·협업 체제다.

뮤직 비즈니스는 뮤직 비즈니스 자원의 육성과 관리에서 출발해 비즈니스 협상과 계약, 비즈니스 네트워크 구축과 협업을 통해 꽃을 피운다. 모든 과정은 '기획(planning)'에서 출발하기 때문에 기획의 발상과 추진력은 상품(음원·가수)의 성패를 좌우한다. 먼저 뮤직 비즈니스 자원 탐색은 잠재성 있는 가수(연습생 또는 신인)와 유능한 작사·작곡가와 프로듀서를 발굴하는 것에 초점을 둔다. 음원 기획·제작사는 음원의 기획단계 초기부터 이런 특성을 지닌 인적 자원을 광범위하게 찾으려고 골몰한다. 이 과정이 끝나면 미리 분석한 이용자의 감각과 니즈를 결합시켜 노래를 만들고 아티스트와 노래의 콘셉트를 결정한 뒤 이를 보다 효과적으로 구현할 세부적인 스타일을 설정한다. 그 뒤 반복된 연습을 통해 쇼케이스(showcase)[7]와 다양한 방송 출연, 콘서트 무대를 통해 홍보를 하며 이용자들과의 접점을 확대해 나가면서 이용자들을 충성도가 높은 팬덤으로 흡수한다.

성공한 케이팝의 전형적인 형식은 ① 글로벌 음악시장에 부응하는 트렌드와 감성을 담은 노래, ② 친숙하고 쉽고 단순하며 즐거운 리듬·가사의 적용, ③ 오랜 훈련과 호흡을 통해 완성된 완벽한 군무(群舞), ④ 뛰어난 비주얼(신체 조건)과 흥을 자아내는 발랄한 감각이라는 '4대 요소'의 결합이다. 따라서 음원 기획·제작사들은 이런 요소를 갖춘 작품을 내놓기 위해 동분서주하고 있다. 이들 회사의 스태프들은 학교 앞 길거리 캐스팅이나 무명의 신인들의 오디션을 수시로 진행해 이에 부합하는 얼굴을 찾고 이용자들의 감성을 꿰뚫는 작사·작곡가들을 물색하느라 매일 바쁘다.

예술성과 다양성을 구현하는 '차별화 전략'을 고집하여 이런 전형적인 성공 공식에서 탈피한 작품을 내놓고 싶어도 그럴 수 없는 것이 뮤직 비즈니스의 엄혹한 현실이다. 음원 기획은 막대한 자금 투자가 선행되는 일이라 위험도는 최대한 낮추고, 성공 가능성은 최대한 높여야 하기 때문에 이미 상당 기간 트렌드로 고정되어 안정성이 높은 4대 요소 같은 '전형'을 따를 수밖에 없다. 음악 사업은 '고위험 고수익 비즈니스'여서 함부로 평단의 지적이나 고언처럼 '실험'인 '모험'을 할 수 없다. 통상 실험은 자본에 여유가 있고 자신감이 뚜렷하게 확보되었을 때 감행한다.

음원이 작품으로 탄생하는 일련의 과정은 이런 전략의 채택과 콘셉트의 구체화를 두고 단계마다 고려할 요소들이 많다는 점에서 설계한 집이 준공되는 과정과 흡사하다. 이 작업 과정에 계약 전문가, 투자 유치 전문가, 편곡자, 연주가, 지휘자, 연주 팀(세션), 코러스 팀, 녹음 전문가, 음악·음향 편집 전문가, 엔지니어, 마케터, 콘서트 디자이너, 무대 연출가, 매니저, 방송사 음악 PD, 배급(유통) 전문가, DJ, 뮤직 유튜버, 뮤직 큐레이터, 광고 제작자 등이 각각 가세해 완성도를 높이는 역할을 한다. 각 분야 전문가의 분업이 협업을 이루어 음원과 가수라는 '작품'이 완성된다.

특히 아티스트는 첫 음반을 낼 때부터 프로듀서, 매니저, 마케팅 전문가와 협업하여 매력적인 프로필 제작과 관리에 신경을 써야 한다. 솔로 가수일 경우 자신에 대한 상세한 소개, 그룹일 경우 팀원의 개성을 강조한 소개와 함께 공연 이력과 수상 실적, 활동별 주요 사진을 담은 포트폴리오를 음악 사업 파트너나 팬들이 이해하기 쉽게 만들어 활용해야 한다. 아울러 접근성이 좋은 SNS를 통해 게시하면서 팬을 만들고 그 팬들을 지속적으로 관리하며 그 저변을 확대시켜야 한다.

페이스북은 구독·전달이 일방적인 '팬 페이지'를 통해 신속하게 홍보 아이템을 게시하는 방법으로 효율적인 홍보와 팬덤 관리가 가능하다. 팬들을 만족시키기 위해 주기적으로 쌍방향 소통을 해야 한다는 점도 잊지 말아야 한다. 인스타그램은 이미지 중심형 소구 매체로 사진 몇 장을 게시해도 원하는 이미지를 강력하게 어필할 수 있다. 짧은 동영상도 올릴 수 있다. 블로그는 보다 상세한 정보 제공과 긴밀한 소통이 가능한 매체라서 네이버 등 포털과 연동되어 노출되어 높은 클릭 수를 유발할 수 있기 때문에 소구 방향에 따른 메시지를 전략적으로 전할 수 있다.

비즈니스는 계약 내용에 따라 참여 주체별(각 분야 전문가들)로 각각 정산이 이루어진다. 음원 상품의 정산은 보통 음원을 유통한 지 3개월이 지난 시

〈표 7-3〉 소속 가수의 방송 출연 시 출연료 정산 방식과 내역

구분		정산 방식과 내역
1차 정산	방송사 → 소속사	• 계약한 출연료(계약: 부가세 포함 or 부가세 별도 미리 선택) − 부가세
2차 정산	소속사 → 가수	• 계약서상 수익 배분율(비용 포함 or 미포함)에 따른 배분액 − 비용 − 세금(원천징수) - 비용: 의상, 분장, 미용, 차량 운행, 식사비 등 음원 및 공연 마케팅과 촬영에 소요된 비용 - 세금: 소득액의 3.3%(소득세 3%, 사업소득세에 대한 주민세 0.3%)
3차 정산	가수 자체 정산	• 출연료와 나머지 소득액을 합쳐 매년 5월 종합소득세 신고 후 정산된 세후 소득이 귀속 소득

점부터 시작된다. 카카오엠과 같은 유통사가 판매량을 집계해 음원 계약 권리자에게 이메일로 정산 자료를 보내주고 사업자 등록을 한 기획사나 제작사가 세금 계산서를 발행하여 보내면 유통사가 그것을 받은 후 입금해주는 방식으로 진행한다.[8] 사업자 등록을 하지 않은 개인에게는 정해진 유통 수수료와 원천세 3.3%를 제외하고 지급한다.

가수와 같은 아티스트의 경우 비용 처리와 과세 체계에 따라 정산 내용이 달라진다. 문화체육관광부가 고시한 음원전송사용료 징수 규정에 따라 음악을 창작한 권리자와 유통업자는 스트리밍 음원 상품의 경우 65(창작자) : 35(유통 사업자)로 배분하고, 다운로드 음원 상품은 70(창작자) : 30(유통 사업자)으로 몫을 나누어야 한다. 창작자에 작사·작곡가와 음반 기획·제작사가 포함되어 있다면 양자 간의 계약에 따라 수익을 배분한다(160쪽 배분 관행 참조). 가수와 음반 기획·제작사의 수익배분 관계도 마찬가지다.

가수 등 뮤지션이 방송에 출연한 경우 방송사는 소속사(음원 기획·제작사)에 부가세 등 원천징수 세금을 공제한 출연료를 정산하고, 소속사는 방송사로부터 출연료를 받아 해당 가수의 매니지먼트와 마케팅에 소요된 비용(의상, 분장, 미용, 차량 운행, 식사비, 마케팅비 등)과 소득액의 3.3%에 해당하는 세금(소득세 3%, 사업소득세에 대한 주민세 0.3%)을 공제한 다음 매니지먼트 계약서에 명시된

비율의 몫만큼 가수에게 지급한다. 가수는 자신의 몫으로 받은 출연료와 나머지 소득액을 합쳐 매년 5월 종합소득세 신고를 하여 세금을 낸 후 나머지 소득액을 최종 귀속 소득으로 취할 수 있다. 귀속 소득은 사업자의 경우 '순이익'과 같은 개념이다.

출연료의 경우 출연료 수준 결정과 지급 방식이 규정으로 정해져 있지 않고 업계의 관행에 따라 이루어지고 있다. 소속사의 가수가 영화에 배우로 출연한 경우 선불제 관행에 따라 출연 계약 후 제작(촬영)에 들어가기 직전에 지급한다. 기본 출연료 외에 '러닝 개런티(running guarantee) 계약'을 추가했을 경우 상영 종료 후 관객을 정산해 지급한다. 러닝 개런티는 영화가 흥행하는 성적(관객 수 증가 기준)에 따라 영화배우에게 출연료를 추가로 지급하는 제도나 그 출연료를 말한다.

TV 드라마와 예능의 출연료는 지급 관행이 영화와 크게 달라 주연급 출연자는 선불제(계약금=출연료)로, 조연급 이하는 후불제로 각각 지급한다. 따라서 출연하는 소속 가수가 주연급일 경우 관행적으로 방송사는 출연료를 프로그램 제작 착수 직전에 50%를, 제작한 프로그램을 10% 방영 후 나머지 50%를 소속사에 지급한다. 조연급 이하는 방송 종료 1개월 후에 지급한다. TV 프로그램 출연료는 업계 관행상 ±10% 수준에서 방송사와 아티스트 소속사의 요구 사항을 놓고 협상이 가능하다.

가수가 지상파 방송의 라디오에 출연한 경우 톱스타급 진행자(DJ)는 회당 100만 원이 2021년 기준 최고 대우 수준이며, 게스트로서 출연할 경우에는 방송사 관행상 회당 10만 원 선이다. 그러나 일부 스타들은 물론 신인 가수들은 음원이나 공연 홍보차 무료 출연을 하는 경우가 많다. 광고(CF)는 가수와 광고주(대행사, 에이전시) 협의에 따라 업계에서 통용되는 수준의 개런티로 결정된다. 광고 회사나 소속사는 모두 시장에서 평가받고 있는 소속 가수의 CF 출연료 수준을 인지하고 있기 때문이다. 신인들은 얼굴 알리기 목적에서 무료 출연하는 경우가 많다. 에이전시의 소개비는 계약금 대비 톱스타급은 5~10%, 신인은 최고 30%에 이른다.

음원 기획·제작사와 같은 법인은 과세표준(課稅標準, 과표)에 따라 법인세를 내고, 소속 아티스트는 소속사로부터 수입을 정산받은 후 거주지 관할 세무서에서 종합소득세 신고를 하여 소득세를 납부하게 된다. 과세표준은 소득, 재산, 소비 등을 반영하여 매기는 세금부과 기준으로서 금액, 가격, 수량 등으로 표시하며, 과세표준에 세율을 곱하면 부과 세액이 산출된다. 현행 소득세법과 법인세법에 따르면 개인이 내는 종합소득세(종소세)의 과세표준은 8단계의 소득 구간으로 나누어져 있으며, 회사가 내는 법인세의 과세표준은 4단계로 구분되어 있다. 구체적으로 종합소득세와 법인세의 과세표준은 〈표 7-4〉와 같다.

종합소득세의 과세표준은 기본적으로 [종합소득 금액(총 수입액-필요

〈표 7-4〉 종합소득세와 법인세의 과표(2021년 기준)

구분	과세표준	세율(%)	비고
종합소득세 (개인)	1200만 원 이하	6	72만 원(과세표준액×6%)
	1200만 원 초과~4600만 원 이하	15	72만 원+1200만 원 초과분×15%
	4600만 원 초과~8800만 원 이하	24	582만 원+4600만 원 초과분×15%
	8800만 원 초과~1억 5천만 원 이하	35	1590만 원+8800만 원 초과분×15%
	1억 5천만 원 초과~3억 원 이하	38	3760만 원+1억 5천만 원 초과분×15%
	3억 원 초과~5억 원 이하	40	9460만 원+3억 원 초과분×15%
	5억 원 초과~10억 원 미만	42	1억 7460만 원+5억 원 초과분×15%
	10억 원 초과	45	※ 2020년 12월 신설
법인세 (회사)	2억 원 이하	10	-
	2억 원 초과~2백억 원 이하	20	2천만 원 누진 공제
	2백억 원 초과~3천억 원 이하	22	4억 2천만 원 누진 공제
	3천억 원 초과	25	94억 2천만 원 누진 공제

경비-결손 금액)-소득공제]로 결정된다. 이 과표에 세율을 곱하면 산출 세액이 나오는데 여기에서 세액 공제·감면액을 빼고 가산세와 추가 납부 세액을 더한 합계액에서 기존 납부세액을 빼면 최종 세액이 결정된다. 법인세의 과세표준은 '[소득 금액-(이월결손금+비과세소득+소득공제액)]× 세율로 산정한다. 이 산출 세액에서 세액 공제·감면액을 공제하고 가산세를 더하면 최종 납부할 법인세가 결정된다.

고소득자가 늘면서 납세의 비례성(比例性)을 강화하고 세수(稅收)를 확대하기 위해 국회가 세법을 개정해 2018년부터 종합소득세 5억 원 초과 구간에 적용되는 최고 세율을 기존 40%에서 42%로 2%포인트 상향 조정하고 3억 원 초과 5억 원 이하 과표 구간을 신설해 세율을 기존 38%에서 40%로 2%포인트 인상했다. 2020년 12월 2일에는 최고소득 과표구간 10억 원 초과를 추가로 신설해 45%의 소득세율을 적용했다. 법인세도 2018년부터 과세표준 3천억 원 초과 구간이 신설되어 법인세 최고 세율이 종전 22%에서 25%로 3%포인트 높아졌다.

※ 걸그룹 '카라'의 뮤직 비즈니스 기획·실행 사례 살펴보기 ※

뮤직 비즈니스에 대한 이해를 돕기 위해 'BTS', '트와이스', '블랙핑크'의 계보로 현재까지 이어지고 있는 케이팝 성공 신화에서 한 획을 그은 걸그룹 '카라'의 뮤직 프로젝트 과정을 소개하면 다음과 같다. 당시 '카라'의 소속사 DSP엔터테인먼트에서 카라 프로젝트의 매니지먼트를 담당한 조용화 매니저(경력 16년)에 대한 필자의 인터뷰를 통해 뮤직 비즈니스 전 과정을 살펴본다. 그는 현재 일본에서 소니 계열의 히어로즈엔터테인먼트 매니저로 일하며 보이그룹 '더보이즈'와 걸그룹 '우와'의 매니지먼트를 지원하고 있다.

걸그룹 '카라'는 어떻게 탄생했나요?

인기를 누렸던 걸그룹 '핑클'의 계약 만료를 앞두고 있던 DPS엔터테인먼트는 수익 모델이 곧 소멸하기에 새로운 걸그룹을 육성하려고 준비했죠. 처음엔 연습생 20~30명 가운데 4명을 택해 4인조 팀을 만들었어요. 타고난 보컬 재능과 오랜 연습생 생활로 정말 최고 수준의 빼어난 노래 솜씨를 자랑하던 김성희, 비주얼 이미지가 귀엽지만 매우 착하고 '악바리 근성'이 있었던 한승연, 미국에서 온 친구여서 그런지 자유분방하면서도 귀엽고 4차원적 감성이 있었던 니콜(정용주), 말을 예쁘고 조리 있게 잘해 그룹 대표를 하기에 적합한 박규리로 '카라'를 꾸렸어요.

'카라' 출범 당시 뮤직 비즈니스 전략은 무엇인가요?

당시 국내 전략은 작곡가가 만들어 온 노래가 좋으니 음반과 뮤직비디오를 잘 만들고 방송활동을 잘해 먼저 프로듀서 등 방송사 전문가들에게 인정받자는 것이었습니다. 정말 그렇게 단순하게 설정하고 집중했어요. 해외 전략은 한류 콘텐츠에 대한 선호가 있는 일본 등을 찾아가 공연하면 어느 정도 반응이 있을 것이란 정도로 크게 무게를 두지 않고 설정했습니다.

1집 음반의 콘셉트와 반응은 어땠나요?

당시 서구에서 브리트니 스피어스(Britney Spears)가 선풍적 인기였죠. 그래서 그런 음악풍을 반영해 2007년 「Break It」이 포함된 8곡으로 1집 〈Blooming〉을 내놓았어요. 그러나 성적이 좋지 못했습니다. 참담한 결과를 놓고 원인을 냉정히 분석했죠. 당시 '제2의 핑클'에 대한 팬들의 높은 기대감을 충족시키지 못한 것이죠. 좋은 노래와 멤버들의 스타일이 잘 맞지 않아 '노래 따로 가수 따로'랄까요. 막 데뷔한 JYP엔터테인먼트의 '원더걸스'에 대한 호응과 SM엔터테인먼트에서는 '소녀시대'를 준비 중이라는 소문에 억눌린 측면도 있었죠.

2집부터는 대수술이 필요했을 텐데요?

네, 그래야만 했죠. 2집 〈Revolution〉(2009)을 내기 전에 그룹을 혁신했습니다. 메인보컬 성희의 탈퇴를 계기로 2명을 추가해 5인조로 개편하기로 바꿨어요. 방송사와 방대한 오디션 프로그램을 진행해 추가로 2명을 선발하려 했지만 재능이 뛰어난 인재들은 많은 반면 스타일, 감성까지 어울리는 후보를 찾기 어려워 중단했어요. 이후 제가 작업했어요. 팔방을 수소문하다가 구하라는 오디션 접수 서류를 뒤져 발견해 담당 이사를 거쳐 확정했고, 강지영은 가수 NS윤지로부터 자신의 사촌 동생이라며 소개를 받아 추가했죠. 구하라는 쇼핑몰 피팅 모델로 일하던 사진을 제출했는데, 다양한 변신력과 연출력, 귀엽고 예쁜 매력이 잘 통할 것 같아 선택 이유로 작용했어요. 당시 가수 이효리를 연출하다가 카라 일까지 하게 된 메이크업 아티스트 홍성희 씨가 구하라를 보더니 이렇게 생얼(맨 얼굴)이 밋밋해야 우리가 그리는 대로 그려진다면서 매우 좋아했죠. 강지영은 노래든 춤이든 전혀 준비가 안 된 어린 소녀였지만 귀여운 마스크와 매우 밝은 에너지와 당찬 태도가 맘에 들어 선정했죠. 글쎄 15세 소녀가 그때 '잘 부탁합니다'란 말을 하더라고요. 이렇게 멤버들은 2집 발매를 앞두고 일본인들도 좋아할 것으로 보이는 작고, 귀엽고, 밝고, 앙증맞은 캐릭터로 리뉴얼되었어요.

음악 전략도 바뀌었죠?

네. 두 번째 앨범부터는 구성원들의 특성과 팬들의 취향에 맞춰 힐링(치유)을 유발하는 끌리는 멜로디와 매우 밝고 발랄한 노래로 승부했죠. 그래서 작곡가를 나름대로 일본 아이돌을 많이 연구한 분으로 바꾸어 창작을 맡겨 일본 시장을 겨냥한 감성과 스타일도 반영했습니다. 첫 미니 앨범(2008)에 수록된 「락유(Rock U)」란 동요처럼 매우 밝고 가벼운 노래를 부르자 반응이 달라졌어요. 두 번째 미니 앨범 〈Pretty Girl〉에 포함된 「Pretty Girl」은 촌스럽지만 뭔가 소녀처럼 귀엽고 앙증맞음을, 「허니」는 대학생 새내기 느낌을 주어 좋은 반응을 얻기 시작한 거죠. 나름 자신감이 생겼어요. 그러나 2집을 내놓았을 때 국내 미디어의 관심은 걸그룹의 양대 산맥이라거나 투톱 걸그룹이라면서 온통 '원더걸스'와 '소녀시대'에 집중되어 '카라'는 노력만큼 인정받지는 못했어요.

결국 해외에서 반전이 일어났군요?

네 그렇습니다. 자연스레 일본에 가서 공연했죠. 도쿄 아카사카 브리지란 1000여 석 규모의 극장에서 쇼케이스를 진행했는데 예상 외로 대박이 났어요. 공연 시작 전 객석이 일본 팬들로 가득 차 있는 거예요. 나중에 분석해 보니 일본에서의 갑작스러운 반응은 한류 콘텐츠에 대한 기대감이 기본적으로 있었던 터에 일본 남자 배우 겸 코미디언 게키단 히토리(げきだんひとり)의 기여가 크게 작용했습니다. 그는 유명 걸그룹 '모닝구 무스메'의 멤버와 함께 어떤 방송사에서 프로그램을 진행하면서 매번 "나는 한국의 걸그룹 '카라'에 빠져 죽을 것 같다. 정말 미치겠다"고 말하며 호기심 지수를 높였던 것이죠. 그의 기여는 카라에 대한 인기의 기폭제로 작용하여 정말 행운이었죠. 그 첫 공연을 계기로 일본에서 완전 폭발했습니다.

국내에 들어오니 어떤 변화가 있었나요?

한국에 돌아오니 '카라'에 대한 대우가 완전 달라졌어요. 노력과 성과에 걸맞지 않은 이전의 '푸대접'에서 '환대'로 바뀌고 미디어의 집중과 출연 요청이 쇄도하면서 최고의 전성기를 맞이했습니다. 일본의 대성공과 팬덤, 명성이 국내로 역수입되어 강력한 스타 파워로 승화하여 계속 위력을 발휘한 것이죠. 인기는 한번 불타오르면 지역 간 선순환 작용을 하니까요. 저는 이때 우리 '카라'의 뮤직 비즈니스가 대성공을 거두었다는 것을 감지하고 희열을 느꼈습니다. 그 뒤에도 카라는 계속 잘나갔고 특히 일본에서 정말 막대한 수익도 올렸습니다. 돌이켜 보면 '카라'는 팬들과 격의 없이 즉석에서 팬 미팅과 소통을 하는 '친화 전략'과 다른 기획사의 그룹들과 달리 멤버들과 한·일 스태프들이 한데 어울려 밥을 먹고, 회의를 하고, 차로 이동하며 좋은 아이디어를 수렴하는 '원팀 전략'을 구사한 것도 성공의 원인이라 생각합니다. 일본 스태프들도 도와주고픈 마음이 생겨 적극적으로 지원해 주었습니다.

'카라'를 탄생시키기까지 사내의 분야별 협업 체제는 어땠나요?

당시 기획사는 지금보다 덜 분업화된 상태였죠. DSP엔터테인먼트가 매니지먼트 중심의 회사라서 음악 중심의 3대 기획사(SM, YG, JYP)보다는 가수들을 금방 스타로 길러 내거나 '아티스트형 뮤지션'으로 육성하는 데 체계적이지는 못했어요. 그래서 매니저인 제가 투자·회계만 빼고 프로젝트 기획에서 퍼블리싱까지 대부분 관여하면서 일을 처리했죠. A&R 담당은 사내에 한 분이 계셨지만 주로 곡 수집, 세션 매니지먼트 등에 집중했어요. 프로듀서는 메인 작곡가들이 겸업했습니다. 카라의 히트곡 대부분은 '스윗튠'(한재호·김승수)이란 팀이 창작을 맡아 가수들이 바로 노래만 부르면 될 정도로 완벽한 곡을 만들어 왔죠. 작사는 스위튠의 송수윤 씨가 맡았어요. 녹음은 DSP 내부에 좋은 녹음실이 있어서 외부 전문가가 불필요했습니다. 음원 보정과 마스터링 등에도 큰 공을 들이지는 않았습니다.

안무는 어떻게 특화했나요?

안무는 '야마앤핫칙스'란 안무 회사가 창립하여 첫 손님으로 '카라'를 맡았죠. 「미스터」란 노래에서 보여준 카라의 그 유명한 '엉덩이춤' 등이 바로 이들의 작품입니다. 야마의 대표는 전홍복 씨, 핫칙스의 대표는 요즘 방송 출연 등으로 잘나가는 배윤정 씨입니다. 이들은 '카라'의 안무 성공 이후에 '걸스데이', '브라운아이드걸스', '티아라' 등의 안무를 사실상 독식할 정도로 성공했어요. 소통 및 조화의 미와 열정, 그리고 크리에이티브가 대단한 분들이죠.

메이크업, 스타일링은 어땠나요?

메이크업은 정샘물인스피레이션에서 활동한 메이크업 아티스트 홍성희 씨가 맡았고요. 아까 위에서 언급했던 것처럼 말이죠. 스타일링은 처음에는 세칭 '미나리 팀'이 맡았어요. 구성원 3인의 이름 머리글자를 따서 팀명을 만들었죠. 'SS501'의 스타일링을 맡으면서 '카라'와도 인연이 되었는데, 회사와 이해의 차이가 있어서 나중에는 '에프초이(f.choi) 스타일리스트' 대표 최희선 씨가 맡게 되었습니다. 이들은 각각 노래, 춤, 구성원들의 개성을 잘 살리는 세련된 이미지를 창출해 '카라'의 히트에 큰 기여를 한 아티스트들입니다.

8

아티스트의 개발과 육성

1. 아티스트 자원의 기획과 육성

뮤직 비즈니스는 아티스트를 매개로 음반·음원을 출시하고 공연을 해서 가치를 높여 수익을 얻는 원리이므로 음악의 표현 주체인 아티스트를 발굴하여 육성하는 일이 매우 중요하다. 이런 일은 음원 기획·제작사에서는 프로듀서와의 협업 아래 A&R 파트가 주도하거나 전담한다. 발굴·육성하는 아티스트는 여러 부류가 있지만 뮤직 비즈니스에서는 가수가 핵심이다. 가수는 보통 자신이 부른 노래를 음원·음반으로 발매하면서 얻게 되는 직업이자 지위다.

먼저 가수 지망생의 입장에서 살펴보자. 이런 관점에서 특정인이 가수가 되려면 일단 자신의 최적의 노래 실력을 발휘해 공들여 만든 시연(試演) 음원·음반[이를 '데모(demo)'[1]라 한다]을 음악 관련 기획·제작사에 보내거나, 기회사 등이 주최하는 공개 오디션에 응모해 발탁되어 트레이닝을 받고 데 뷔하는 방법이 일반적이다. 빅히트엔터테인먼트의 경우 연간 2만여 명이 연습생 지원서를 내놓고 오디션을 기다린다. 유튜브나 여타 소셜 미디어나 인터넷 채널에 자신이 노래를 부른 동영상을 올려 이용자들의 열띤 호응을 얻어 낸 뒤 데뷔하는 방법이 있다. 해외에서 유명해져 그 인기를 발판으로 우리나라에 '역수입'되는 신인 가수나 기성 가수도 있다.

유튜브가 발굴하고 대중이 반응해 알려진 가수의 사례는 비욘세(Beyonce)의「Halo」등 세계 팝 스타들의 히트곡을 커버(cover: 리메이크와 달리 새로운 편곡 없이 원곡을 자신의 음색으로 따라 부른 노래)해 국내 유튜버 최초로 천만 구독자를 달성해 '다이아 버튼(Dia Button: 천만 돌파 상)'을 수상한 여가수 제이 플라(J. FLA)와 중장년들이 좋아할 1970~1980년대 국내 히트곡과 팝, 전통 트로트를 커버한 '요요미(YOYOMI)' 등이 있다.[2]

첨단 디지털과 인공지능 기술로 창조한 캐릭터(사이버) 가수는 IT·게임 산업의 성장과 함께 등장해 한때 각광을 받았지만, 아직까지 뮤지션 발굴의 주요 경로로는 자리 잡지 못했다. 그러나, 기술의 진보에 따라 음성 구현과 퍼포먼스의 완성도가 높아지면 뜨거운 호응을 얻을 수도 있다.

그간 선보인 캐릭터 가수는 일본의 다테쿄고(여, 1966), 하즈네 미쿠(여, 2009), 한국의 아담(남, 1998), 류시아(여, 1998), 사이다(여, 1998), 윈터(여, 2020, 에스파의 아바타), 영국의 고릴라즈(4인조 혼성, 1998), 중국의 링(여, 2020)이 있다.

뮤직 비즈니스를 영위하는 기획·제작사 입장에서는 자사 단독 또는 방송사와 공동으로 주최한 오디션을 통해 연습생이나 예비 가수로 발굴하는 것이 일반적이다. CF 스타, 모델 유망주, 유튜브 스타 가운데 가능성이 있는 자원을 발굴하는 경우도 있다. 체계가 갖춰진 소속사의 경우 기업 내부·외부 환경, 가수 자원의 자체와 경쟁 가수들과 비교한 자질·능력을 종합 분석해 강점(strength), 약점(weakness), 기회(opportunity), 위협(threat) 요인을

〈표 8-1〉 발굴·육성 대상 가수 검토·선정을 위한 SWOT 분석 요령

	(자체·내부의 장단점 비교)	
가수 자원 자체의 강점 도출	**S**trength / **W**eakness	가수 자원 자체의 약점 도출
가수 자원의 기회요인 도출	**O**pportunity / **T**hreat	가수 자원의 위협요인 도출
	(외부 경쟁집단과 비교)	

규정하여 결론을 도출하는 SWOT 분석[3]을 통해 성공할 잠재성이 높아 육성해야 할 '예비 가수'가 가려진다.

대중음악 분야에서 가수는 예술적·상업적 성공을 목표로 작사·작곡·편곡자가 창작한 음악을 자신만의 감성, 지성, 이미지, 끼, 스타일, 개성 등을 가미하여 독특한 색깔로 재창조하여 팬 또는 관객들에게 선보이는 기능을 한다. 따라서 가수는 다양한 역량과 자질을 갖춰야 한다. 뮤직 비즈니스 현장의 전문가들과 대중음악 분야 연구자, 당사자인 가수들의 의견을 종합하면 다음과 같은 기본 조건들이 도출된다.

가수가 반드시 갖춰야 역량과 자질은 첫째, 노래 실력, 즉 기본적인 가창력(歌唱力)과 청음력(聽音力)이다. 둘째, 곡을 소화 및 표현하고 자신의 개성을 덧붙여 창의적으로 실연하는 능력이다. 여기에는 악보를 이해하고 해석하는 능력과 매번 새로운 예술적 가치와 스타일을 창출하는 능력도 포함된다. 셋째, 미디어와 무대에 대한 뛰어난 적응 능력과 매너를 바탕으로 방송·무대에 완벽하게 적응해 매끄럽게 가창을 하여 호응을 이끌어 내는 연기력, 공연(performance) 능력, 댄스 실력도 중요하다. 넷째, TV와 디지털 매체의 이용 확산으로 '보는 음악 시대'로 전환된 이후 외모, 성적 매력, 패션·메이크업 스타일 등 비주얼적인 빼어남이 매우 중시되고 있다.

〈표 8-2〉 가수가 갖춰야 할 역량·자질(음악 사업 전문가·연구자·가수의 의견 종합)

구분	요소
1	기본적인 가창력과 청음력
2	음악(곡) 소화·표현 능력, 개성을 가미한 창의적 실연 능력
3	미디어와 무대 적응 능력, 공연 능력, 댄스 실력
4	외모, 성적 매력, 패션·메이크업 스타일 등 비주얼적인 빼어남
5	예술가로서의 열정과 프로페셔널 근성
6	겸손함·정직성·일관성·인내력·신뢰성·책임감 등 인성 요소
7	매체 특성·인기 본질의 이해·대처, 페르소나 전환 능력

다섯째, 예술가로서의 열정과 프로페셔널(professional) 근성이다. 가수는 쉽게 생각하고 도전할 분야가 아닌 데다 일단 철저한 준비 끝에 가수가 되면 미적 가치를 창조하는 엄연한 대중 예술가로서 자신만의 분명한 예술관을 갖고 예술적 목표를 이루기 위해 최선을 다해야 한다. 가수의 열성은 가수 호감도는 물론 콘서트 성패를 좌우한다는 연구 결과[4]도 있다. 여섯째, 겸손함·정직성·일관성·인내력·신뢰성·책임감 등 인성 요소도 갈수록 중시되고 있다. 인성을 제대로 갖추지 못할 경우 항상 불화나 위험에 노출되고 불미스러운 일에 연루되어 가수 생활을 중단해야 하는 경우가 흔히 생긴다. 최정상의 인기를 달리던 스타 가수들도 과거에 이런 인성 문제로 치명적인 사건에 연루되어 너무 이른 시기에 은퇴를 해야 하는 경우가 더러 있었다.

일곱째, 매체의 특성과 인기의 본질을 이해하고 대처하는 능력과 아티스트와 개인으로서의 인간을 잘 넘나드는 페르소나(persona) 전환 능력이 필요하다. 페르소나는 배우가 쓰는 가면에서 유래한 말로 '인간이 갖는 인격'을 의미한다. 가수는 음원 취입, 공연 외에도 연애·오락 프로그램에 출연하면 어느새 인기가 생기고 점차 팬들과 소통할 기회가 많아진다. 인지도와 인기가 오를수록 대중의 관심, 칭찬은 물론 비판, 소문, 입방아의 대상이 되기에 매체의 본질을 이해하고 이에 대처하는 지혜와 정신력이 요구된다. 개인의 인격(삶)과 스타로서의 인격을 제대로 구분하고 때와 장소에 따라 양자 간 전환을 매끄럽게 해야 심신의 건강과 행복이 유지될 수 있다. '무대'와 '생활'을 구분하면서 가수의 가면(mask)과 평범한 한 개인의 가면을 잘 바꿔 써야 한다는 뜻이다.

다섯째, 여섯째, 일곱째 요소는 모두 가수들이 데뷔하여 점차 스타로 부상하면서 나타나는 여러 가지 문제점을 잘 예방·관리하고 지속 가능한 발전과 성장을 담보하는 핵심 요소가 된다. 여기에 작사·작곡·편곡 실력과 연주 실력을 갖췄다면 활용 가치가 더욱 높아진다. 매니저, 프로듀서, 가수, 작곡가, 보컬 트레이너 등 전문가를 대상으로 심층 인터뷰한 결과[5], 가수에게 가장 필요한 역량이 '음색(音色)', '가창력', '근성(根性)'이라 제시된 연구도 있다. 목소리의 구성 요소인 가창력이 기능적 측면이 강하다면, 음색은 목소리 고유의 개성을 의미하며 가수에게 있어서 기술 그 이상의 정체성을 부여하는 요소다.

아이돌 그룹 가수의 경우 비주얼이나 이미지 요소 등 볼거리와 댄스 실력 및 포맷이 매우 강조된다. 디지털 미디어 기술의 발달로 영상이 강조되는 시대, 이용자들의 니즈와 결부되기 때문이다. 아이돌 멤버들이 각기 지닌 독특한 개성, 재능, 습관, 취향, 관심사, 취미, 이력 등도 팬들의 마음을 움직이는 요소가 되어 아이돌을 점차 성장시키거나 인기를 상승시키는 촉매제가 될 수 있다. 아이돌 그룹은 기본적으로 '치어걸(cheer girl)' 또는 '치어보이(cheer boy)'로 구성된 응원단 콘셉트와 그룹 가수 스타일이 결합되어 재창조된 포맷으로서 이들의 공연은 시연하는 잘 조율된 치어 댄스(cheer dance)형 군무와 다양한 보디랭귀지(body language)를 결합한 퍼포먼스가 포인트가 된다. 아이돌 그룹은 각 구성원의 장점과 개성을 살려 '노래(가창) 리더', '비주얼(외모) 리더', '랩 리더'처럼 역할을 '담당'이라는 명칭으로 분담

〈표 8-3〉 우리나라 가수들의 작명 특성

구분		1990~2009년(20년간) 톱 100위 가수 작명 분석	
		솔로 가수(n=378)	그룹 가수(n=217)
작명 취지 (동기)	친화력 중시형 (성 생략, 구성원 이름 조합)	보아(권보아), 휘성(최휘성), 나얼(유나얼), 채연(이채연), 대성(강대성) 등	철이와 미애(신철+미애), 지누션(지누+션), S.E.S(바다+유진+슈), 타샤니(타샤+애니), 리쌍(개리+기리)
	예술 목표 지향형 (메시지 함유)	태양, 양파, 자두, 노블레스, 스카이, 비, 별, 바다, 하울, 아이비, 아웃사이더 등	2NE1(21세처럼 도전적 음악 추구), SS501(Star+Singer+5명이 하나됨), 2PM(오후 2시처럼 가장 활발한 음악 활동 추구), 노래를 찾는 사람들 (음악 사랑)
	카리스마 추구형 (로마자, 약어 사용)	H, KCM, 제이(J.ae), JK 김동욱, Joo 등	f(x)(x 값에 따라 결과가 변하는 함수, 활동의 다변성 의미), 015B(음악의 무한궤도 질주)
	이미지 구축형 (혼성 조어, 상징어 사용)	싸이(PSY), 화요비(火曜+R&B), MC몽(MC monkey), 렉시(luxury sexy), 지드래곤(지+dragon), 아이유 (I+You), 제아(최고의 미성), BMK(Big Mama King)	이오공감, 신화, 동방신기, 소녀시대, 피노키오, 모자이크, 코나, 모노, 마로니에, 더 클래식 등
작명 유형 (음절)	1음절어	란, 린, 류, 별, 비, 팀 (1.55%)	넬, 벅, 쿨, 캔, 잼, 샵 등 (3.7%)
	2음절어	환희, 휘성, 보아, 이루, 나비, 바다, 박봄, 하하, 해이, 지아, 렉시, 리사, 리아, 양파, 여명 (15.8%)	이지, 구피, 룰라, 리쌍, 듀스, 디바 (20.7%)
	3음절어	장나라, 조PD, 데프콘, 메이비, 아이비, 아이유, 알렉스, 에스더, 바비 킴, 토니 안, 화요비 (78.8%)	2PM, f(x), 넥스트, 다비치, 더넛츠, 더블루, 거북이 (29.0%)
	4음절어	황승호제, 산다라박, 노블레스, 브라이언, 지드래곤 (1.30%)	015B, 2AM, 2NE1, 더클래식, 러브홀릭, 럼블피시, 마로니에, 비바소울 (23.5%)
	5음절어	아웃사이더, 크라운제이 (0.52%)	H.O.T., 롤러코스터, 베이비복스, 미스미스터, 먼데이키즈, 가비엔제이 (12.4%)

6음절어	사례 없음	FT아일랜드, MC스나이퍼, 드렁큰타이거, 버블시스터즈, 델리스파이스 (6.9%)
7음절어	사례 없음	SS501, 서태지와 아이들 (1.3%)
8음절어	사례 없음	브라운아이드소울, 브라운아이드걸스, 플라이투더스카이, 노래를찾는사람들, 아낌없이주는나무 (2.3%)

자료: 양명희(2015) 재분석.

하는 경우도 있다.

   솔로 가수나 그룹 가수의 이름을 짓는 것도 어필하고자 하는 이미지와 추구하는 예술적 목표에 따라 크게 달라지므로 메시지, 목표, 친숙성, 독음성 등 고려해야 할 요소가 많다. 국어국문학자 양명희(2015)[6]가 1990년부터 2009년까지 20년간 멜론의 100위 차트에 오른 솔로 가수(378명)와 그룹 가수(217개 팀)의 작명 특징을 사용 언어별로 분석한 결과, 한자어 83.9%, 외래어 11.1%, 고유어 2.59% 순으로 나타났다. 아이돌 그룹명은 외래어 76.0%, 한자어 11.1%, 고유어 6.91% 순으로 분석되었다. 아이돌 그룹의 경우 기획 단계에서 케이팝의 국제적 마케팅과 확산을 고려한 동기가 작용하여 국제어인 영어로 만든 이름이 주로 채택되었음을 알 수 있다.

   음절별 분석에서 솔로는 3음절어(78.8%), 2음절어(15.8%), 1음절어(1.55%) 순으로, 그룹은 3음절어(29.0%), 4음절어(23.5%), 2음절어(20.7%), 5음절어(12.4%) 순으로 각각 나타났다. '화요비', '아이유', '알렉스' 등의 사례에서 보듯 가수나 그룹에서 모두 3음절어가 높은 비율을 차지한 것은 한자어 계통의 이름이 유행처럼 많이 채택되었기 때문이다. '양파', '거미', '제아', '보아', '싸이', '핑클' 등과 같이 2음절어인 경우 쉽게 기억하고 부를 수 있거나 성을 빼고 이름만 친근하게 부르기 위한 의도가 작용해 적잖이 사용된 것으로 분석되었다.

이 연구를 토대로 작명 동기를 재분석할 경우 보아(권보아), 휘성(최휘성), S.E.S(바다+유진+슈)처럼 성을 생략하거나 구성원들의 이름을 간략하게 조합한 '친화력 중시형', 태양, 양파, 스카이, 2NE1, SS501처럼 음악 활동의 목표나 추구 방향을 담은 '예술 목표 지향형', KCM, 제이(J.ae), JK 김동욱, f(x), 015B 등과 같이 로마자나 약어를 사용해 독특한 이미지를 어필하려는 '카리스마 추구형', 싸이(PSY), 화요비(火曜+R&B) MC몽(MC monkey), 렉시(luxury sexy), 지드래곤(지+dragon), 아이유(I+You), BMK(Big Mama King) 등과 같이 혼성 조어와 상징어를 사용해 새로운 스타일을 어필하려는 '이미지 구축형'으로 나눌 수 있다.

아이돌 그룹의 설정 이미지는 음악 시장의 소비 패턴과 예술·상업적 지향성에 맞추어 변하고 있다. 1990년대 중반 등장한 아이돌 가수들은 여자의 경우, 순수함·청순함·여성스러움·귀여움·사랑스러움과 같이 인형 같은 이미지들을, 남자 아이돌 가수들은 귀엽고 판타지적인 동화 속 왕자님 같은 모습들을 보여준 데 비해, 2010년 이후 아이돌은 팬 층이 10~20대에서 30~40대로 확장하면서 다양한 음악과 이미지, 콘셉트들을 보여주기 위해 '꿀벅지', '짐승돌' 등의 언어에서도 느껴지는 것과 같이 신체를 이용한 육감적이고 강한 또 자극적인 이미지로 어필하고 있다.[7]

가수의 능력과 자질은 가수 자원을 발굴해 육성하는 과정에 그대로 투영된다. 기획사들은 대중음악의 유행과 음악 시장의 현황을 간파하고 있기에 투자의 안정성과 성공에 대한 기대감을 높이기 위해 철저한 준비를 하여 음원을 가수와 함께 시장에 내놓는다. 이런 준비를 '기획'이라 한다. 매니지먼트 계약에 따라 새로 영입해 신곡을 준비하는 기존의 가수든, 오디션을 통해 발굴한 가수든, 연습생이나 발굴한 완전한 신인을 일련의 훈련을 통해 데뷔시키려는 '기획형 가수'든 모두 사전에 소속사의 기획이 전략적으로 작동하여 팬들 앞에 선을 보이게 된다.

    기획의 장점은 기획사가 내부 회의를 거쳐 자체 판단에 따라 경쟁 상황, 회사의 방향성, 음악 시장 트렌드, 투자금의 규모 등 여러 가지 요소를 고려한 결과, 대중의 사랑을 '최대치'로 받을 수 있는 이른바 '원하는 가수'를 육성할 수 있다는 점이다. 기획의 가장 큰 어려움은 수용자들의 음악 수요 트렌드 변화와 음원 기획부터 발매까지 모든 과정에 투입되는 막대한 투자 금액의 손실에 대한 리스크다. 따라서 기획은 프로젝트에 대한 밑그림을 그리는 단계부터 신중함이 요구된다.

    따라서 가수의 육성은 기획의 방향, 즉 '콘셉트(concept)'에 따라 결정된다. 기획사는 유행하는 음악 장르에 편승할 것인지, 새로운 장르를 도입하여 새바람을 일으킬 것인지 분석한 다음 자신 있는 분야를 선택한다. 이어 이를 실현할 가수 자원들을 물색해 보유한 연습생들을 선택할 것인지 오디션을 통해 새로운 인물들을 발굴할 것인지 등을 고민한다. 반대로 연습생이나 발굴한 가수 자원이 우선시될 경우도 있는데, 이 경우 이들이 잘 소화할 수 있는 음악 유형이나 패턴을 적용한다. 창작자들에 의해 원곡이 만들어지면 이들 가수 자원의 음색이나 톤에 맞는 편곡이 이루어지고 미리 설정한 콘셉트에 맞추어 의상·안무를 스타일링하여 연습실에서 새로운 음악을 처음으로 선보이는 쇼케이스 전까지 고된 훈련(training)에 들어간다. 이것이 가수 육성의 일반적인 과정이다.

    가수 트레이닝은 현대에 이를수록 노래를 매끄럽게 잘하는 '가수'와 대중 정서를 절묘하게 자극해 즐거움과 행복감을 선사하는 '엔터테이너'의 면모를 동시에 갖추게 하는 데 초점을 두고 있다. 노래, 춤, 댄스, 랩, 화성, 발성법, 제스처, 콘서트 연기, 매너, 체력 관리, 심리·인성 교육 등이 전자를 완성하는 교육 항목이라면, 즉흥 상황 대처법, 매체별 퍼포먼스 대응법, 인터뷰 요령, 미디어 관리·대응, 팬덤과의 소통법, 개인기 개발, 매체 연기, 화술, 일반 연기, 유머와 위트의 발상법, 인기의 본질에 대한 이해, 외국어 학습 등은 후자를 완성하는 교육 요소라 할 수 있다.

음악업계의 현실을 살펴보면 솔로 가수의 경우 원래 혼자서 노래와 퍼포먼스를 하는 능력이 출중하여 발굴된 경우가 대부분이므로 다른 요소보다 '가수 자질' 함양에 보다 더 트레이닝의 초점이 맞추어진다. 반면 아이돌 그룹 가수의 경우 데뷔 초에는 일단 화제 지수를 높이고 인기가 정점을 찍고 시들려 하면 전투기의 편대처럼 구성원 가운데 2~3명을 '유닛(unit)'으로 분양시킨다. 이어 각 개인을 희망에 따라 예능인이나 배우로 전환하는 것을 목표로 하기 때문에 엔터테이너 요소에 방점을 두고 트레이닝을 진행한다.

특히 발성 훈련은 가수 자원이 원래 지닌 개성적 음성을 창작한 음원의 특성과 장르에 맞게 최적화하여 대중들에게 전달함으로써 감흥을 유발하게 하는 작업의 필수 요소라서 매우 중요하다. 발성은 입술, 혀, 연구개, 성대의 4가지 밸브의 원활한 움직임으로 이루어지고 대칭성, 운동성, 방향성, 위치에 따라 그 패턴이 형성되기 때문에 전문가의 지도에 따라 발성 문제를 야기하는 자세, 호흡, 발음, 음정, 리듬 등을 체크하되 테크닉에 대한 지나친 집착을 버리고 상상력을 발휘하면서 훈련해야 한다.[8] 보컬 테크닉을 확립하는 발성 훈련과 관련된 음악 용어들은 다음과 같다.

- 진성(眞聲, original voice): 성대가 진동하여 나는 원래의 소리를 말한다.
- 가성(假聲, technical voice): 꾸며 내는 소리로, 보통 가장 높고 여린 목소리를 지칭한다.
- 공명음(共鳴音, sonorant): 성대를 떨게 한 공기가 구강이나 비강으로 흘러 나갈 때 덜 막혀 울리는 것처럼 나는 소리를 말한다. 공명음이 아닌 소리를 '장애음'이라 한다.

- 장애음(障礙音, obstruent): 구강 통로가 폐쇄되거나 마찰이 생겨서 나는 소리로서 조음 방식에 따라 파열음, 마찰음, 파찰음, 비음, 유음으로 세분화할 수 있다.

- 성구(聲區, voice register): 소리의 음성상의 차이를 말하며 낮은 소리(흉성)로부터 중간 소리(중성), 높은 소리(두성)로 나눌 수 있다.

- 흉성(胸聲, chest voice): 가슴 속에서 울려 나오는, 비교적 낮은 음역의 소리. '지성(地聲)'이라고도 한다. 보통의 발성법에 의한 소리로 성문(聲門)은 닫혀 있고 성대는 수축된다.

- 중성(中聲, medial voice): 흉성과 두성 사이에 해당하는 음넓이의 소리. 성악가는 중성의 성구가 있어, 소리의 이행을 부드럽게 행한다.

- 두성(頭聲, head voice): 사람의 소리 구분에서 가장 높은 부분의 소리로서 머리 전체, 또는 코 안의 높은 곳을 울려 내는 높은 소리. '이성(裏聲)'이라고도 한다. 성문을 연 채로 성대를 수축하지 않고 윤상갑상근(輪狀甲狀筋)의 긴장만을 변화시켜서 소래를 낸다.

- 팔세토(falsetto): 두성을 사용하는 보통의 고성부보다 더 높은 소리를 내는 기법이다. 이때 성대는 두 성구의 발성 이상의 좁은 진폭으로 진동하게 되는데, 이를 '가성'이라고도 한다. 가성으로 여자 음역대인 콘트랄토나 메조 소프라노 음역을 노래하는 남자 성악가인 카운터테너(countertenor), 요들(yodle), 대중가요에서 많이 사용되는 창법이다.

- 파사지오(passaggio): 중성(중음역)에서 두성(고음역)으로 바뀌는 성구의 경계점 또는 두 음역을 넘나드는 기교적인 발성법을 말한다.

- 샤우팅(shouting): 포효하듯 강한 억양으로 소리를 내지르는 창법을 말한다.

- 허밍(humming): 특수한 음색 효과를 내기 위해 입을 다문 채 콧소리로 발성하는 창법이다.

- 비브라토(vibrato): 목소리, 악기 소리를 떨리게 하는 기교적인 파동형 발성법으로 상하로 가늘게 떨거나 끝 음을 끌면서 아름답게 울리게 한다. 속칭 '바이브레이션'은 이 창법을 말한다.

- 트레몰로(tremolo): 떨림 음의 효과를 내기 위해 한 음을 빠르게 반복하는 연주법이다.

- 스타카토(staccato): 한 음 한 음씩 또렷하게 끊는 듯이 연주하라는 뜻이다.

- 벨칸토(bel canto): 이탈리아에서 유래한 미성(美聲)을 내는 데 치중하는 발성법이다.

- 메사 디 보체(messa di voce): 일정한 음을 길게 뻗으면서 서서히 '점점 세게(crescendo)' 하다가 이어서 '점점 약하게(decrescendo)' 하여 끝나는 것을 말한다.

- 모르덴트(mordent): 주요 음과 바로 아래 인접 음을 신속히 오가며 떠는 꾸밈음을 말한다.

- 싱커페이션(syncopation): '당김음'이라 불리는 리듬 패턴의 하나다. 멜로디가 흘러가다가 한 마디 내의 센박과 여린박의 순서가 서로 뒤바뀌면서 반대의 박자가 나타나는 현상이다.

- 스캣 창법(scat singing): 흔히 재즈 보컬에서 가사가 없는 즉흥 보컬 부를 위해 무의미한

음절로 가사를 대신해서 리드미컬하게 흥얼거리는 것을 말한다. 스캣 창법의 창시자는 재즈 발생 초기 뉴올리언스 스타일을 이끈 루이 암스트롱(Louis Armstrong)이다.

- 그루브(groove): 첫째, 음악에서 '장단(長短)'을, 둘째, 재즈와 R&B 음악 등에서 '스윙하는', '단단한' 등의 리듬의 흐름을, 셋째, 레코드 음반에서 소리 골로 불리는 홈(음구)을, 넷째, 무대 공연 도중에 장면·배경을 나타내는 가림 막들을 바꾸는 데 사용하는 기계를 각각 지칭한다.

- 후크(hook): 대중음악에서 귀를 사로잡거나 강력하게 기억에 남는 악구나 패턴을 말한다. 곡에서는 보통 후렴구에 반복적으로 등장하여 이용자를 중독시키는 기능을 한다. '후크송(hook song)'은 후크, 즉 한 노래에 같은 가사를 여러 번 반복적으로 사용하여 만든 노래를 지칭한다.

- 리버브(reverb): 천정, 표면에 의해 많은 지연을 거친 다수의 반사음(에코)이 합성되어 얻어지는 여운을 주는 울림소리 효과다. '잔향(殘響)' 또는 '반향(反響)', 'reverberation('소리의 반향')의 약어다. 산울림 현상인 '에코(echo)'보다 더욱 지연되고 감쇄량도 커지며 명료도도 떨어지나 듣는 사람이 느끼는 풍부한 울림과 전율감이 크다. 리버브는 자연적으로 얻을 수도 있고, 디지털 리버브 머신을 통해 디지털 리버브(digital reverb)로 합성할 수도 있다.

- 리프(riff): 멜로디라고 보기 힘든 짧은 악구를 계속적으로 되풀이 연주함으로써 보다 힘차고 다이내믹한 느낌을 나타내는 연주나 그러한 곡을 뜻한다. 재즈 연주에서는 솔로에 맞추어 2~4마디의 프레이즈를 반복 연주하는 일이나 그 곡을 지칭한다.

- 인트로(intro): 악곡의 도입부 전에 행하는 연주, 즉 '전주(前奏)'를 지칭한다.

- 버스(verse): 노래의 '절(節)'이나 시적 각운(脚韻)이 있는 가사부이다. 악곡 구성에서 후렴구인 리프레인(refrain) 앞에 배치되어 리프레인을 유도하는 짧지만 핵심이 되는 도입부를 지칭하기도 한다. 노래에서 감정적인 어조를 설정하고 극적 분위기를 유도하여 고조시키는 역할을 한다.

- 브리지(bridge): 새롭거나 대조적인 요소를 활용하여 반복되는 멜로디의 각 파트 사이에 연결부로 배치하는 멜로디를 말한다. 일반적으로 브리지는 새로운 멜로디, 코드, 가사로 구성된다. 주로 악곡에서 도입부와 후렴구 사이에 배치해 전개시키는 경우가 많다. 이를 릴리스라고 칭하기도 한다. AABA 형태의 '버스-리프레인' 형식에서 B섹션에 해당한다. 1절이 끝나고 2절로 진행되는 사이에 하는 연주를 '인터루드(interlude)', 즉 '간주(間奏)'라 칭한다.

- 리프레인(refrain): 노래 곡조 끝에 붙여 같은 가락으로 반복적으로 부름으로써 청자를 사로잡는 기능을 하는 짧은 몇 마디의 가사, 곡의 후렴구다. 다른 말로 '후크' 또는 '코러스(chorus)', 속어로는 '싸비(Sabi, サビ)'라고도 한다. 또는 AABA 형태의 '버스-리프레인' 형식에서 노래에 해당하는 부분을 지칭하는데 A섹션은 전형적인 멜로디와 가사 패턴을 나타내고 B섹션(브리지)은 새로운 멜로디, 코드, 가사로 구성된다. '코러스'는 여러 사람이 여러 성부로 나뉘어 서로 화성을 이루면서 다른 선율로 노래 부르는 것을 나타내기도 한다.

- 아우트로(outro): 2절이 끝나고 곡의 마지막까지 이어지는 연주, 즉 '후주(後奏)'를 지칭한다.

- 립싱크(lip sync): 가수가 미리 녹음된 음원의 음성에 맞추어 입술 움직임을 일치시키며 진행하는 퍼포먼스를 말한다.

- 반주 음악(Instrumental, 약칭 Inst.): 보컬이 있는 악곡에서 보컬 부분만 지운 것을 말한다. 처음부터 가수의 목소리 없이 창작된 오리지널 곡을 지칭한다는 견해도 있다.

- MR(music recorded): 국내 음악계에서 보컬(목소리) 없이 음악만 녹음된 곡을 뜻한다.

- AR(all recorded): 가수의 목소리와 랩, 반주가 모두 녹음된 음원을 말한다.

- LAR(live all recorded): 가수의 목소리가 포함된 립싱크용 음원을 말한다.

- LMR(live music recorded): 가수가 필요한 부분만 노래를 부를 수 있도록 어려운 부분만 미리 녹음되어 있는 부분 립싱크용 음원을 뜻한다.

- VR(voice recorded): 음악 없이 목소리만 녹음되어 있는 음원을 말한다.

- 피처링(featuring): 뮤지션이 다른 뮤지션의 앨범 작업에 참여하여 노래나 연주를 도와주는 것을 뜻한다. 곡의 음악적 완성도, 예술적 표현의 수준과 다양성 제고가 목적이다. 1954년 미국의 4인조 그룹 포 에이시즈(The Four Aces)가 작곡가 겸 가수인 알 앨버츠(Al Alberts)를 참여시켜 영화 〈애천(Three Coins in the Fountain)〉의 주제가를 부르게 한 것이 피처링의 기원이다.

- 컬래버레이션(collaboration): 뮤지션들이 서로 대등한 자격으로 참여해서 하는 공동 작업을 말하는데, 약칭은 '컬래버(collabo)'이다.

- 레이블(label): 뮤지션들의 소속사 또는 음원(음반) 기획·제작사를 뜻한다.

- 커버(cover): 기존에 발표된 뮤지션의 곡을 다른 사람이 모방하여 다시 부르는 것을 말한다.

- 리메이크(remake): 원래 본인의 곡을 편곡, 재녹음하여 출시하는 작업을 말한다.

- 샘플링(sampling): 어떤 곡의 모티브를 일부 빌려 와 자신의 감성과 창의성을 반영해 새로운 곡을 완전하게 창작하는 행위를 말한다. 아울러 마이크로 녹음되거나 샘플된 소리의 소스(음원)가 컴퓨터에 디지털 방식으로 저장되는 일련의 과정을 뜻하기도 한다.

- 표절(plagiarism): 악곡 등 다른 사람의 저작물을 몰래 가져다 쓴 것을 말한다. 기존 판례는 해당 음악에서 따온 부분의 가락에서 리듬, 화성, 박자, 템포 등의 요소, 질적·양적 정도, 중요도를 종합적으로 고려해 표절 여부를 판정한다. 공연윤리위원회 심의 시절에는 2소절(8마디) 이상 음악 패턴이 동일하면 표절로 보는 법을 마련했으나, 이후 폐기되어 지금은 소송을 통해 사안별로 가린다.

- 변주(變奏): 기존 악곡의 가락, 장단, 화성을 새롭게 바꾸는 연주 기법을 말한다. 대중음악에서는 '페이크(fake)'라고도 칭한다.

- 더블링(doubling): 호흡의 자연성과 가사의 특성을 살리기 위해 래퍼의 목소리를 덧씌워(겹쳐진) 녹음하는 행위를 말한다.

- 믹싱(mixing): 이미 녹음한 음원에 대해 음향 장치들의 출력 전기신호 등 밸런스를 조정해 곡의 자연스러움과 멋스러움 등 효과를 극대화하는 작업을 말한다.

- 마스터링(mastering): 음원을 정식 발매하기 직전 녹음 및 믹싱된 음원의 밸런스 재조정, 앨범 수록곡 순서 결정 등을 포함해 최종 점검하는 작업을 말한다.
- 데모 테이프(demonstration tape): 타인에게 들려주기 위한 시연용 악곡·연주 녹음 테이프로 아마추어의 오디션 심사용, 프로페셔널 뮤지션용 시연 테이프가 모두 해당된다.
- 믹스테이프(mixtape): 뮤지션들이 좋아하거나 타인에게 들려주기 위해 기존의 곡을 편곡해 색다른 스타일로 만들거나 미(未) 발표 곡을 선보이는 앨범을 말한다.
- 컴필레이션 앨범(compliation album): 기획한 특정 콘셉트에 맞게 여러 곡을 편집 또는 모음 형태로 구성한 비정규 앨범이다.
- 디지털 싱글(digital single): 한두 곡의 노래나 연주곡을 하나로 묶어 녹음해 LP·테이프·CD 등의 실물 음반이 아닌 온라인에서 음원 파일로만 발표·판매하는 음악 상품을 말한다.

소속사에 의존하지 않는 인디 뮤지션의 경우 각 기관과 기업의 지원 프로그램을 활용할 수 있다. 기관의 경우 문화체육관광부가 서울 마포와 충남 천안, 충북 충주, 전남 강진, 전북 전주에 각각 마련한 '음악창작소'와 광주광역시 사동에 설립한 '광주 음악산업진흥센터'를 이용할 수 있다. 또 문화체육부 한국콘텐츠진흥원의 뮤직 쇼케이스·페스티벌 프로그램인 '서울국제뮤직페어(뮤콘, MU:CON)', 경기콘텐츠진흥원의 서바이벌 오디션 '인디스땅스', 한국교육방송공사(EBS)의 〈스페이스 공감〉이 신인 뮤지션 발굴 기획으로 진행해 온 'EBS 헬로 루키'도 유용한 프로그램이다.

서울특별시 서울문화재단이 뮤지션 등 청년 예술인을 상대로 진행하는 '예술지원사업'과 아직 발표하지 않은 음원의 제작·발매를 지원하는 '미원창고', 서울음악창작지원센터의 음악 동아리 지원 프로그램인 '아쿠아마린을 찾아라'도 참고할 만하다. 기업의 경우 CJ문화재단의 인디 뮤지션 지원 사업인 '튠 업', 네이버뮤직과 네이버문화재단의 '온 스테이지', KT&G 상상마당의 인큐베이팅 프로그램인 '밴드 디스커버리'와 공모 지원 프로그램인 '써라운드', 버스킹(busking) 뮤지션을 지원하는 '언더 더 루프', 신인들의 콘서트를 지원하는 '나의 첫 번째 콘서트'가 있다. 현재 인터파크씨어터가 운영하고 있는 콘테이너형 문화 공간인 '플랫폼 창동61'에서는 입주·협력 뮤지션을 모집해 공연장, 녹음실, 연습실 등을 제공하고 앨범 발매를 지원한다.

음악 기획사의 눈에 띄어 뮤지션으로 입문할 기회를 얻으려면 자신의 실력을 과시할 다양한 실용음악 콩쿠르와 뮤직페스티벌을 이용하면 유용하다. 실용음악 콩쿠르에는 경향실용음악콩쿠르, 대구실용음악콩쿠르, 동신대학교 전국뮤지컬실용음악콩쿠르, CBS전국청소년실용음악콩쿠르 등이 있고, 음악 축제에는 전주시의 전주세계소리축제, 광주광역시의 ACC 월드뮤직페스티벌, 광명시의 광명월드뮤직축제, 울산광역시의 월드뮤직페스티벌(UWMF), 가평군의 자라섬 국제재즈페스티벌 등이 있다.

2. 매니지먼트와 성장전략 실행

가수와 같은 뮤지션의 매니지먼트는 뮤지션 및 소속사의 수익 창출·확대 전략, 소속사와 뮤지션의 성장 전략과 연계되어 전략적으로 진행된다. 따라서 현재 우리나라 음악 산업의 매니지먼트 실태를 종합적으로 분석하면 전속계약 사항의 이행을 위한 기본적인 지원·관리, 앨범(음원·음반) 상품화 과정의 가치사슬별 지원·관리, 지속 가능한 성장을 고려한 성장 단계별 지원·관리로 구분된다.

첫째, 소속 가수(아티스트)에 대한 기본적인 지원·관리는 소속사와 가수가 맺은 전속계약 사항을 구체적으로 이행하는 활동을 의미한다. 일단 대중문화예술인(가수 중심) 표준전속계약에 따라 최단 3년에서 최장 7년으로 계약하면 〈표 8-4〉의 내용과 같이 활동을 지원받는다. 소속사는 방송사와

〈표 8-4〉 소속사의 가수 매니지먼트 내역과 현황

구분	매니지먼트 내용 (회사 사정에 따라 대표이사, 임원, 총괄·스케줄·로드 매니저가 분담)
기본적인 지원·관리 (전속계약서 근거)	• 연예·매체 활동 지원 　- 뮤지션 활동, 관련 방송 출연, 광고 출연, 행사 진행 등의 활동, 배우, 모델, 성우, TV 탤런트 등 연기자로서의 활동, 관련된 문예·미술 등의 창작 활동 　- 지상파·위성·케이블·라디오 방송, 인터넷 채널 등 다양한 매체 출연 　- 레코드, CD, LDP, MP3, DVD 기타 음원 및 영상물 녹음 및 녹화물 출연 　- 영화, 무대 공연, 이벤트·행사, 광고, 사진집, 신문, 잡지, 단행본 기타 인쇄물, 기타 캐릭터 등 저작권·초상권·상표권·퍼블리시티권 활용 사업 • 연예 활동에 수반되는 지원 　- 의상, 스타일링, 차량 이동 지원, 필요 시 인성 교육과 정신건강 관리 지원 　- 안정적인 연예 활동을 위한 일상적인 관리, 다양한 리스크 관리
가치사슬별 지원·관리 (소속사 내부 전략 근거)	• 기획 단계 　- 음악 지향성, 특색 분석 후 방향성 설정 위한 음악 전문가와 컨설팅 수행·지원 • 제작 단계 　- 가수 능력·자질(노래, 춤, 댄스, 랩, 발성법, 연기, 매너, 체력 관리용 운동, 심리·인성 교육)과 엔터테이너 능력·자질(즉흥 상황 대처법, 퍼포먼스 대응법, 인터뷰 요령, 팬덤과의 소통법, 개인기 개발, 화술, 외국어 학습 등) 교육·훈련 　- 녹음, 리허설, 홍보용 음반 제작 진행 및 준비 지원 • 유통 단계 　- 앨범 심의(각 방송사)와 뮤직비디오 심의(영상물등급위원회) 신청 　- 앨범 홍보 보도자료 작성 및 배포, 발매 행사(쇼케이스) 기획·진행 　- 새로운 앨범(음원·음반) 발매 홍보·마케팅 전략 마련 및 실행 　- 음악 프로그램 일정 편성, 방송과 오프라인 무대 공연 지원·관리 • 소비 단계 　- 각종 매체에 대한 인터뷰 지원, 소셜 미디어 등 매체 관리 지원 　- 팬 미팅 지원 및 팬덤 관리, 각종 행사 기획·진행 　- 지방·해외 등 투어 공연 스케줄 편성 및 현지 지원
성장단계별 지원·관리 (소속사 내부 전략 근거)	• 데뷔기 　- 많은 공연 참여, 가수 콘셉트·예술적 지향 알리기, 스토리로 화제 지수 높이기 • 도약기 　- 많은 공연과 행사 소화로 진가 알리기, 인지도 견인과 팬덤 구축에 주력 • 성장기 　- 스타로 부상할 수 있는 특단 전략 마련, 경쟁력 있는 후속 시리즈 앨범 계발 • 절정기 　- 보수적 관리 전략 실행, 인기의 유지와 위기 대응·관리에 집중

다양한 매체, 기업, 사단법인, 지방자치단체, 유흥업소 등을 상대로 수익을 창출하기 위한 연예 활동의 적극적인 알선과 출연 교섭을 하고 가수의

저작권·초상권·상표권·퍼블리시티권 활용 사업도 대행한다. 소속사는 이런 모든 활동에 수반되는 의상·스타일링·이동 지원을 하는데, 워낙 사고가 많기 때문에 무리한 일정 편성을 삼가고 차량 이동 지원 시 과속·무단추월·졸음음전·음주운전·방어운전 미숙 등에 따른 안전사고에 유의해야 한다.

소속사와 소속 가수 사이에 소모적인 분쟁이 없도록 소속사가 일정 기간별로 수익을 계약한 분배 비율에 따라 지정된 기일에 정확하게 정산하는 것도 중요한 지원 업무이다. 아티스트의 인성 교육과 정신건강 관리 지원도 포함된다. 특히 극도의 우울증세 등이 발견될 경우 가수의 동의를 받아 적절한 치료 등을 지원할 수 있다. 규모가 큰 소속사의 경우 연예 활동의 알선과 교섭은 주로 스케줄 매니저(schedule manager) 급 이상이 담당하며, 현장 동행 지원은 로드 매니저(road manager)가 한다. 일부 트로트 가수는 소속사 대표가 모든 일을 수행한다. 가수는 자신이 연예 활동을 하는 데 친숙하고 편리한 매니저를 동행해 일을 하기 위해 전속계약 내용에 부대 조건이나 특약으로 추가할 수 있는데 이런 사람을 '키맨(keyman)'이라 한다.

둘째, 앨범 상품화 과정별 관리는 기획–제작–유통–소비로 이어지는 가치사슬의 확장 단계에서 이들이 좋은 성과를 보일 수 있도록 세부적으로 지원·관리하는 것을 말한다. 기획 단계에서는 소속사가 가수의 음악적 지향성과 특색을 분석하고 신작 앨범의 콘셉트와 방향성을 정하기 위해 프로듀서를 비롯한 내부 또는 외부의 음악 전문가들에 대한 컨설팅을 주선한다. 이 과정을 통해 장·단점을 파악해 강점은 살리고 단점은 보완하는 전략을 마련한다. 이후 제작에 이르기까지 설정한 콘셉트에 맞는 앨범을 완성·발매하는 데 필요한 모든 트레이닝을 지원한다.

앞에서 설명한 노래, 발성법, 춤, 댄스, 랩, 화성, 즉흥 상황 대처법, 매체별 퍼포먼스 대응법, 인터뷰 요령, 팬덤과의 소통법, 개인기 개발, 매체

〈표 8-5〉 가수의 단계별 성장 전략과 주안점

태동기(데뷔 시기)	데뷔한 가수 콘셉트와 예술적 지향을 알리고 이미지텔링과 스토리텔링을 통해 화제 지수를 높이는 전략
도약기(얼굴 알리기)	많은 활동을 통해 마케팅·홍보에 주력해 인지도와 네트워크를 확장하며 팬을 유입하는 전략
성장기(팬덤 구축 시기)	팬덤을 구축하고 스타로 부상할 특단의 대책 마련(차기 앨범 준비에 만전)
확장기(스타 부상 시기)	보수적인 관리 전략을 원칙으로 인기 유지와 위기 대응·관리에 집중

연기, 화술, 연기, 외국어 등이 포함된다. 특히 발성법 훈련은 기본적으로 성량(聲量)의 강화, 호감을 자아내는 미성(美聲)의 구축, 분명하고 정확한 전달력(傳達力)의 확보를 목적으로 한다.[9] 그러나 회사와 투자액의 규모에 따라 트레이닝의 범위가 확대 또는 축소되기 때문에 영세한 소속사에 속한 가수의 경우 이런 항목들을 모두 훈련받을 수 없다. 각각의 수업마다 적지 않은 비용이 수반되기 때문이다.

유통 단계에서 소속사는 가수 지원을 위해 가수와 긴밀하게 협의하여 새로운 음원·음반 발매 홍보·마케팅 전략 마련을 실행하고 리허설, 쇼케이스, 음악 프로그램 출연 일정을 편성한다. 아울러 방송과 오프라인 무대의 공연을 지원·관리한다. 소비 단계에서는 새로운 앨범 발매에 따라 자연스럽게 이어지는 다양한 매체의 인터뷰 지원, 소셜 미디어 등 매체 관리 지원이 뒤따른다. 팬 미팅 지원·진행, 팬과의 소통 및 팬 사이트 운용 등 팬덤 관리도 필수적이다. 수도권 지역 마케팅에 이어 지방·해외 등 투어 콘서트 스케줄을 편성하고 현지에서 지원 활동을 하게 된다.

셋째, 성장 전략에 따른 관리는 소속사가 음악시장 상황을 면밀하게 분석하여 회사의 성장 모델과 연계하여 마련한 '가수의 성장 전략'을 뮤지션이 공유하여 실천하도록 이끄는 것을 말한다. 성장 모델은 태동기-도약기-성장기-확장기로 구분해 설정한다. 인기가 시든 가수 또는 '왕년의 톱스타'를 소속사가 영입했다면 별로로 '부활 전략'을 마련해야 한다. 전성기가 지난 앨범의 곡도 드라마·영화에 주제곡으로 삽입하는 방식 등을 통해 부활시켜 차트를 역주행하면 가수 역시 회생할 수 있다.

일반적으로 가수의 '태동기(데뷔기)'에는 온·오프라인 무대와 프로그램 장르를 특별히 가리지 않고 가능한 한 많이 참여하여 신인 가수로서 설정한 콘셉트와 예술적 지향을 명확히 알리면서 이미지텔링을 하고 성장과 데뷔에 얽힌 배경, 비화 등 스토리텔링 기법을 적용해 호기심을 극대화하는 이야기 중심 콘텐츠로 만들어 전파하며 '화제 지수'를 높여야 한다. 참신한 퍼포먼스와 겸손한 자세가 중시되는 단계다.

'도약기'에는 이전 단계보다 많은 공연과 행사를 소화하며 마케팅·홍보에 주력한다. 매니저들의 일거리 알선·섭외 능력이 한껏 발휘되는 순간이다. 그럼으로써 가수 자신의 인지도와 네트워크를 확장하고 그간 보여 주지 못한 면모를 제시하여 뮤지션의 진가를 알림으로써 견고한 팬덤을 구축할 수 있다. 이 단계에서 팬들이 해당 가수에 대해 호의적 시선을 갖도록 매니지먼트 전략에 신경을 곤두세워야 한다.

'성장기'에는 팬덤을 기초로 스타 또는 톱스타로 부상할 수 있는 특단의 전략을 마련해 실행한다. 팬덤의 요구와 이용자들의 음악 소비 취향을 정확하게 반영하여 매력적이고 경쟁력이 있는 후속 시리즈 앨범이 계발되도록 해야 한다. 정상 궤도에 오른 '확장기'에는 이전 단계에 비해 보수적인 매니지먼트 전략을 적용하여 인기의 유지와 위기 대응·관리에 집중해야 한다. 사생활 관리 및 언행의 신중함도 요구된다. 이런 성장 전략을 보다 세분화하면 성공적 데뷔하기, 무명에서 얼굴 알리기, 대중에게 어필해 인기 얻기, 인기를 얻어 많은 공연·출연 기회 얻기, 스타로 부상하기, 스타에서 톱스타로 우뚝 서기, 톱스타의 지위를 견고하게 유지하기와 같은 일곱 단계로 나눌 수 있다.

9

뮤직 프로듀싱과 퍼블리싱

1. 프로듀싱의 기획과 실행

대중음악으로 사업을 영위하는 뮤직 비즈니스에서 '프로듀싱(producing)' 이란 음원·음반의 제작 과정 전반을 총괄하는 직무로서 앨범·가사·곡·가수의 기획은 물론이고 선곡·편곡, 연주자 및 오케스트레이션 편성·섭외, 녹음(recording) 과정의 설계와 녹음 스튜디오(studio) 섭외, 믹싱과 마스터링, 퍼블리싱 등 곡의 전체 제작 과정을 총지휘하고 연출하는 창의적 문제해결 작업을 말한다.[1] 한마디로 '제작(프로덕션)의 총괄 진행'이라 할 수 있다.

제작 또는 제작의 모든 과정을 '프로덕션(production)'이라 하고, 프로듀싱 업무를 하는 사람을 '프로듀서'라 한다. 프로듀싱 업무는 '프로듀서'가 수행하는데 그들의 업무 분야는 실제적으로는 매우 광범위하다. 미국의 음악학자 래리 스타(Larry Starr)와 크리스토퍼 워터먼(Christopher Waterman)은 "프로

⟨표 9-1⟩ **음악 프로듀서의 주요 업무**

- 아티스트들에게 창의적인 동기를 부여
- '상업적 성공'이라는 예술적 비전을 갖추는 일
- 정해진 예산을 활용해 음원 제작 프로젝트 완수
- 독창적인 자신만의 사운드를 만들어 냄
- 세션 뮤지션(밴드·악단)의 작업을 관리
- 작사·작곡·편곡의 방향에 대해 결정
- 제작 과정에서 각종 기술적 결정을 내림

자료: Starr and Waterman(2010).

듀서는 녹음 과정을 지휘하거나 돕기 위해 아티스트나 음반 회사가 고용한 사람으로서 자신이 추구하는 음악 작업을 허가받기 위해 회사의 경영진을 설득하고 새로운 재능을 계발하거나 녹음 과정에 참여하기도 한다"며 구체적인 업무 범위를 ⟨표 9-1⟩와 같이 제시했다.[2] 음반 제작은 이렇게 프로듀서의 주도 아래 뮤지션, 가창·연주자, 엔지니어, 디자이너, 레이블(A&R, 홍보 팀), 유통사 등의 협업으로 이루어진다. 앞서 설명한 과정 외에도 피지컬·음원 제작, 발매자료 준비, 유통, 홍보 등의 과정도 포함된다.

프로듀서는 일반적으로 콘텐츠 제작자를 뜻하지만 방송사에서는 프로그램 연출자를, 영화에서는 영화 연출을 담당하는 영화감독과 연계하여 영화 프로젝트 전체의 제작과 마케팅 업무를 총괄하는 책임자를 지칭한다. 따라서 뮤직 비즈니스에서 프로듀서는 영화 프로듀서와 그 기능이 유사하다고 할 수 있다. 뮤직 프로듀싱은 뮤직 비즈니스의 핵심적인 기능이기 때문에 창의적으로 만든 음악과 심혈을 기울여 발굴·육성한 매력적인 가수를 결합시켜 흡인력 있는 앨범을 발매하고 이를 기반으로 공연을 하면서 가치를 높여 수익 창출을 극대화하는 데 초점을 두고 행해진다. 프로듀싱의 세부 과정을 모두 살펴보면 프로듀싱의 가치는 물론 앨범이 어떻게 탄생하여 유통되는지도 명쾌하게 파악할 수 있다.

♬ 앨범 콘셉트 기획

앨범 콘셉트 기획 단계는 출시할 앨범의 밑그림을 그려 확정하는 단계다. '상업적 성공'이라는 예술적 비전을 목표로 프로듀서는 미리 분석한 음악시장 정보와 트렌드, 고려하는 제작 예산(제작 투자 예상액)을 토대로 가장 먼저 새롭게 내놓을 앨범의 콘셉트를 구한다. 여기에는 회사의 중역을 포함한 모든 브레인들이 참여해 의견을 개진하면서 결론을 이끌어 내는 것이 일반적인 방식이다. 콘셉트 설정 회의는 이미 이러한 기획 단계에서 승부가 날 수도 있다는 점에서 뮤직 비즈니스에서 매우 중요한 기능이라 할 수 있다.

앨범의 콘셉트는 핵심 수요 계층, 음악 장르, 핵심 메시지, 이미지 포인트, 앨범 포맷 등을 정하는 과정으로서 설정한 콘셉트를 잘 살릴 수 있는 작사·작곡가, 가수가 누구인지까지 충분히 논의한다. 이때 프로듀서는 아티스트들에게 창의적인 동기를 불러일으키도록 다양한 방법으로 독려해야 한다. 흥행 요소는 어떻게 삽입하거나 적용할 것인가, 초국적 외국 팬들을 대상으로 어필할 경우 문화적 할인율을 어떻게 줄이면서 글로벌 유통 체계는 어떻게 펼칠 것인가에 대한 고민도 해결해야 한다. 소속 가수가 이미 스타의 지위에 올라 있다면 그 가수를 중심으로 차기 앨범에 대한 콘셉트 기획을 위한 회의가 이루어지지도 한다.

앨범 포맷 유형은 전통적으로 앨범 크기 및 수록된 곡의 수에 따라 SP(single player, 7인치), EP(extended player, 10인치), LP(long player, 12인치) 등으로, 수록된 곡의 성격에 따라 장르 음반, 디지털 음반(digital audio disc), 디지털 음반(digital audio disc), 리믹스(re-mix), 리패키지(repackage), 옴니버스(omnibus), OST(original sound track) 등으로 나뉜다. 이 가운데 어느 하나를 선택하면 된다. 디지털 시대인 요즘에는 디지털 싱글, EP(미니 앨범), 정규 앨범 등으로 나누기도

〈표 9-2〉 앨범의 탄생 과정

기획	생산		마케팅(홍보)	유통	
프로듀서 기획자	아티스트	녹음·제작	영업, 마케팅, 언론 홍보	온라인	이용자
				오프라인	

• 흥행 목표
  설정
• 신인 발굴
• 오디션
• 트레이닝
• 콘셉트 결정
• 녹음·제작
  지휘
	• 악곡 수집(작사·
	  작곡·편곡)
	• 밴드·세션·악단·
	  코러스 섭외
	• 녹음·마스터링
	• 수록 곡목 선정
	• 음원(앨범) 프로듀싱
	• 음원(앨범) 제작
			• 뮤직비디오
			  제작
			• 홍보물 제작
			• 유통 플랫폼
			  선정
			• 미디어 관리
			• 프로모션
			• PR·홍보
				• 멜론, 도시락, 플로 등
				• 엠넷, 카카오뮤직
				
				• 핫트랙스, 어반 등	

자료: OECD 디지털 뮤직 리포트(2005) 재구성.

하는데 대중음악 소비 주기가 단축되면서 간편한 디지털 싱글 앨범의 제작이 급증하고 있다.

SP는 음반산업 초기부터 사용된 형태로서 한 면에 한 곡 정도의 노래나 연주가 수록되는 음반을, EP는 25분 정도의 분량에 싱글보다 많은 곡을 수록하는 음반을, LP는 45분 정도의 분량에 EP보다 많은 곡을 수록하는 가장 일반적인 앨범을 지칭한다. 디지털 싱글 앨범은 한두 곡의 노래나 연주곡을 디지털 음원의 형태로 제작·발표한 것을 말한다.

♬ 작사·작곡 의뢰

앨범 콘셉트가 정해지면 프로듀서는 정해진 콘셉트와 가수를 고려해 최상의 퍼포먼스를 구현할 음악을 창작하는 작업에 착수한다. 기본적으로 설정한 콘셉트와 가수의 특성을 가장 잘 살릴 수 있는 국내외 작사·작곡가들에게 가사와 곡의 창작을 맡기거나 프로듀서가 음악 창작 능력이 뛰어난 경우 직접 행하기도 한다. 어떤 곡의 경우 여러 명의 창작자가 참여하기도 한다. 소속 가수가 작사·작곡 능력이 출중한 경우 가수한테 이를 모두 맡기기도 한다. 또는 A&R 부서의 전문가 스태프로 하여금 가수에게 어울리는 음악을 발굴하도록 하여 검토한 뒤 적격한 작사·작곡가와 계약하여 창작하게 한다.

A&R 부서 전문가는 뮤직 아카이브처럼 평소 많은 음악 레퍼토리와 재료를 수집해 보유하고 있다가 새로운 앨범이 만들어질 때 이를 토대로 조언한다. 데모 음원도 여기에 포함되어 있다. 최근에는 '미디(MIDI: musical instrument digital interface)'라는 컴퓨터 작곡 프로그램 툴이 창작에 애용되고 있다. 미디는 본래 의미의 예술 창작성을 퇴색시킨다는 논란도 있지만 대중음악에 사용되는 패턴과 리듬을 체계적으로 집적하고 있어 컴퓨터, 악기, 신시사이저를 서로 연결하여 이를 창의적으로 잘 조합하면서 디지털 사운드를 만들고 합성하는 방식으로 원하는 음악을 작곡할 수 있는 장점이 있다. 창작자들은 자신이 고안해 낸 음악을 MR로 만들어 건네 준다.

♪ 선곡과 편곡

프로듀서나 A&R 부서 전문가를 통해 작사·작곡가들로부터 창작한 음악이 모아지면 A&R 파트가 저작권 분쟁을 야기하는 리메이크, 샘플링 여부 등을 점검한 다음 프로듀서를 비롯한 사내 각 분야 모든 브레인들과 노래를 부를 가수들이 모두 참여한 가운데 앨범 콘셉트에 합당한 노래들을 선정한다. 그 가운데 앨범의 핵심적인 이미지와 메시지를 발산하며 팬들을 사로잡고 홍보하는 데 간판이 될 만한 타이틀 곡(title song)을 선택한다. 그다음 사내·외 편곡 전문가에게 의뢰하여 편곡이 이루어진다.

편곡(編曲, arrangement)은 가수의 목소리와 스타일, 분위기 등을 고려하여 그 방향이 정해진다. 작업 의뢰를 받은 편곡자는 전적으로 가수의 장점

살리기에 초점을 맞춰 어떤 악기를 편성해야 할지, 조성(調聲)·멜로디는 어떤 부분을 강조해야 할지 고민한 결과를 편곡 음악으로 산출한다. 편곡자가 자신이 작업한 음악을 MR로 만들어 아티스트에게 건네면 연습이 본격적으로 시작된다. 연습 도중 가수가 편곡한 곡을 소화하는 데 문제가 있으면 재편곡이 이루어지기도 한다.

♬ 연주자 및 오케스트라 편성·섭외

선곡 작업이 끝나면 연습과 함께 녹음 준비를 해야 한다. '앨범의 콘셉트'를 상부구조로 하여 각 노래의 장르와 분위기라는 하부구조를 살릴 수 있는 연주자나 오케스트라 편성을 내부 논의 끝에 확정한 다음 섭외를 해야 한다. 기타, 베이스기타, 드럼, 전자 키보드 등으로 구성된 소수의 밴드로 녹음이 가능한 앨범(곡)과 소규모의 체임버 오케스트라(실내 관현악단)나 완전한 규모로 편제된 클래식 관현악단을 동원해 장중함을 살려야 하는 앨범이 있기 때문에 앨범 콘셉트와 특성에 따라 밴드, 오케스트라의 편성 규모가 달라지기 마련이다. 밴드 활용 시 밴드 연주용 작곡·편곡이 준비되어야 한다. 오케스트라를 활용할 경우에도 관현악 연주를 위한 작곡·편곡이 따로 필요한데 이를 '오케스트레이션(orchestration)'이라 한다.

밴드는 전자 기타, 베이스 기타, 드럼, 키보드를 기본으로 곡의 장르와 특성에 따라 하모니카, 색소폰 또는 바이올린, 콘트라베이스, 첼로 같은 클래식 악기가 추가될 수 있다. 오케스트라의 편제는 작게는 10인조 '간편 편제'부터 60인조 '풀 편제'까지 다양하다. 일례로 가수 김동률은 2018년 1월 새 앨범 〈답장〉의 제작을 위해 44인조 런던 심포니 오케스트라와 함께 런던 에비로드 스튜디오에서 녹음했다. 가수 진민호는 2020년 4월 미니 앨범 〈어때〉를 준비하면서 42인조 오케스트라와 국내 최정상급 세션들이 대거 참여한 가운데 녹음을 했다. 가수 김준수는 2015년 말 송년 콘서트에서 60인조 오케스트라와 협연했다.

♫ 안무의 구성과 연습

음악이 창작되어 가수가 반복되는 연습을 선행해 오디오 녹음이 끝나면 순차적으로 뮤직비디오와 홍보 영상을 찍고 TV 프로그램과 쇼 무대에서 새 앨범으로 각각 첫선을 보일 공연 연습에 착수해야 한다. 이때 중요한 것은 어떤 댄스와 동작을 결합해 어떤 감성, 메시지, 이미지를 전달할 것인지 명확히 준비를 해야 한다는 점이다. 안무(按舞, choreography)는 바로 음악에 맞추어 춤과 동작을 만들어 가수들이 제대로 퍼포먼스를 하도록 가르치는 일을 말한다. 음악이나 가사에 맞추어 무용, 무용적인 연기, 움직임을 고안하고 창출하는 것이다. 영어 어원은 그리스어 'choros(춤)'와 'grapho(쓴다)'에서 비롯되었다. 안무는 창작자에게 활기와 생동감을 촉발시키며, 몸으로 표현할 수 있는 모든 감정·느낌·정서를 단위로 나누어진 개별 동작들로 구성해 표현[3]하는 것이기에 보는 사람도 집중하여 빠져들 수밖에 없다.

안무는 악곡의 장르, 메시지, 느낌, 분위기, 가수의 특성과 스타일, 소구 포인트 등을 고려해 설정된다. 가수들이 입는 패션, 헤어스타일, 착용하는 소품과 액세서리 유형 등도 고려해 구상한다. 큰 틀에서 곡의 흐름에서 줄기가 되는 일련의 대형을 만들고 세부적으로 그 대형을 완성하는 세부적인 연계 동작을 구현한다. 여기에는 얼굴 표정과 제스처도 포함된다. 이 모든 것이 어우러져 '댄스'라는 시각적 퍼포먼스로 구현된다. 안무가 완성되면 안무가(안무 감독)의 지도에 따라 마룻바닥 연습실에서 실수가 없을 정도로 몸에 익숙해질 때까지 고된 트레이닝을 한다.

컬러 TV가 등장한 이후 음악 시장이 '듣는 음악 시대'에서 '보는 음악 시대'로 전환되면서 안무는 매우 중요한 분야이자 기능이 되었다. 따라서 장르별로는 발라드, R&B, 재즈 가수보다 댄스 가수가, 솔로보다는 아이돌 그룹 같은 그룹형 가수가 안무에 더욱 많은 공을 들일 수밖에 없다. 케이팝의 흥행은 현란하고 역동적이며 짜임새 있는 댄스 안무에 힘입은 바가 크기 때문이다. 핑클·젝스키스·세븐·코요태의 안무는 물론 소녀시대의 「Gee」, 이효리의 「U-Go-Girl」 안무를 창출한 나나스쿨의 정진석 단장처럼 케이팝 댄스를 선도해 온 안무 전문가가 다수 활동하고 있다. 전홍복과 배윤정은 '엉덩이 춤' 등 '카라'의 댄스를 히트시키고, '걸스데이', '브라운아이드걸스', '티아라' 등의 안무를 도맡았다. 명미나와 최효진은 세계적인 안무 팀 '원밀리언 댄스 스튜디오' 출신으로 박재범·마마무·레드벨벳·수지·효린 등의 안무 창출에 참여했다.

그룹 가수의 경우 댄스와 동작에 능해 자체적으로 안무를 책임지는 구성원을 '댄스 담당'으로 지정해 안무를 이끌도록 하고 있다. 이들이 뮤직비디오나 TV 무대에서 뛰어난 댄스 실력을 보일 경우 다른 구성원을 제치고 먼저 스타로 부상하기도 한다. 그룹 H.O.T.의 장우혁, 쥬얼리의 서인영, 2AM의 조권이 대표적인 사례다. 서태지와 아이들로 선풍을 일으킨 양현석·이주노와 가수로 데뷔해 정상의 인기를 누린 현진영도 모두 박남정의 백댄서(박남정과 프렌즈) 출신의 타고난 춤꾼이었다.

♬ 스튜디오 녹음 설계와 실행

녹음은 앨범을 만들기 위한 본격적인 제작 과정으로 양질의 기기와 시설을 갖춘 전문 스튜디오나 홈 스튜디오에서 진행한다. 프로듀서의 지휘 아래 스튜디오의 리코딩 엔지니어가 전문가적인 역량을 발휘하며 주도한다. 특히 녹음 스튜디오 엔지니어들은 음악 전문가로서 스튜디오 안에서 목소리와 악기의 선택, 에코와 리버브(반사·굴절에 의해 울리는 잔향 음)와 같은 음향효과 선택, 음반의 전반적인 소리를 규정하는 것 등에 대해 결정한다.

녹음은 아티스트가 녹음에 앞서 직접 연습용으로 시연하는 '가녹음(假錄音)'과 실제 상황인 '본녹음(本錄音)'으로 구분한다. 가녹음은 처음 녹음할 경우나 새로운 스튜디오를 방문했을 때 겪게 되는 겸연쩍음이나 낯설음을 없애 주고 스튜디오 녹음실 체제에 음악의 궁합이 맞는지 점검하는 과정이다. 구체적으로 각 파트의 편곡과 곡의 키(key)·톤(tone)·템포(tempo)의 적절성, 전체 사운드와 개별 악기 소리의 어울림, 가수의 '감정선(感情線, heart line)'을 맞추는 과정이다. 가녹음 과정에서 프로듀서는 상업적 성공이라는 예술 비전이자 마케팅의 목표를 고려하면서 가수나 세션 연주자들에 대해 원 포인트 레슨을 할 수도 있다. 이때 다른 가창자에게 의뢰하여 녹음한 가이드 곡을 들으면서 조율과 개선을 시도하기도 한다.

본녹음은 가녹음 과정을 통해 충분한 연습을 하고 최상의 컨디션을 유지한 채 일반적으로 감독인 프로듀서의 지휘에 따라 실시한다. 음정, 박자는 틀려도 수정이 가능하지만 감정, 가사, 발음 등은 컴퓨터로 말끔하게 보정하기 어렵기 때문에 틀리지 않도록 잘 다듬어 녹음해야 한다. 녹음은 보통 3~4시간이 소요되기 때문에 고도의 집중력과 체력이 필요하다. 전문인들만 사용하는 직업어로 한 프로(program, pro: 3시간 30분~4시간)를 꼬박 스튜디오에서 지내야 하는 경우가 많다. 경우에 따라 음악의 1차적 창작자인 작곡가와 2차적 창작자인 편곡자가 함께 녹음 작업에 참여할 수도 있다. 녹음이 끝나면 음원이라는 원재료를 확보한 것이므로 이를 최적의 상태로 가공하기 위해 믹싱과 마스터링이 이어진다.

♪ 믹싱과 마스터링

믹싱과 마스터링은 상업적 흥행이라는 예술적인 비전과 앨범의 콘셉트에 중점을 두어 노래와 연주의 음질을 보정하고 듣기 좋게 최적화하는 과정이다. 프로듀서가 청음·음향 감각이 뛰어난 데다 숙련된 경험이 있는 관련 분야 엔지니어와 협업해 진행한다. 믹싱은 이미 녹음한 곡의 소리들을 이용자들이 매끄럽게 들을 수 있도록 혼합(mix)하는 과정을 말한다. 오디오 믹싱(audio mixing) 또는 믹스다운(mix down)을 줄여서 쓰는 말이다. 믹싱 과정에서는 소리의 높낮이, 음량, 좌우 밸런스, 주파수 특성을 바로잡는 이퀄라이저(EQ: equalizer), 스테레오 품질, 사운드 이펙트, 내레이션 가미·혼합·조정 작업을 통해 청취자가 가장 듣기 좋은 음질과 대역의 사운드를 가공해 산출해 낸다.

믹싱이 끝나면 마스터링에 앞서 앨범에 실리게 될 곡들의 음질 보정, 곡과 곡 사이의 시간 간격 조정, 레벨 조정을 하는 '프리 마스터링(pre-mastering)'을 실시한다. 마스터링은 믹싱 이후에 믹싱 파일을 가져다가 마스터링 스튜디오에서 행하는 작업이다. 음악을 즐기는 이용자들의 수용성이 높도록 음질 보정, 역동성 조정, 곡 간 간격 조정, 레벨 조정 등을 통해 음원을 최적화하는 과정이다. 믹싱이 끝난 음악을 복제해 CD 원본(마스터)으로 만드는 일련의 과정인 셈이다. 'master'란 영단어는 '주인', '달인', '석사 학위', '숙달하다', '억누르다', '굴복시키다' 등 다양한 뜻이 있는데 여기에서는 '원판(原版, original copy)'이라는 뜻으로 사용된다. 따라서 'mastering'은 뮤직 비즈니스에서 '원판 만드는 작업하기' 또는 '최종본 음원 만들기 작업'이라고 가장 간략하게 풀이할 수 있다.

과거에는 CD의 여러 트랙 간에 밸런스가 안정되도록 맞춘다는 뜻으로 마스터링이 사용되었으나, 최근에는 음향 효과를 가미해 믹싱을 하는 최종 수정작업까지 포함한다. 마스터링을 잘 하면 해당 음원이 라디오, 인터넷 사이트, 유튜브, CD, MP3 등에서 재생될 때 가장 듣기 편안한 상태가 된다. 마스터링이 끝나면 '마스터 CD'가 완성된다. 카세트테이프 음반용일 경우 음압 등이 달라 별도의 '마스터 테이프'를 만들어야 한다. 마스터 CD나 마스터 테이프는 레코드 제조 공정에서 집음(集音)된 녹음 내용에 여러 가지 조정·수정을 가하는 믹싱과 마스터링을 더해 완성한 원본 CD와 테이프를 말한다.

이렇게 한 가지 물리적 형태의 실물 음반을 기획해 마스터링하여 출시한 다음 다른 형태의 음반을 출시하기 위해 매체별 소스를 조합 및 변환해 마스터링을 하는 것을 '리마스터링(remastering)'이라 한다.

♬ 뮤지션 스타일링

스타일링(styling)은 미술 디자이너, 의상·헤어·메이크업·액세서리 디자이너 등 분야별 이미지 전문가들이 참여해 미리 정한 콘셉트에 맞추어 앨범을 멋지게 디자인하고 가수의 녹음 및 공연 스타일을 설정하는 과정이다. 이미 만들어진 노래와 가수를 더욱더 예술적으로 보이게 하는 매우 중요한 작업이다. 이런 작업은 회사와 지정한 숍과의 계약에 의해 지속적으로 행해지는 경우가 대부분이지만 앨범 건별로 맡기는 경우도 있다. 서울 청담동에는 이런 유형의 숍이 즐비하게 들어서 있다.

케이스, 부클릿, 인레이, 트레이, CD로 구성되는 앨범에서 앨범 케이스와 CD의 표지는 초기 단계에서 정한 앨범의 콘셉트를 구체적으로 표현하는 과정이다. 먼저 앨범에 실릴 곡의 리스트가 확정되고, 가수가 앨범 재킷용 사진을 찍은 다음 이를 토대로 디자이너가 여러 개의 시안을 만든 뒤 내부 검토를 거쳐 최종안을 선정한다. 디자이너는 앨범의 중요 정보인 곡

리스트와 아티스트 크레디트, 제작사·유통사 로고, 바코드 등도 빠짐없이 체크한다. 앨범의 재질과 디자인의 수준 및 스케일은 점차 고급스러우면서도 색조와 이미지 구성은 화려함과 신비감이 강조되고 있는 추세다.

앨범 재킷용 사진, 뮤직비디오 촬영, 홍보용 영상 촬영 전에는 의상 디자이너, 헤어 디자이너, 메이크업 아티스트가 참여해 자신이 맡은 분야에서 가수, 프로듀서, 매니저 등과 협의해 예술적 창의력을 발산한다. 의상·헤어·메이크업 디자이너들은 음원 제작사 관계자로부터 노래와 가수에 관한 사전 정보를 받아 충분히 연구한 뒤 작업에 임한다. 카탈로그나 화보집의 제작, 가수의 콘서트나 행사, 방송·CF 출연 전에도 같은 방식으로 예술성과 상업성을 동시에 고려한 관점에서 미적 가치를 더해 주고 엔터테이너로서 판타지 효과를 강조하는 예술 작업이 이루어진다.

♬ 마스터 리코딩

'마스터 리코딩(MR: master recording)'은 노래나 다른 사운드의 첫 번째 녹음을 지칭한다. 마스터 리코딩은 흔히 '마스터'라 불리는데 디스크, 테이프 및 컴퓨터 데이터 저장 형식으로 만들 수 있다. 이 마스터에서 이후의 모든 카피가 만들어진다. 마스터 리코딩은 특히 해당 아티스트가 인기가 있는 경우 덩달아 가치가 높아진다. 마스터(원판)는 대부분 음반 제작사가 갖고 있지만, 아티스트와 밴드가 원할 경우 자신만의 마스터 음반을 소유하거나 나중에라도 구입할 수 있다.

'멀티 트랙 마스터'는 오리지널 멀티 트랙 리코딩을 뜻하는데, 시간 경과에 따라 반복해서 작업할 수 있다. 멀티 트랙은 4개, 8개, 16개 이상의 트랙이 있을 수 있다. 이러한 녹음은 일반 기계에서는 재생할 수 없기 때문에 재생이나 녹화를 할 경우 특별한 기계가 필요하다. 멀티 트랙 녹음이 끝나면 모노(monaural), 스테레오(stereo), 서라운드 사운드(surround sound) 녹음을 혼합하는데, 이렇게 처리한 것을 '믹싱한 마스터(mixed master)'라고 한다. 믹싱한 마스터의 복사본은 일반 기계에서 재생할 수 있다. 이렇게 녹음한 것은 다시 녹음하거나 다른 형식으로 복사하거나 더 나은 소리를 내기 위해 재생할 수 있는데 아날로그 음원을 디지털 리코딩 포맷으로 전환하면 오랫동안 보존할 수 있다.

♪ 유통·홍보

앨범(음원)의 정규 유통은 음원 포털, 음원 유통사, 오프라인 매장을 통해 하는 것이 일반적이다. 디지털 음원 소비 추세가 강화되면서 오프라인 매장의 매출이 줄어들고 음원 포털을 이용한 소비가 점차 늘어나고 있다. 국내의 경우 CJ ENM·카카오(멜론)·NHN벅스(벅스)·지니뮤직(지니)·드림어스컴퍼니(플로)·소리바다 등을 통해, 북미권은 스포티파이·애플 뮤직·아마존 뮤직·디저·세븐 디지털 등을 통해 유통할 수 있다. 마케팅 담당자들은 국내외 유통 패널에 자사의 앨범이 제대로 유통되도록 실시간으로 유통 정보를 파악하면서 영업 관리를 철저히 해야 한다.

음악 홍보는 마케팅과 연동된다. 언론 홍보 외에도 유통사, 자체 채널, 다양한 디지털 플랫폼을 통해 홍보할 수 있다. 음원 포털을 비롯한 유통사가 비즈니스 고리로 형성된 유통 채널이라면 SNS를 위시한 뉴미디어 계정을 활용하면 유용하다. 회사나 아티스트가 자신의 고유한 역량을 발휘하여 특화된 방법으로 유통 촉진을 위해 홍보할 수 있는 매개체이기 때문이다. SNS의 경우 회사나 아티스트가 일방적으로 앨범, 음원, 콘서트, 일상 등에 관한 홍보를 하는 '폐쇄형'으로 만들지, 이용자들이 실시간 댓글 정도는 달 수 있는 '결합형'으로 만들 것인지, 쌍방향 메시지와 댓글이 모두 가능한 '개방형' 툴로 만들 것인지 충분히 고민해서 정해야 한다.

디지털 매체나 플랫폼을 이용해 본 사람들은 누구나 알고 있듯이 '유튜브'는 공들여 만든 뮤직비디오, TV 출연 영상, 앨범 출시 인사말 등 다양한 동영상 홍보를 할 수 있고, 경우에 따라 앨범 가운데 '맛보기 곡'도 선보일 수 있다. '사운드 클라우드'는 출시 전후 이용자들의 반응을 체크해 보기 좋은 무료 음원 공유 플랫폼이라서 적절히 활용하기 좋다. '인스타그램'은 이미지, 영상 중심의 임팩트와 속도 있는 어필을 할 수 있다. '페이스북'은 이용자들을 '친구'로 계속 확보해 가면서 반응을 통계적으로 체크하기에 편리하다. '트위터(twitter)'는 짧은 메시지와 이미지, 동영상을 올릴 수 있고 팬들의 간단한 반응도 이끌어 낼 수 있다.

2. 뮤직 퍼블리싱의 실제

뮤직 퍼블리싱, 즉 '음악 발매·출판·유통'은 노래 자체와 노래의 저작권을 이용해 수익을 창출하는 모든 사업을 말한다. 즉, 저작자(작사·작곡가)로부터 음악 저작권을 양도받은 저작권자(퍼블리싱 사업자)가 출판, 음반에 녹음, 녹음 이외의 방법으로 음악 저작물을 이용하고, 또 음악 저작물 이용의 확장·개발을 도모하는 비즈니스 활동을 의미한다. 음악 유통과 사용이 활발해지고 창작자의 저작권 보호가 중시되는 시대를 맞아 유망 사업으로 부상하고 있는 분야다. 미국 로스앤젤레스에 소재한 익센뮤직퍼블리싱(Wixen Music Publishing, Inc.)을 1978년 창업한 랜달 익센(Randall Wixen)은 "뮤직 퍼블리싱은 음악 저작권 형태의 음악을 소유하고 이용하는 것이다"[4]라고 정의한 바 있다.

음악에서 '출판'이라는 표현은 사람들로 하여금 도서 출판과 혼돈을 불러일으켜 뮤직 비즈니스에 대한 이해를 어렵게 한다. 금속활자 인쇄술 발명 이후 이탈리아 베니스에서는 1501년에 악보를 인쇄본으로 찍어 판매한 최초의 악보 출판업자 오타비아노 페트루치(Ottaviano Petrucci, 1466~1539)가 등장했고[5], 18세기에 사업가들이 작곡가로부터 악보를 빌려 타인이 사용하게 하고 그 대가로 수수료를 받아 이익금을 챙긴 후 차액을 작곡가에게 정산해 주는 사업이 활성화되었다. 이런 연유로 '뮤직 비즈니스'가 생겨났기 때문에 음악에서도 '출판'이라는 용어가 쓰이게 되었다. 다시 말해 녹음과 라디오가 등장하기 전까지는 악보 출판이 음악 저작권을 이용해 돈을 벌 수 있는 유일한 방법이었다.

따라서 뮤직 퍼블리싱의 수익 모델은 악보 출판을 시작으로 레코드, 연주, 라디오, 영화, TV, 케이블 TV, 비디오, 대여용 레코드, 노래방, 인터넷 이용, DVD, 벨소리, 게임, 아이튠즈, 클라우드 서비스 등으로 그 관리 범위를 점차 넓혀 왔다. CD 한 장을 팔 경우 일본에서는 가수가 가창 녹음한 대가인 가수 인세(1~3%), 프로듀싱 인세(1~3%), 판매점 이익이 포함된 유통비(45%)는 거의 고정되어 있어 12~18%에 이르는 원반 저작권 인세와 6%쯤 되는 출판권 획득에 주력하고 있다. 출판권 수익은 사전계약 내용에 따라 작사가, 작곡가, 뮤직 퍼블리싱 회사가 나눈다.

제작사와 레이블이 같은 회사라면 그 회사에 속한 프로듀서가 퍼블리싱에도 관여할 수 있다. 그러나 제작사가 마스터(1차적 원반)라서 제작자이고, 마스터에 대한 권리가 별도의 레이블(레코드사)에 있다면 프로듀서는 퍼블리싱에 관여할 수 없다.

뮤직 퍼블리싱 회사가 저작권을 위임받아 사업으로 영위할 수 있는 분야는 크게 5가지의 로열티(royalty, 저작권 사용료)다. 그것은 기계적인 로열티, 실연 로열티, 동기화 라이선스 수수료, 샘플링 사용 수수료, 악보 인쇄권 수익 등이다. 따라서 뮤직 퍼블리셔는 저작권에 대한 개념과 음원의 파생

수익 구조를 제대로 이해하여 수익을 다각화·극대화하는 전략을 설정해 창작자와 이용자 사이에서 담대한 '거래(deal)'를 할 필요가 있다.

♬ 기계적인 로열티

LP, 테이프, CD, MP3 등으로 나온 음원이 팔릴 때마다 기계적으로, 즉 자동적으로 받는 로열티 수익을 말한다. 부연하면 '로열티'란 특정한 창작물의 권리를 이용하는 이용자가 권리를 가진 사람에게 지불하는 금전적인 이용 대가를 뜻한다. 여기에서 '기계적'이라 표현하는 것은 지불이 법에 의해 제도화되어 있기 때문이다. 미국에서 이런 로열티는 복제된 앨범이나 싱글이 판매되는지 여부에 관계없이 음원당 9.1센트(한화 102원)에 상당한다. 누군가가 당신의 노래 중 하나를 커버하고 1천 장의 CD를 만든다면, 그 CD들이 구매되었는지 여부와 상관없이 91달러를 지불해야 할 의무를 지게 된다. 어떤 가수가 자신의 레이블에서 활동한다면 앨범 수익에 따라 그 자신에게 로열티를 지불하게 된다. 스포티파이, 멜론과 같은 유통사의 주문형 스트리밍 서비스도 특정 가수의 노래가 스트리밍을 위해 대기할 때마다 일정액의 기계적 로열티를 지불한다.

♬ 실연 로열티와 동기화 상품 라이선스 수수료

뮤직 퍼블리싱 회사는 권리 대행 계약에 따라 권리를 위임받은 창작자의 노래가 실연(방송 또는 공연)될 때마다 그것에 합당한 로열티를 받는다. 지상파 및 위성 라디오에서의 재생(Sirius, KEXP 등), 네트워크 및 케이블 TV 사용, 인터넷 라디오(판도라 등)에서 재생 등이 모두 여기에 해당한다.

동기화 상품에서 발생하는 라이선스 수수료(license fee)는 음악이 영상과 결합(동기화)되어 뮤직비디오, 영화, 드라마 TV 쇼와 같은 새로운 콘텐츠가 만들어질 때 발생하는 음악 사용료(수수료)를 말한다. 동기화의 대상은 뮤직비디오, 영화, 드라마와 같은 전통적 분야 외에도 광고, 홍보 영상, 비디오 게임, 프레젠테이션, 유튜브 비디오의 사운드 트랙으로 확대되고 있다. 음악 사용료는 통상 작곡자와 퍼블리셔, 마스터 리코딩의 저작권 소유자에게 지불된다.

♬ 샘플링 수수료와 악보 인쇄권 수익

'샘플링'은 신곡을 만들 때 이미 제작되어 유통된바 있는 가요, 팝, 클래식 음반의 연주 음원에서 특정 멜로디, 북소리, 사운드 바이트(짧은 가사나 음악 클립)를 그대로 따서 쓰는 것을 말한다. 따라서 샘플링 사용 수수료란 어떤 창작자가 다른 창작자가 만든 기존 음악의 샘플을 사용할 경우 로열티로 발생하는 수익이다. 사용자들은 권리를 위임받은 뮤직 퍼블리싱 회사에게 허락을 받고 사용할 수 있고 그 사용에 대해 정당하게 로열티를 지불해야 한다.

노래 작곡자나 마스터 리코딩의 저작권자가 다른 사람의 원작을 샘플로 사용해 창작했다면 이 또한 원작자에게 로열티를 지불해야 한다. 악보 인쇄권 수익은 녹음된 음악과 달리 멜로디와 코드만 표기된 한 장의 악보로 발행되는 음악인 '시트 뮤직(sheet music)', 선율(melody) 부분만을 쓴 노래의 사본인 '리드 시트(lead sheets)', 리드 시트를 모아 만든 '대중가요 악보집(fake books)' 등 자신의 작품이 인쇄 형태로 복제될 때마다 돈을 받는다.

뮤직 퍼블리싱을 보다 구체적으로 이해하려면 빅히트엔터테인먼트가 관련 사업 활성화를 위해 2020년 6~10월 게시한 '뮤직 퍼블리싱 전문가 채용 공고'의 직무 내용과 조건을 살펴볼 필요가 있다. 이 공고에서는 음

> **빅히트엔터테인먼트 '뮤직 퍼블리싱' 분야 공채(2020) 내용**
>
> **[주요 업무책임]**
> - 신인 프로듀서 및 작곡가 발굴 및 관리
> - 작사·작곡가와 악곡별 계약 체결 관리
> - 관리 악곡에 대한 저작권 관리
> - 저작권 사용 승인 진행(라이선스 및 클리어런스 업무)
>
> **[필수 자격요건]**
> - 학사 이상
> - 전공 무관
> - 경력 무관
> - 퍼블리싱 분야에 많은 관심이 있고, 배우고자 하는 의지가 높은 분
> - 음악 산업 및 저작권에 대한 이해를 빠르게 할 수 있는 분
> - 다양한 유관 부서 구성원들과 명확한 커뮤니케이션이 가능한 분
> - 작곡가·프로듀서와의 원활한 소통이 가능한 분
> - 비즈니스 영어 또는 일본어 커뮤니케이션에 능통한 분

악학에서 규정하는 뮤직 퍼블리싱의 정의에 비교적 충실한 자격 요건을 제시하고 있다. 해당 공고에 따르면 뮤직 퍼블리싱 담당 스태프는 신인 프로듀서 및 작곡가 발굴·관리, 작사·작곡가와 악곡별 계약 체결 관리, 관리 악곡에 대한 저작권 관리, 저작권 사용 승인 진행(라이선스 및 클리어런스 업무) 등의 업무를 하게 된다. 한마디로 저작권을 태동 단계부터 총체적으로 관리하여 수익을 극대화하는 매니저 역할이다.

10

콘서트 기획과 제작

1. 콘서트의 매력과 기획 전략

공연의 유형 가운데 '콘서트(concert)'는 가수, 연주자, 코러스, 지휘자 등의 아티스트들이 자신의 예술적 기량과 감수성을 재현하는 실연 무대이다. 콘서트란 말은 '2개 이상의 음향체(音響體)의 상호 대립과 경합'이 특징인 '협주곡(協奏曲)'을 뜻하는 이탈리아어 '콘체르토(concerto)'에서 유래했다. 'concertare'는 '일치시키다', '협력하다'란 뜻의 동사인데, 그 형용사형이 'concertato'[1]다. 콘체르토는 1519년 협주곡이라는 용어로 정착될 때만 해도 성악 또는 기악만의 앙상블을 뜻했고 1565년쯤까지는 성악·기악이 공연하는 앙상블을 지칭했다.[2] 현대에 이르면서 대중음악 등 음악 전반에 통용되는 '실연'이란 뜻으로 확장되었다. 따라서 콘서트의 원형 포맷은 바로크 시대의 성악과 기악 협주곡 형식이다.

콘서트의 사전적 의미는 '2인 이상이 음악을 연주해 청중에게 들려주는 모임'을 뜻한다. 아티스트와 청중의 상호작용에 의해 가치와 만족감(효용)이 발휘되는 형식의 예술이다. 존(Zorn, 1980)은 콘서트는 작곡가, 실연자(가수, 연주자 등), 관객 간에 비언어적이고 심미적인 커뮤니케이션 몰입(flow)을 유발하고 형언하기 어려운 '마법(magic)'을 경험하게 해 주는 매력과 가치가 있다고 강조했다.3 김정락 등(2011)은 콘서트는 뮤지션과 관객이 같은 장소에서 실시간 소통하기 때문에 긴장과 몰입, 카타르시스, 신명 등 다른 예술이 얻기 어려운 공감대를 이루어 낸다고 분석했다. 콘서트가 오늘날 뮤직 비즈니스에서 왜 중요하고, 왜 결코 놓치거나 포기할 수 없는 매력적인 수익 창출 수단이 되었는지 설명해 주는 가장 적절한 분석이다.

가수가 선보이는 공연은 여러 형태가 있으나 콘서트가 가장 일반적이다. 콘서트 기획자는 기본적인 콘서트 기획안 작성·확정, 제작 투자금 유치, 예산계획 수립, 아티스트 선정·계약, 공연장 물색과 대관(貸館) 계약, 공연 제작, 여러 단계의 리허설과 공연 제작(본 콘서트), 안전관리대책 수립, 홍보·마케팅·판매, 정산·결산, 아티스트와 관객에 대한 사후 관리 등 콘서트 준비에서 완료까지 모든 과정을 책임진다. 따라서 음악 소비 트렌드를 읽고 콘서트 흥행 여부를 예측하는 명민한 감각은 물론 넓고 유연한 인적·물적 네트워크, 성실하고 치밀한 일 처리가 요구된다.

콘서트 기획은 성공 가능성은 최대한 높이고 리스크는 최대한 줄이는 다각적인 고려 끝에 안(plan)이 확정된다. 따라서 첫째, 콘서트 기획안 작성 및 확정 단계에서는 아티스트의 티켓 파워(ticket power)와 공연시장 분석을 철저히 해야 한다. 실제적인 수익은 공연장의 좌석 수, 공연 횟수, 티켓 가격 등에 의해 좌우되므로 어떤 규모의 공연장에서 어느 정도의 기간에 어떤 계층을 핵심 타깃(main target)으로 하여 실시할 것인지 기획 단계에서 충분히 고려해야 한다. 온라인 콘서트의 경우 티켓 가격의 30%를 무조건 떼

가는 스마트페이 결제 회사들의 횡포도 문제인데, 제작사에 막대한 부담이 되므로 개선점을 찾아야 한다.

기존의 콘서트 연구 결과물들을 모아 재분석한 결과, 콘서트 성공 요소는 매력적인 아티스트의 선정, 화려하고 역동적인 무대 구성과 퍼포먼스 연출력, 합리적인 수준의 입장료로 손꼽힌다. 가수는 유명할수록, 팬덤이 두터울수록, 가장 최신의 유행을 이끌어 가는 트렌드 세터(trend setter)일수록 흥행 가능성이 높다.

무대 구성과 퍼포먼스 연출은 표현 기법의 수준과 품격을 의미하는데, 가수의 이미지와 어우러져 존(Zorn, 1980)이 강조한 '마법 효과'나 '판타지 효과'를 극대화하는 기제로 작용하기에 매우 중요하다. 특히 콘서트는 무대 위의 공연자를 통해 공연되는 시간적 상황에만 존재하다가 공연이 끝나면 소멸하는 일회적인 예술이고, 무대라는 공간적 제약과 공연 시간이라는 시간적 제약, 제작상의 여러 가지 제약으로 인해 그대로의 재현은 불가능하기에[4], 가장 적합하고 적절한 표현 기법을 동원해야 관객들을 만족시킬 수 있다. 이때 바로 가장 적합하고 적절한 표현 기법을 구상해 실현하는 것이 연출자의 몫이다.

콘서트 관객의 공연 관람 결정 요인을 뮤지션의 유명도, 음악, 기획사, 공연장 위치, 접근성, 입장료, 할인 혜택 제공 여부라고 제시한 연구[5]도 있고 콘서트 품질보다 콘서트에 대한 감정적 반응이 더 중요하므로 이를 잘 고려해야 한다고 지적한 연구[6]도 있다. 관객 입장에서 콘서트 참석이나 티켓 구매 결정의 동기는 기대하는 효용과 만족감의 수준에 따라 결정된다.

브라운과 크녹스(Brown and Knox, 2016)는 라이브 콘서트 참여를 결정하는 요인을 첫째, 특별한 경험과 존재감 기대, 둘째, 숭배(worship) 표현의 참가, 셋째, 콘텐츠의 참신성 체험 기대감 제공 및 강도로 각각 제시했다.[7] 이들 연구에서 나타난 가장 중요한 참여 동기는 관람자들이 제한된 타인들과

〈표 10-1〉 콘서트 성공의 결정 요인과 콘서트 제작 프로세스

콘서트 성공 결정 요인	• 매력적인 아티스트의 선정, 화려하고 역동적인 무대 구성과 퍼포먼스 연출력, 합리적인 수준의 입장료 - 뮤지션의 유명도, 음악(장르 및 품질), 기획사, 공연장 위치, 접근성, 입장료(티켓 가격), 할인혜택 제공 여부(문현탁, 2010) - 특별한 경험과 존재감 기대, 숭배 표현의 참가 동기, 콘텐츠의 참신성 체험 기대감 제공 여부(Brown and Knox, 2016)	
콘서트 기획 및 제작 절차	1	콘서트 기획안(공연 콘셉트) 작성 및 확정
	2	제작 투자 유치(자비 투자, 외부 투자, 대출, 크라우드 펀딩)
	3	예산계획 수립(공연법상 안전 관리비 포함 의무)
	4	아티스트(가수, 연주자 등) 선정 및 계약
	5	공연장 물색 및 대관 계약
	6	다단계 리허설과 공연 제작(콘서트)
	7	안전관리대책 수립 및 점검(실비 예산 투입)
	8	홍보·마케팅·판매(언론, 관객 상대)
	9	정산·결산(공연예술통합전산망 정보제공 의무)
	10	사후 관리(아티스트, 관객, 관계사·협력사)

'경험'을 공유하며 그 시간 그 현장에 있으면서 무엇인가 '특별한 존재의 일원'이 되는 것을 느끼는지 여부였다. 가수에 대한 숭배의 표현으로, 또는 충성도(loyalty)의 표현으로 콘서트에 참여하는 팬들도 있고, 새로운 소재의 음악이나 밴드를 경험하기 위해 콘서트에 참여하는 팬들도 있었다.

이 연구에서 '공연 가격'은 큰 영향을 미치지 못하는 것으로 나타났다. 그 원인은 자신이 좋아하는 가수가 라이브 공연을 할 때는 금액으로 따질 수 없는 특별한 유대감과 만족감을 얻기 때문인 것으로 분석되었다. 팬덤이 두터운 BTS, 블랙핑크, 트와이스, 슈퍼엠 등의 유료 콘서트 가격을 보면 보통의 어른들이나 학부모들의 입장에서는 소스라치게 놀랄 수준임에도 불구하고 대성황을 이루는 현상을 볼 수 있다.

둘째, 제작에 대한 투자유치 단계에서는 소속사의 예산으로 할 것인지, 투자자들의 투자를 받아 할 것인지, 은행 차입을 통해 진행할 것인지, 크

라우드 펀딩과 같은 소셜펀딩 예술 콘텐츠 제작 사이트를 통해 진행할 것인지 고심하여 결단해야 한다. 이 과정에는 어떤 아티스트를 무대에 올려 콘서트를 진행할 것인지도 직접 연계된다. 협찬과 지원의 주체도 이때 결정한다. 새로운 투자 방식으로 소셜펀딩이 확산되면서 음악 애호가들의 소액 투자를 이끌어 내 콘서트 제작을 성사시키는 크라우드 펀딩 회사는 '부루다 콘서트' 등이 있다. 부루다 콘서트(https://channels.vlive.tv/F56139/home)는 2013년 설립된 국내 최초의 '관객 참여형' 콘서트 제작 플랫폼으로서 콘서트의 기획·투자·홍보 모든 과정에 관객이 참여한다. 업체 측은 제작 비용이 절감되기 때문에 예비 관객인 투자자들의 경우 일반 공연보다 25% 싸게 공급할 수 있는 장점이 있다고 강조한다.

셋째, 예산계획 수립은 가수와 공연 규모를 고려해 진행한다. 가수, 코러스, 연주자 등 출연할 아티스트의 출연료, 대관료, 녹음·음향·조명·특수효과·분장·스타일링 등 제반 제작비, 세션과 스태프들의 인건비, 홍보·마케팅 비용, 티켓 판매 수수료, 공연 저작권 사용료, 공연 및 공연장 안전 관리비, 부가세 등 다양한 항목을 면밀하게 검토해 산정한다. 지방 공연의 경우 이동과 숙박에 따른 비용, 외국 가수들의 내한 공연일 경우 개런티, 항공료, 호텔 숙박비, 차량 사용료, 오프닝 게스트와 세션, 엔지니어, 매니저를 비롯한 동반 인원의 인건비 등의 항목이 추가될 수 있다. 공연법에서는 안전 관리비를 공연 예산에 의무적으로 반영하도록 강제하고 있으니 안전 관리에 정해진 예산을 실제적으로 투입해 사고를 미연에 방지해야 한다.

넷째, 아티스트 선정 및 계약 단계는 공연의 콘셉트와 포맷을 결정하는 중요한 과정이다. 소속사가 소속 가수들을 주체로 콘서트를 준비할 경우 출연료 결정이나 수익배분 협의가 대체로 순조롭다. 따라서 이 경우 기획자와 가수가 사전에 충분히 협의해 발매한 앨범의 특성과 소구하는 메시지와 이미지를 고려하여 공연 규모와 콘셉트를 결정하면 된다. 다른 소속사의 가수를 주체로 공연 전문업체가 기획할 경우에는 출연료, 연습 비용, 연습실 비용, 밴드 비용, 홍보 및 마케팅 활동 참여 범위 등에 관하여 협상해 매우 세부적인 조항까지 담아 계약을 해야 한다.

"어떤 사항을 구체적으로 이행해야 하고 그렇지 못할 경우에는 어떻게 한다"라는 식으로 상황별 또는 경우의 수에 따른 구체적인 규정을 담아야 한다. 세부적인 사항까지 일일이 규정해 계약서에 담는 미국, 영국의 경우 계약서가 책 한 권 분량인 경우가 많다. 관행상 1~2장으로 갈음하던 우리나라의 공연 계약서도 미국처럼 점차 두껍게 변하고 있다. 출연료는 선지급하는 방식과 티켓 판매량과 연동하여 배분하는 방식 가운데 협의하여 선택할 수 있다. 가수가 톱스타의 반열에 있다면 협상의 역학이 반영되어 보다 우월한 지위에 있는 그 가수의 의사가 더 중시될 수 있다.

다섯째, 공연장 물색 및 대관 계약 단계에서는 앞의 기획 단계에서 설정한 공연의 규모와 아티스트의 특성을 고려해 공연장을 물색한다. 이어 공연장의 오디오 구현 품질·특성, 관객 친화성, 교통 접근성, 안전성 등을 검토해 최종 확정한 뒤 계약한다. 특히 많은 관객들이 운집하는 공연장은 항상 사고의 위험을 안고 있기 때문에 물색 단계에서 계단 이동 시의 안정성, 발코니와 2층·3층 객석 난간의 안정성, 화재·지진·붕괴 사고와 같은 긴급사태가 발생할 경우 대피·탈출의 통로 확보, 소화기 및 스프링클러 비치·작동 여부, 매점, 화장실 등 부대시설의 편리성 등을 충분히 고려해야 한다. 가수들이 마이크를 잡고 퍼포먼스를 하다가 전기 누전으로 감전 사고를 당하는 경우도 있기에 전기 설비의 안전성도 확실하게 점검해야 한다.

여섯째, 다단계 리허설과 공연제작 단계에서는 가수 등 아티스트가 자신의 역량과 감각을 최대한 발휘하도록 충분히 지원한다. 콘서트 진행 팀은 무대 관리, 아티스트 관리, 공연장 설비 점검 등을 동시에 수행하면서 미비점을 보완한다. 진행 팀과 연계하여 공연 연출자와 아티스트는 최종 리허설까지 마이크, 음향, 밴드와의 조화 등 공연 자체의 품질을 높이기 위한 점검에 몰두하면서 완성도를 높여 나간다. 콘서트가 열리는 공연 제작일은 마지막 연습을 한 뒤 얼마간 충분히 휴식을 취하면서 에너지를 축적한다. 콘서트 당일에는 전체 스태프를 티켓 관리요원, 공연장(무대) 관리요원, 아티스트 관리요원, 투자사 협찬사 관리요원, 주차 안내·관리 요원, 안전 관리요원 등으로 세부적으로 나누어 책임자가 지휘하면서 입체적으로 운용한다.

일곱째, 안전관리대책 수립 및 점검 단계에서는 공연 제작사와 공연장 운영자(운영업체)와 긴밀하게 협의해 안전 대책과 비상조치 계획을 세워야 한다. 공연법에 따라 공연 제작사는 안전 관리비를 공연 예산에 반드시 포함시켜야 한다. 아울러 공연장에서 공연 전에 위급상황 발생 시 필요한 피난 계단, 피난 통로, 피난 설비 등을 안내해야 한다. 공연장 사업자도 공연장 운영비에 안전 관리비를 포함하고 매년 재해예방 계획을 세워 관할 지자체에 신고해야 한다. 또 안전 총괄 책임자, 안전 관리 담당자로 구성된 안전관리 조직을 운용하고 이들은 정기적으로 안전 교육을 받도록 해야 한다. 공연장과 시설은 등록 후 또는 정기 안전진단 후 3년마다 신규로 정기 안전진단을 받아야 한다. 아울러 재해나 사고 발생 시 피난 시설(계단, 통로, 설비)을 갖추고 그것이 상세히 포함된 '피난 안내도'를 갖춰야 한다.

여덟째, 홍보·마케팅·판매 단계에서는 계획한 대로 콘서트 준비기와 실시 직전기로 구분해 일을 한다. 콘서트 전에는 팬들과 일반 수용자들에게 개략적인 콘서트 정보를 알리고, 특히 그들이 가장 궁금해 하는 점에 강조를 두어 '호기심 지수'를 끌어올리는 데 중점을 준다. 기본적인 정보 제공 외에 '티저(teaser)' 광고에 집중해야 한다는 뜻이다. 콘서트 실시 직전에는 팬들의 관심 지수가 본격적인 티켓 예매로 이어질 수 있도록 공연할 아티스트가 참여하는 쇼케이스, 제작 발표회, 출입 기자(음악 담당 기자) 인터뷰 등을 마련해 실행한다. 동시에 유튜브와 같은 인터넷 매체 광고, 인쇄 광고, 현수막 광고, TV·라디오 광고 등을 집행한다.

아홉째, 정산·결산 단계에서는 인터파크, 티켓링크 등 티켓 판매 대행사에서 매출 자료를 받아 티켓 판매수익, 협찬·지원금, 브로마이드·앨범·굿즈 판매비 등의 수익 부문과 출연료·대관료·인건비·설비비 등의 지출 부문을 대조하여 분석한 뒤 계약 내용에 따라 수익금을 나눈다. 이어 사후지급 방식으로 지불하기로 계약한 관계사와 관계인에게 세금 계산서를 받은 뒤 관련 비용들을 송금한다.

정산에서 유의할 점은 2018년 12월 개정된 '공연법'에 따라 2019년 6월 25일부터 '공연예술통합전산망(KOPIS)'이 구축·가동되어 매출(관람객 수) 누락과 축소, 매출액 전용, 탈세 등의 불투명한 정산 행위가 불가능해졌다는 점이다. 극장·공연업체 경영의 투명화와 공연정책 수립의 기본자료 확보를 위한 공연관람 정보의 투명화에 관한 논의 시작 6년 만에 KOPIS가 구축된 것이다.

새로운 공연법에 따라 모든 공연 단체와 기획·제작사, 티켓 예매처, 공연장 등이 공연 관련 정보를 의무적으로 제출해 KOPIS에 입력되어 누구나 조회가 가능하도록 해야 한다. 특히 공연업체는 이런 업무를 할 담당자를 지정해 운용하도록 법에 명문화했다. 그간 공연 제작사들은 상당수가 직접 판매하는 단체·기업 관람 티켓 판매정보의 제공을 꺼려 회계 투명성이 확보되지 않았다. 이 제도 실시 2년 전인 2017년만 해도 인터파크 등 예매처 6곳과 데이터 전송 연계 체제를 구축했지만, 제작사들의 참여가 미진해 데이터 수집률이 38% 수준에 불과했다. 가장 큰 티켓 판매 대행사인 인터파크는 공연 정보를 독점하려 한다는 비판에 직면했다.

열째, 사후관리 단계에서는 공연 참여에 대한 감사의 표시와 향후 이어질 공연에 대한 동참을 고려한 서비스가 중심이 된다. 아티스트 등 공연 참여자에게 공연 정산을 마무리한 뒤 유대를 돈독히 하면서 새로운 다음 공연을 어떻게 이어갈 것인지 등에 관하여 의사소통을 한다. 관객들에게는 공연 전후 명함을 수집함에 넣도록 하고 '포토존'을 만들어 아티스트들과 사진을 함께 찍을 수 있는 기회를 제공한다. 공연이 끝난 후에는 관객들의 명함을 정리해 감사의 이메일을 보낸다. 이어 차기 공연이 결정되면 관련 정보를 순차적으로 안내 및 제공하면서 할인 쿠폰, 좌석 등급 업그레이드, 경품 추첨 등의 서비스를 제공한다.

2. 콘서트 포맷 형태와 실행 전략

콘서트를 기획할 때 기획을 총괄하는 책임자는 가수의 특성, 트렌드, 대관 장소, 수익성 등을 고려해 기획사 공연 기획·운영 팀 또는 경영진까지 참여하는 내부 회의를 통해 유형을 확정하는 것이 필요하다. 방송사 가요 프로그램, 지역 축제, 기타 행사도 가수가 출연하는 대목은 '작은 콘서트'에 해당하기 때문에 규모만 다를 뿐 기획 방법은 크게 다르지 않다.

콘서트를 실행하려면 공연 콘셉트 설정이 가장 기초적인 작업인데, 이를 위해 콘서트 포맷과 종류에 대한 이해가 선행되어야 한다. 먼저 콘서트 유형을 뜻하는 '포맷(format)'이라는 용어는 본질적 요소, 외관, 스타일 등 정보가 조직화되어 있는 형식과 순서다. 기존 프로그램을 다른 제작자가 만들 때 쉽게 이용할 수 있는 프로그램 구성 방식으로 동일 포맷 내에서는 불변성과 일관성(Moran, 1998) 갖춰야 하고 다른 포맷과 비교할 경우에는 차별성과 참신성(Moran and Kean, 2004)을 지녀야 한다.[8] 콘서트 포맷은 콘서트가

〈표 10-2〉 콘서트 기획 시 포맷의 선택 유형

구분 기준	포맷 분류	구분 기준	포맷 분류
공간의 실재성 여부	• 접촉 콘서트 • 비접촉 콘서트	아티스트의 협연 여부	• 단독 콘서트 • 합동 콘서트
대면 접촉 허용 여부	• 오프라인 콘서트 • 온라인 콘서트	경연성과 축제성의 존부	• 갈라 콘서트 • 경연 콘서트
무대의 물리적 형태	• 고정 무대 콘서트 • 특설 무대 콘서트 • 무대 없는 콘서트	이용료의 책정 여부	• 무료 콘서트 • 유료 콘서트
방송의 실황성 여부	• 실시간 콘서트 • 녹화 콘서트	기획사의 주도 여부	• 자체 기획 콘서트 • 대행 기획 콘서트

실시되어 온 음악계의 관행과 통계를 고려할 경우 다음과 같이 구분할 수 있다. 이 가운데 어떤 유형이 적절한지 선택할 수 있다.

첫째, 콘서트 공간의 실재성 여부에 따라 '오프라인 콘서트(off-line concert)' 와 '온라인 콘서트(on-line concert)'로 구분할 수 있다. 이 가운데 콘서트의 전형이 되어 온 오프라인 콘서트는 기원전 2500년 전 이집트의 제의(祭儀) 공연인 '오시리스(Osiris)와 이시스(Isis)의 신화' 이후 연극이 주도했으나 로마시대에 이르러 격투기, 서커스, 음악 공연 등 대중적인 엔터테인먼트 콘텐츠 분야로 확대되었다.[9] 온라인 콘서트는 디지털 기술과 인터넷의 결합으로 탄생했다.

둘째, 아티스트와 관객 또는 관객과 관객의 대면 접촉 허용 여부에 따라 '접촉 콘서트(contact concert)'와 '비접촉 콘서트(uncontact concert)'로 나눌 수 있다. 이 가운데 접촉 콘서트는 실연자(가수, 연주자 등), 관객들이 상호 간에 직접 얼굴을 맞대고 콘서트를 이어 가는 방식이며, 비접촉 콘서트는 실연자와 아티스트가 서로 물리적으로 접촉하지 않도록 설계한 콘서트를 말한다. 비접촉 콘서트는 관객이 없는 온라인 콘서트와 통신사의 랜선(LAN cable)으로만 연결된 온라인 콘서트, 오프라인 무대에서 공연을 할 때 관객이 없이 하거나 관객 간 거리를 접촉할 수 없는 수준으로 굉장히 멀리 떨어뜨려 놓은 경우도 모두 해당된다.

셋째, 공연하는 무대의 물리적 형태에 따라 '고정 무대 콘서트', '특설 무대 콘서트', '무대 없는 콘서트'로 일별할 수 있다. 고정 무대는 콘서트홀, 극장, 공연용 강당 등 건물 형태로 지어진 공연장에서 하는 콘서트를 의미하며, 특설 무대 콘서트는 공원, 천변, 운동장, 체육관, 학교, 군(軍) 부대 등 원래 공연용 시설이나 무대가 없던 곳에 철제 무대를 가설해 진행하는 콘서트를 말한다. KBS의 〈열린음악회〉, 〈전국노래자랑〉 등에서 흔히 엿보인다. 무대 없는 콘서트는 무대가 원래 설치되지 않은 실내 공연이나 길거리 콘서트를 포함한 야외 공연을 뜻한다.

넷째, 방송의 실황성(實況性, liveness) 여부에 따라서는 '실시간 콘서트(live concert)'와 '녹화 콘서트(record concert)'로 나눌 수 있다. 방송사가 콘서트를 현장에서 자사 채널로 생중계할 경우에는 실시간 콘서트, 이를 녹화하여 나중에 방영할 경우 녹화 콘서트라 할 수 있다. 콘서트를 진행하는 권역(지역)의 범위에 따라 '국외 콘서트'와 '국내 콘서트'로, 콘서트 내용의 연속성 여부에 따라 '단발 콘서트'와 '순회(투어) 콘서트'로 각각 구분할 수 있다.

다섯째, 아티스트의 협연(協演) 여부에 따라 '단독 콘서트'와 '합동 콘서트'로 나눌 수 있다. 전자는 어떤 가수가 순수하게 혼자 콘서트를 열 경우와 혼자 콘서트를 진행하되 막전(幕前)과 막간(幕間, intermission) 등에 동료 선후배 가수를 게스트 싱어(guest singer)로 참여시키는 경우에 해당한다. 합동 콘서트는 복수 이상의 가수가 동등한 자격으로 히어로가 되어 펼치는 콘서트를 말한다. 게스트로 출연하는 경우는 친분에 의한 부탁으로 참석하는 '우정 출연'이나 가수마다 정기적으로 여는 콘서트를 서로 지원하는 차원의 '품앗이 출연'인 경우가 대부분이다.

여섯째, 경연성(競演性, contestability)과 축제성(祝祭性)의 존부에 따라 '갈라 콘서트(gala concert)'와 '경연 콘서트(contest concert)'로 분류할 수 있다. 이용료의 책정 여부에 따라 '무료 콘서트'와 '유료 콘서트', 기획사의 주도 여부에 따라 직접 제작하는 '자체 기획 콘서트', 공연 전문 기획사에 맡기는 '대행 기획 콘서트'로 나누기도 한다. 갈라 콘서트는 경쟁 없이 함께 즐기는 축제로 구성한 콘서트를, 경연 콘서트는 순위를 가리는 오디션형 또는 가요제형 콘서트를 말한다. 라틴어에서 유래한 '갈라(gala)'는 이탈리아 전통 축제의 복장을 지칭하며, '흥겨운', '축제', '잔치', '향연(饗宴)'이라는 사전적 의미를 지니고 있다.

가요 분야에서 갈라 콘서트는 기획한 주제에 맞는 핵심적인 아티스트들이 등장해 공연하는 무대를 말한다. 뮤지컬, 오페라 등의 무대극 분야에서는 홍보·기념 목적으로 공연 작품의 주요 장면을 부분적으로 공연하는 무대를 폭넓게 지칭한다. 김연아 선수가 활약한 피겨 스케이팅 분야 등에서 자주 선보였던 포맷인 '갈라 쇼(gala show)'는 축제나 축하 쇼처럼 꾸민 흥겹고 화려한 쇼를 뜻한다.

2020년 '코로나-19' 사태로 각광을 받은 포맷은 '온라인 콘서트'와 '비접촉(contactless) 콘서트'다. 후자를 흔히 '언택트 콘서트(untact concert)'라는 조어로 칭하는 경우도 있으나 영어가 아닌 조어라서 국제적 소통이 되지 않는다. 따라서 사용을 권장하지 않는다. 두 형식이 결합되면 '온라인 비접촉 콘서트'로 명명할 수 있다. 이 포맷은 '코로나-19'의 창궐과 확산으로 국내외 공연이 모두 취소되어 음악 산업이 침체기를 겪는 와중에 그 대안으로 모색되었다. 해외 매체들이 2020년 코로나-19로 인한 콘서트 업계의 손실을 9억 달러(1조 1115억 원)로 예측한 것만 봐도 음악계가 얼마나 큰 타격을 받았는지 알 수 있다. 공연예술통합전산망 집계 첫 해인 2019년 하반기 매출은 1843억 원(6851건)이었으나 2020년 상반기 매출은 949억 원(공연 1854건)으로 48.5% 감소했다.

SM엔터테인먼트, 빅히트엔터테인먼트 등 대형 음악 기획사를 시작으로 속속 시도된 온라인 비접촉 콘서트는 대부분 성공을 거두면서 전염병 창궐기의 대안형 콘서트 포맷을 넘어 뉴노멀 시대의 대안 콘서트 포맷으로 정착할 수 있다는 평가가 나오고 있다. 현장감, 사실감, 직접 소통성은 떨어질 수밖에 없지만 공간 제약을 극복하고 관람료도 낮출 수 있는 등 장점이 많기 때문이다. 정부도 케이팝 온라인 콘서트가 새로운 한류를 이어갈 수 있다는 점에서 기대감을 나타내고 있다.

SM엔터테인먼트의 프로젝트 연합 그룹 슈퍼엠은 2020년 4월 말부터 한 달간 온라인 전용 유료 콘서트 '비욘드 라이브'를 진행하여 12만 명 이상이 관람해 티켓 수익 60억 원을 창출했다. BTS는 2020년 6월 14일 자체 제작 플랫폼 위버스(Weverse)를 통해 방에서 즐기는 BTS 라이브 콘서트라는 뜻의 온라인 비접촉 유료 콘서트 'BTS 방방콘 더 라이브(Bang Bang Con The Live)'를 선보여 107개 지역에서 75만 명 이상이 시청해 250억 원을 벌어들였다.

이런 효과를 지켜본 다른 가수들과 음악 시장의 키 플레이어들도 계속되는 코로나 국면을 고려하여 '온라인 비접촉 콘서트'를 활성화하고 있다. 판타지오 소속 아스트로를 비롯해 다른 그룹들도 슈퍼엠과 BTS가 시도한 방식을 적용해 콘서트를 열었다. CJ ENM은 2012년부터 해외에서 실시해 온 '케이콘'을 2020년부터 온라인으로 유료화하여 진행했다. 따라서 CJ ENM은 '케이 콘택트 2020 서머'로 명명하여 1주일간 32팀의 공연을 보게 하는 대가로 이용료 2만 4천 원을 부과했다.

'온라인 비접촉 콘서트'는 1 : 1, 1 : 다(多), 다 : 다의 전달 및 소통 구조가 가능해 수용자를 능동적 존재로 재규정하며 개인화된 접근성, 저렴한 매체 이용 비용, 노출 범위의 광대성(廣), 다양한 선택성이라는 특색이 있다.[10] 이 밖에도 편리성, 접근성, 다중 참여성, 저비용성, 기록성(저장성), 공유성, 구전성 등을 특징으로 한다. 공연 플랫폼을 통해 중계되는 동영상이 통신 체인의 일부를 형성하고, 통신 체인은 관람자 간 집단적 상호작용을 촉진하기 때문에 랜지(Lange, 2007)가 규정한 '미디어 회로(media circuit)'의 역할도 하게 된다.

이런 포맷의 콘서트는 성공 여부가 앞에서 제시한 콘서트 흥행 요소는 물론 오프라인 무대에서 실감하는 수준에 버금가는 실재감, 소통성, 환상성 등을 어떻게 플랫폼에 덧붙일 수 있느냐에 달려 있다. 전통적인 무대 공연의 특징은 직접 전달성, 즉흥적인 상호 전달성, 현장성 등[11]을 한껏 살려야 한다는 뜻이다.

따라서 온라인 비접촉 콘서트에서는 3차원(3D)과 4차원(4D) 그래픽 및 영상 기술은 물론, 가상현실(VR: virtual reality), 증강현실(AR: augmented reality), 혼합현실(MR: mixed reality) 등의 첨단 영상기술을 가미해 앞에서 제시한 요소들을 다채로운 이모티콘, 기호, 표현 도구로 최대한 살려야 한다. 감정 표현용 이모티콘, 기호, 약어, 좋아요·싫어요 등의 표현 장치 외에도 프라이버시 보호(비밀대화 기능, 비공개 설정), 대면성 강화 장치(화상통화 장치 추가), 현장감(화질과 선명도의 강화, 음질의 강화) 등의 표현 수단을 가미하는 것도 고려할 수 있다.

유안나·이종오(2020)[12]가 BTS의 '방방콘 더 라이브' 시청자 200명을 대상으로 실시한 연구에서는 온라인 콘서트가 강화해야 할 요소로 현장성, 대면 교감성, 직업 호응성이 제시되었다. 현장성은 '실제 무대에서 라이브로 실시하거나 보는 듯한 퍼포먼스 포맷과 장치를 갖춘 상태'로 규정해 측정 항목을 영상의 생동감, 퍼포먼스의 근접성, 실시간 공연성(라이브), 무대장치와 조명, 응원 도구의 사용, 기타로 설정했다. 대면 교감성은 '무대 실연의 상황과 같이 뮤지션과 팬들이 얼굴을 맞대고 교감하는 장치를 설정한 상태'로 정의해 아이 콘택트, 대화의 직접성, 대화하는 듯한 화술, 보디랭귀지, 특정 팬 영상 소개·언급, 기타로 측정 항목을 일별했다.

직접 호응성은 '뮤지션이 팬들에 대해 또는 팬들이 뮤지선에 대해 열광하여 선보이는 구체적인 호응 행동을 대체하는 장치를 갖춘 상태'로 규정하고 환호(소리 지르기, 휘파람 등), 이름 연호하기, 응원 도구 흔들기, 이모티콘 사용, 실시간 댓글, 기타를 측정 항목으로 설정해 분석했다. 응답자들은 온라인 콘서트 가격은 오프라인 콘서트 티켓의 30% 수준이 가장 적절하다고 답했다.

이 공연에 대해 관람객들은 실시간 라이브와 영상의 생동감, 대화의 직접성과 아이 콘택트, 환호와 실시간 댓글에서 만족감을 나타냈다. 그러나 현장을 뛰어넘는 화면 기술, 다양한 감정 표현과 반응 도구, 3D·4D 기술 등을 이용한 무대 특수효과와 C.G., 관객과 직접 대화하는 듯한 촬영·편집 기술은 매우 미흡하므로 보강이 필요하다고 답해 온라인 콘서트가 진화해야 할 방향을 가늠하게 했다.

11

뮤직 비즈니스 경영과 창업·취업

1. 지속 가능한 뮤직 비즈니스 경영

뮤직 비즈니스 원리는 음악의 고유한 기능인 기분 전환, 정서·감정 순화 기능, 즐거움·행복·쾌락 유발, 팬덤과 중독성 촉발 심리를 음악 콘텐츠와 음악 관련 서비스 상품에 대한 구매 욕구로 연결시켜 수익을 창출하는 방식이다. 제작 부문에서는 크게 작사·작곡·편곡, 실연(가창·연주), 콘서트가, 판매 섹터에서는 음악 유통, 응용 서비스(광고 음악, 영화·드라마 음악, 홈쇼핑 음악, 매장 음악, 컴퓨터 게임 음악 등), 음악 교육(학원, 아카데미, 레슨), 노래방 사업, 뮤직 퍼블리싱(음원 발매, 출판, 유통, 악보, 각종 저작권 대행) 등의 영역을 영위할 수 있다. 음악 유통의 경우 '단순 유통 수익모델'과 '응용 유통 수익모델'로 나눌 수 있다. 단순 유통은 오프라인 매장과 온라인 매장 판매방식을, 응용 유통은 이용자의 취향과 스타일에 따라 그들이 원하는 음악을 찾아서 판매하는 선곡 서비스와 분류 서비스를 각각 지칭한다.

뮤직 비즈니스 경영은 외견상 소자본 아이디어 중심 사업으로 보이지만 실제 기획·투자의 측면에서 살펴보면 앨범 제작 및 공연 제작비가 매우 많이 들기 때문에 일정 규모 이상의 투자금이 있어야 사업 착수와 영위가 가능한 '자본 중심 사업'이라 규정할 수 있다. 아이돌의 경우 연습생부터 데뷔까지 소요되는 가수 육성 비용이 막대하다.

일례로 가수 바이브(Vibe)의 소속사 메이저9이 2020년 공개한 음원 평균 제작비는 디지털 싱글 6천만~8천만 원, 미니 앨범 1억~1억 5천만 원, 정규 앨범 2억~3억 원 선이었으며, 추가로 마케팅 비용은 곡당 평균 2천만 원이었다.[1] 저작권 출원에서 등록까지 1건당 1천만 원가량의 비용이 들기 때문에 중소 제작사들의 경우 자신의 권리 보호에도 어려움을 겪는다.[2] 특히 음원 발매 비용보다 다양한 촬영·영상 기법과 창의적인 스타일링이 가미되는 뮤직비디오 제작 등 마케팅을 위한 콘텐츠 개발에 훨씬 많은 비용이 들어가기도 한다.

미국 하버드 대학교 경영대 교수 2인의 빅히트엔터테인먼트 사례 연구에 따르면 한국의 뮤직 비즈니스에서 아이돌의 경우 보통 연습생 1인당 훈련 비용(숙식, 가창, 댄스, 매너, 퍼포먼스 등의 종합적 트레이닝 비용)이 1년에 약 1억 2천만 원이다. 지원자 2만 명 가운데 30명 정도를 골라 그중에서 선별해 6~7명의 멤버로 팀을 구성하여 훈련시켜 데뷔하기까지 약 24억 원이 들어가므로 재정 능력이 튼튼하지 못한 기획사는 좀처럼 버텨 내기 어렵다.[3]

경영 계획은 음악 기업의 청사진과 비즈니스 모델에 따라 단기, 중기, 장기로 나누어 수립하고 상위의 전략과 하위의 전술을 구분하여 구체적인 목표와 실행 계획을 마련한다. 음악 사업의 비즈니스 모델은 '전략 캔버스(strategy canvas)'[4]에 적용할 경우 일반적으로 〈표 11-1〉과 같은 모형으로 나타난다. 음악 사업 전체를 파트너, 사업 활동, 자원, 가치, 관계, 유통,

〈표 11-1〉 음악 사업의 전형적인 비즈니스 모델(전략 캔버스)

파트너	사업 활동	가치	관계	세분화

• 아티스트(가수·창작자 등)
• 매니저, 스태프
• 공연 기획사
• 공연장
• 축제·행사 주체
• 녹음 스튜디오
• 뮤직 퍼블리셔
• 매표 대행사
• 제작자
• 브랜드 관리자
• 온·오프 미디어
	• 재무·투자 유치
	• 저작권 보호
	• 창작·녹음·저장
	• 방송·공연
	• 팬·평단 관리
	• 데이터
	
	자원
	• 콘텐츠 저작권
	• 창작 노하우
	• 유통 노하우
	• 설비·건물
	• 보유 자금
	• 인기·평판·CSR
		• 음악 콘텐츠=
		  관계(네트워크)=
		  정보
		• 저작권과 데이터
			• 개인 홍보
			• 브랜드 마케팅
			• 통신사 마케팅
			• 전통매체 홍보
			• 디지털 홍보
			• 유통사 마케팅
			
			유통
			• 회사 채널
			• 통신사·SNS
			• 음악TV·IPTV
			• OTT·유튜브
			• 음원 포털·매장
			• 광고·영상·게임
				• 이용자
				  - 주요 시장
				  - 틈새시장
				
				• 음악 장르
				  - 주도 장르
				  - 부수 장르
				
				• 아티스트
				  - 스타 가수
				  - 신인 가수

비용(지출)	수익
• 생산비 • 유통비 • 관리비 • 마케팅비 • 콘텐츠 창출 • 데이터 관리 • 청산비	• 판매 수익 • 광고 수익 • 협찬·후원비 • 기업 가치(주가) • 이자 수익 • 임대 수익 • 저작권 사용료

시장 세분화 항목으로 구분하여 비용과 수익을 견주어 봐야 한다. 회사는 설정한 전략 수준에 따라 기업의 장기 방향인 전사적 전략, 사업 단위의 전략인 사업 전략, 조직의 자원 활용에 관한 기능적 전략으로 나누어 상호 연계성이 발휘되도록 한다. 경영자는 주주 및 채권자와 상충된 이해관계로 인해 발생하는 '대리인 비용(agency costs)' 문제로 불필요한 갈등을 겪지 않도록 음악사업 방향, 음악 트렌드에 대한 인식, 육성할 아티스트의 스타일 등에 관한 의사 결정에 신중을 기해야 한다.

수익 모델(revenue model)은 누가(payer), 무엇에 대해(packaging), 얼마나 또는 어떻게(pricing) 지불하게(pay) 할 것인가에 대해 기업 스스로 고안해 낸 해답이다. 그 유형은 판매형(sales), 광고형(advertising), 거래 수수료형(transaction fee), 제휴형(affiliate), 구독형(subscription) 수익모델로 구분할 수 있다. 이 가운데 음악 사업에 적격하고 수익 창출에 가장 도움이 되는 모델들을 적용해 구체적으로 설계하면 된다. 회사의 방향 설정에 따라 집중화나 다각화 전략과 같은 '성장 전략' 또는 리스트럭처링(restructuring), 다운사이징(downsizing), 영업양도(divestiture), 현상 유지(stability)와 같은 '축소 전략'을 각각 구사할 수 있다. 여기에 덧붙여 경쟁력 강화를 위해 전략적 제휴(strategic alliances)와 e-비즈니스(e-business)를 구체화할 수 있다.

예를 들어 빅히트엔터테인먼트는 그간 'BTS 집중화 전략'을 고수하다 다각화로 선회했다. BTS의 후속 그룹 'TXT'가 부상하지 못한 데다 수익 집중도가 높은 BTS가 군 입대를 앞두고 있어 미래 가치를 반영하는 주가 리스크가 커진 이유다. 따라서 2019년 7월 그룹 '여자친구'의 소속사 쏘스뮤직과 게임 개발사 수퍼브를, 2020년 6월에는 아이돌 그룹 뉴이스트와 세븐틴 등이 소속된 플레디스엔터테인먼트를 각각 사들였다. 이로써 빅히트엔터테인먼트의 BTS에 대한 의존도는 플레디스 인수 이후 90%에서 75%로 감소했다.[5] 빅히트엔터테인먼트는 이 외에도 공연 제작사인 빅히트쓰리식스티, 라이선스 업체인 빅히트아이피, 일본 매니지먼트사인 TNDJ.Inc.와 빅히트Ent.재팬, 전자 상거래 업체인 비엔엑스(한국)·beNX재팬(일본)·beNX아메리카(미국), 출판사인 비오리진 등 모두 10여 개의 계열사를 거느리며 다양한 분야에서 수익 창출을 꾀하고 있다.

카카오엠은 글로벌 시장 진출과 계획 중인 상장을 고려하여 기업의 수익 구조와 외양을 잘 구축하기 위해 수많은 연예 기획사, 공연 제작사 등을 인수하거나 제휴 관계를 구축함으로써 다각화 사례의 전형으로 평가받고 있다. 카카오엠의 최근 몇 년 사이 매출이 전신(前身)인 로엔엔터테인먼트 시절보다 큰 폭으로 줄어든 것은 수익 규모가 큰 '멜론' 사업부를 2018년 9월 본사인 카카오로 이관했기 때문이다.

YG엔터테인먼트는 2021년 현재 20개 이상의 자회사를 거느리고 있다.

〈표 11-2〉 주요 음악 기업의 사업 다각화 현황

구분	빅히트Ent.	카카오엠	SM Ent.	YG Ent.	JYP Ent.
주요 관계사	• 쏘스뮤직 • 수퍼브 • 플레디스Ent. • 빅히트쓰리식스티 • 빅히트아이피 • 비엔엑스 • 비오리진 • 빅히트Ent.재팬 • TNDJ.Inc. • beNX재팬 • beNX아메리카 (10여 개)	• 페이브Ent. • 크레커Ent. • 플랜에이Ent. • 스타쉽 • 스타쉽X • 킹콩Ent. • 쇼노트 • 문화인 • VAST Ent.	• SM C&C • SM Ent.재팬 • SM Ent.USA • 키이스트 • 스트림미디어 • SMIA • SM라이프디자인 • 드림메이커Ent. • SM F&B재팬 • 밀리언마켓 • DA뮤직 • 호텔트리스 • 드림위더스 (30여 개)	• YG플러스 • YG엑스 • YG스튜디오플렉스 • 더블랙레이블 • YG Ent.재팬 • YG Ent.아시아 • YG Ent.베이징 • YG Ent.USA • YG케이플러스 • YG큐이디 • YG스포츠 (20여 개)	• JYP픽처스 • 스튜디오제이 • JYP Ent.재팬 • JYP Ent.홍콩 • 북경걸위품 • 판링문화미디어 • 북경신성오락 • 천진야밍문화 (10개 미만)
주요 협력사	• 넷마블 • 디피씨 • 엘비세미콘 • 와이제이게임즈	• BH Ent. • 제이와이드 • 숲 • MYM Ent.	• AVEX(일본) • 플레어토이즈 • SK텔레콤 • 서틴스플로어	• 뮤직팩토리 • 미디어폴 • 갤럭시아컴즈 • 현대차 • 네이버	• 엠넷미디어 • LG U+ • 스위트몬스터 • 신한카드 • 스프리스
2020년 매출액(E) (2019)	5055억 원 (5872억 원)	미공개 (3530억 원)	5690억 원 (6578억 원)	2370억 원 (2645억 원)	1374억 원 (1554억 원)

주: E_증권사 예측치, 나열_무순.

자회사 YG플러스를 통해서도 화장품·외식·골프·금융 투자업 등 다각화를 추진해 왔지만 실적 악화로 외식 사업을 전담하는 YG푸즈를 매각했다. SM엔터테인먼트는 여전히 자회사가 30개가 넘고 JYP엔터테인먼트는 수익성 악화로 과거에 즐비했던 자회사를 대거 정리하여 지금은 10개 미만이다.

뮤직 비즈니스는 경영 계획이 탄탄해도 트렌드가 시들고 위기나 악재가 빈발 또는 돌발하면 수익 변동성이 심하다. 따라서 위기관리 모델에 따라 항상 예측되는 각종 상황이나 당면 국면에 맞는 맞춤형 대응 시나리오를 준비해 둬야 한다. 시나리오 분석은 추적, 분석, 전망, 결정, 행동이라는 절차에 따라 실행하는 것이 원칙이므로[6] 당면한 핵심이슈 선정, 변화·위험·기회의 징후 등 주요 추세 도출, 대표적인 추동 불확실성 선정, 시나리오 작성, 시나리오 명명, 시나리오별 대응전략 마련 등 6단계를 거쳐 플랜(plan) A·B·C를 각각 마련해야 한다. 플랜 A는 최선의 방안, 플랜 B는 차선(次善)의 방안, 플랜 C는 차차선(次次善)의 방안이다.

  기업은 곧 '자원(resources)의 결합체'이기 때문에 뮤직 비즈니스 경영을 잘하려면 회사의 명운을 걸고 자원 발굴과 관리에 심혈을 기울여야 한다. 먼저 음악사업 투자에 대한 뛰어난 감각과 노하우, 그리고 창의력을 바탕으로 음악 콘텐츠 창작과 관련된 양질의 '지식 자원'을 최대한 많이 확보해야 한다. 히트곡의 저작권을 많이 보유하고 있다는 것은 지식 자원이 풍부함을 의미한다. 이러한 지식 자원은 창의력이 뛰어난 가수, 작사·작곡·편곡자, 연주자를 통해 확보되고 능력과 수완이 좋은 음악 프로듀서, 공연 기획자, 투자 전문가, 마케팅 전문가 등을 거치면서 그 가치가 더욱 상승하므로 정교하게 잘 발굴해 육성해야 한다.

  특히 스태프라 칭하는 내부 직원들에게는 경영 계획과 조직의 목표를 분명하게 제시하여 팀 또는 개인 단위로 달성해야 할 성과를 미리 알게 해야 한다. 그래야 각자가 결과 및 변화 지향의 행동을 하면서 일의 우선순위를 파악하고 실행한다. 아울러 모든 업무와 에너지가 회사의 이익을 극대화하는 방향으로 사용되도록 사원들을 교육 및 관리해야 한다. 목표는 구체적이고 시간별로 구분되며 실현 가능하고 측정이 가능하게 설정해야 한다. 특히 음원 기획사와 같은 엔터테인먼트 기업들에서 일하는 평사원 대부분의 임금 수준이 일반 기업보다 상대적으로 낮은 데다 경영진과도 격차가 극심하고 근속 연수도 짧다는 점을 고려하여 경영자들은 '전략적 관리'에 신경을 써야 한다.

  직무의 동기 부여에 관한 브룸(Vroom, 1964)의 '기대 이론(期待理論, expectancy

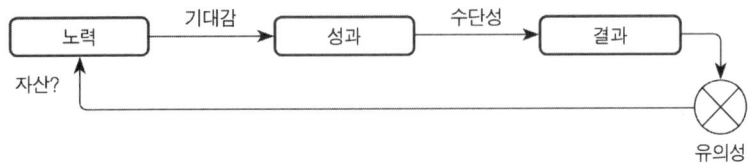

〈그림 11-1〉 브룸의 '기대이론' 모형

theory)'[7]을 적용하면, 음악 기업 경영자는 자신은 물론 스태프와 사업 파트너에게 기대감(expectancy), 수단성(instrumentality), 유의성(valence)을 높게 고취시켜야 동기 부여(motivational force)가 잘 되어 성과를 높일 수 있다. 이 같은 개인적 차원의 요소 외에 조직 또는 집단 차원의 동기유발 요인도 고려해야 한다. '기대감'은 열심히 일하면 높은 성과를 올릴 것이라고 예상하는 정도, '수단성'은 일을 잘 했을 경우 상응한 보상이 주어질 것이라고 믿는 정도, '유의성'은 일한 결과에 대해 개인이 느끼는 가치를 각각 지칭한다. 브룸은 동기 부여는 세 요소의 곱으로 도출될 수 있다며, '동기 부여=기대감×수단성×유의성(0≤기대감≤1, -1≤수단성·유의성≤1)'이라는 공식을 제시했다. 기대 이론은 구성 요소인 유의성, 수단성, 기대감의 첫 영문 글자를 따서 'VIE 모형'이라고도 한다.

아티스트의 경우도 이 이론을 적용해 목표를 성취할 수 있다. 미국의 재즈 바리톤 색소폰 연주자이자 음악 경영학 교육자인 얀센(B. J. Jansen)은 아티스트의 경우 자신의 재능을 믿고 성공에 대한 확신 갖기, 아티스트로서 예술과 상황에 대한 통찰력 갖기, 구체적인 포지셔닝(위치 설정) 전략 수립하기, 성공한 아티스트로서 자신의 얼굴 연상하기 등을 통해 동기 부여를 강화할 수 있다고 제시했다.[8]

'재무 자원'은 창사 당시부터 준비된 투자 계획에 따라 충분히 확보해야 음악 비즈니스에 본격적으로 착수할 수 있다. 통상 1년 이내에 회수되거나 현금화할 수 있는 유동자산인 '단기성 자산'과 투자금으로 장기간 묶여 있고 그것의 영향도 오래도록 지속되는 비유동자산인 '장기성 자산'으로 잘 구분해 관리해야 위기에 효과적으로 대응할 수 있다. 재무 자원의 안정성과 건전성이 가시적으로 드러날 때 우수한 인적 자원을 확보해 경쟁력 있는 지식 자원을 창출할 에너지로 쓰이게 할 수 있다. 자금 조달과 운용 설비 자원은 회사의 녹음 시설, 콘서트홀, 사무 공간, 부대시설로서 음악적 창의력과 경영적 효율성이 시너지를 내는 발전소 기능을 한다. 아울러 보유한 스튜디오, 공간, 또는 별도 매입한 건물을 통해 임대 사업 같은 부대사업을 영위하여 경영 위기나 침체를 상쇄할 수 있는 본업 외의 수익을 창출할 수 있다.

회사의 명성이나 평가에 관한 '평판 자원'과 사회적 책임 활동의 실천 지수와 다름없는 'CSR(Corporate Social Responsibility) 자원'은 회사나 소속 아티스트나 경영자 등은 물론 콘텐츠를 비롯한 모든 보유 자원의 가치에 비례하여 형성된다. 특히 CSR 자원은 지속 가능한 경영과 직결되므로 몇 가지 모델 가운데 회사의 경영 방침에 가장 부합하는 하나를 택해 구체적인 실천 전략을 마련할 필요가 있다.

적절한 CSR 모델 몇 가지를 소개하면 다음과 같다. 캐럴(Carroll, 1979)은 CSR의 범주를 경제적 책임, 법적 책임, 윤리적 책임, 자선적 책임의 4가지 차원으로 구분[9]했고, 다슬러드(Dahlsrud, 2008)는 환경, 사회, 경제, 이해관계자, 자발적 차원의 5가지 차원으로 재구성했다.[10] ISO 26000의 GRI(Global Reporting Initiative)는 지배구조, 인권, 노동 관행, 환경, 공정운영 관행, 소비자 이슈, 사회 개입·발전의 7개 영역으로 나누어 실천할 것을 가이드라인으로 제시했다. ISO 26000은 국제표준화기구(ISO)가 추진 중인 사회적 책임에 대한 국제 기준이다.

음악 기업들의 CSR 실행 규모와 수준은 현재 상태에서는 일반 기업에

비해 상당 수준 뒤쳐져 있는 것이 사실이다. CSR의 개념과 중요성을 비교적 늦게 인식하여 이를 경영전략에 반영하여 실행한 지 그리 오래되지 않았기 때문이다. 하지만 YG엔터테인먼트와 카카오엠 등은 음악 기업 가운데 비교적 선도적인 입장에서 전담 인력을 두고 CSR 활동을 전개해 왔다. 개별 엔터테인먼트 기업에 속한 가수들이 '선한 영향력(positive infuence)'이라는 명목으로 최근 잇달아 행하고 있는 선행과 미담의 실천도 CSR의 개인(조직 구성원) 버전[11]인 '개인의 사회적 책임(ISR: individual social responsibility)'이라 할 수 있다.

음악 사업을 비롯한 변동성이 큰 엔터테인먼트 업종은 경제 위기, 정보 관련 위기, 물질적 위기, 조직 위기, 평판 위기, 정신 이상적 행위에 의한 위기, 자연재해라는 7가지 위기 가운데 하나 이상의 위기를 겪을 수 있다.[12] 위기가 발생하면 조직 목표를 직시해 '위기 식별 → 평가 → 처리 → 모니터링과 감시'라는 4단계 대처로 해결해야 한다.[13] 이 사업에서 아티스트는 사실상 사업자가 그들의 심신을 통제하는 것이 불가능하고 언제든지 계약을 파기해 사업 모델을 이탈할 수 있는 불안정한 존재 또는 다른 상품과 달리 의지(意志)를 가진 상품으로 인식될 수 있다. 이 같은 뜻에서 '움직이는 상품'이나 '유동재(流動財, moving goods)', 또는 '수의재(隨意財, voluntary goods)'라 규정할 수 있는바, 평소 계약 사항은 물론 사소한 언행과 사생활까지 철저히 관리해야 한다.

2. 뮤직 비즈니스 창업과 취업

뮤직 비즈니스 창업 절차는 다른 업종 기업의 그것과 크게 차이가 나지 않는다. 다만 레이블(음악 창작·기획사), 아티스트 매니지먼트사, 음원 제작·유통사, 음원 및 뮤직 큐레이션 서비스사, 콘서트 기획·제작사, 극장과 공연장 운용사, 음악 제작·행사 지원회사, 음악 전문 유튜버(MCN 포함), 대중음악 교육 서비스, 음악 치료사, 기타 음악 관련 서비스 가운데 무엇을 택하느냐에 따라 준비해야 할 것이 확 달라진다. 창업 절차, 개인 창업과 법인 창업의 장·단점 비교 등 창업에 관한 기본 사항은 서적을 탐독하거나 선험자의 조언을 들어 익히는 것이 필요하다. 대학 또는 중소기업벤처부의 창업 포털, 각 지자체의 창업지원센터를 이용할 수도 있다.

뮤직 비즈니스의 중심인 음악 매니지먼트 회사를 사례로 뮤직 비즈니스 기업의 창업 과정을 집약하면 사업계획 수립 → 회사 등록 → 사무 공간(또는 사옥) 마련 → 직원 채용 → 오디션 실시 → 아티스트 마케팅·홍보 순이다. 사업 계획서에는 사업의 기본 방침과 목표, 사업 개요와 관련 시장 분석, 자본 조달 및 리스크 관리 방안, 이미 계약했거나 향후 영입할 아티스트 목록, 제작과 녹음 방안, 녹음시설 활용 방안, 시기별 예상 로열티, 지속 가능한 경영전략 등을 구체적으로 담는다.

우리나라에서 음악 매니지먼트 회사라 함은 기획사, 제작사, 레이블을 통칭하기 때문에 녹음·제작, 라이선스, 자금 조달, 계약 체결, 아티스트 매니지먼트 외에도 아티스트의 성공을 위해 필요한 모든 일을 계획하고 실행한다. 아티스트 현황, 제작과 녹음 방안 및 시설 활용, 예상 로열티, 보험 가입 등도 포함한다. 회사 등록은 관련 서류를 구비하여 개인 사업자의 경우 관할 세무서에서, 법인 사업자의 경우 관할 지방법원이나 등기소에 법인 등기(법인등기부등본)를 마친 뒤 세무서에서 법인 설립신고를 하면 된다. 이때 사업의 실재성과 구체성을 확인하기 위해 사업자 사용할 건물의 임대차 계약서 사본을 요구한다.

자본 조달은 단·중·장기 재무 계획과 재무 리스크 관리 방안 등을 구체적으로 제시한다. 그다음 사업 영위에 편리하거나 유리한 곳을 물색해 사

〈표 11-3〉 뮤직 비즈니스 창업 절차와 창업·취업 분야

구분	내용
창업 절차	• 사업계획 수립(수익 모델 구체화) → 회사 등록 → 사무 공간 또는 사옥 마련 → 직원 채용 → 오디션 실시 → 아티스트 마케팅·홍보
창업·취업 고려 사항	• 성향·기질별 진로선택 방향 　- 액터형: 가수·연주가·지휘자 등 아티스트, 음악 기업 경영자 등 　- 연출가형: 음악 프로듀서, 공연 기획자, 매니저 등 　- 평론가형: 음악 연구자·평론가·전문 기자, 음악 매체 운영자 등 • 리더십 특성별 진로선택 방향 　- 리더형: 가수, 지휘자, 대표이사(사장) 등 자기 주도형 직무 　- 팔로우형: 코러스, 밴드 단원, 스태프 등 지원형 직무
창업·취업 분야	• 실연 아티스트(가수, 연주가, 지휘자 등) • 음악 레이블(음악 프로듀서, 투자 전문가, 녹음·음향 엔지니어) • 아티스트 매니지먼트사(기획자, 투자 분석가, 매니저) • 음원 유통사(지니뮤직, 카카오엠, 네이버, 벅스뮤직, 소리바다, 드림어스 컴퍼니 등: 유통 전문가) • 음악 선곡 서비스 회사(뮤직 큐레이터, 뮤직 스타일리스트) • 콘서트 기획·제작사(공연 기획자, 무대 연출가) • 극장 및 공연장 운용사(공연 경영자) • 음악 퍼블리싱 회사(저작권 전문가) • 음악 전문 유튜버(MCN 포함, 음악 정보 전문가) • 대중음악 연구자·평론가·전문 기자 • 대중음악 교육 서비스(강사, 교사) • 음악 치료(음악 치료사) • 노래방 및 연주 서비스 사업자 • 기타 음악 관련 서비스

무실 또는 사옥을 구한다. 녹음 스튜디오를 자체 구비해 활용하면서 임대 사업을 할 것인지, 아니면 빌려서 쓸 것인지 정한다. 직원 채용 시 현금 흐름을 관리할 재무 전문가와 회계사, 보컬 트레이너, 음악 프로듀서, 음악 작가, 마케팅·홍보 담당자를 필수적으로 포함한다. 이들을 채용할 때는 전문 분야의 업무 능력 외에도 뮤직 비즈니스에 대한 관심과 흥미가 많은지 확인해야 한다.

아티스트의 능력이 회사의 성공을 좌우하기 때문에 오디션 과정에서 창의성, 동기 부여, 실력, 이미지 면에서 가장 뛰어난 아티스트를 뽑을 수 있도록 해야 한다. 마케팅·홍보를 할 때는 아티스트의 모든 면에서 홍보

아이템을 발굴해 방송사, 온라인, 유튜브, 인쇄 매체 등 가용한 수단을 최대한 활용한다. 우리나라는 플랫폼으로 방송사, 유튜브, 음악 포털 등을 주로 이용하지만, 미국은 아이튠즈(itunes), 아마존(amazon) 등도 많이 이용한다. 무엇보다 비용을 줄이면서도 가장 잘 노출될 수 있는 음악 플랫폼을 물색해 활용하는 것이 필요하다.

창업자의 꿈은 최종적으로 '상장'인 경우가 많다. 경영을 잘해 시장에서 기업 가치를 인정받고 자본시장을 통해 자금 조달을 받으면서 지속적인 성장을 추구하고 보유 주식의 가치상승 실현과 지분법평가익(持分法評價益, gain valuation using equity method of accounting) 배당 등을 통해 많은 부(富)를 손에 쥘 수 있다. 지분법평가익은 주가 가치의 변동에 따라 투자한 돈에서 발생하는 이익으로 기업의 배당을 통해 정기적으로 수령한다.

상장이란 한국거래소(KRX)의 상장 심사를 통과하여 매매 종목으로 지정되는 일을 지칭한다. 상장에 이르기 위한 기업 공개(IPO: initial public offering) 절차는 '준비 → 상장 예비심사 → 공모 → 상장·매매' 순으로 이루어진다. 기업이 상장 요건을 갖춘 상태에서 일반 공모를 통한 기업공개 절차를 거치지 않고 증권거래소에 직접 상장하는 것을 '직상장(直上場, direct listing)'이라 한다. 이와 달리 엔터테인먼트 기업에서 흔한 사례로 비상장 기업이 상장 기업을 인수·합병하는 방법 등을 통해 증시에 진입하는 것을 '우회상장(迂迴上場, backdoor listing)'이라 한다.

증권시장은 기업이 진입하는 문턱 높이에 따라 코넥스(KONEX: Korea New Exchange), 코스닥(KOSDAQ: Korea Securities Dealers Automated Quotation), 유가증권 시장이라는 3단계 층위로 구성되어 있어 기업의 건전성과 잠재성 등에 따라 최초 진입할 시장의 수준이 결정된다. 유가증권 시장은 종합주가지수(KOSPI: Korea Composite Stock Price Index)를 산출하는 곳이기에 '코스피 시장'이라 불린다. 아울러 장내 공간인 매매 입회장(trading floor)에서 거래되기에 '거래

〈표 11-4〉 코넥스·코스닥·코스피 시장의 개념과 핵심 상장조건 비교

구분	정의	일반적인 상장 요건
코넥스	코스닥 시장 상장 요건을 충족시키지 못하는 벤처·중소 기업 전용 주식시장	• 중소기업기본법에 따른 중소기업에 해당될 것 • 매출액·순이익 등의 재무 요건은 적용 면제 • 최근 사업연도 감사 의견이 적정일 것 • 증권선물위원회 감사인 지정, 한국채택국제회계기준(K-IFRS) 적용, 사외이사·상임감사 선임 면제 • 기타 기업 부류별로 여러 가지 조건이 있음
코스닥	IT·BT·CT 분야 중심의 중소·벤처·중견 기업 주식시장	• 소액주주 500명 등의 조건을 갖출 것 • 법인세 차감 전 계속사업이익 20억 원(벤처기업은 10억 원)+시가총액 90억 원, 법인세 차감 전 계속사업이익 20억 원(벤처기업 10억 원)+자기자본 30억 원(벤처기업은 15억 원) 등의 조건 • 기타 기업 부류별로 여러 가지 조건이 있음
유가증권 시장	거래소에 상장된 일반 기업의 주식이 유통되는 제1의 증권시장	• 설립 3년 경과, 계속적 영업 활동 중인 일반 기업 • 감사 의견 최근 적정, 직전 2년 적정·한정일 것 • 자기자본 300억 원 이상+주식 수 100만 주 이상+일반 주주 700명 이상의 조건 구비 • 매출액이 최근 1000억 원 이상 및 3년 평균 700억 원 이상+최근 사업연도에 영업이익, 법인세 차감 전 계속사업이익 및 당기순이익을 각각 실현한 경우, 매출액이 최근 1000억 원 이상+기준시가 총액이 2000억 원 이상인 경우 등 다양한 부류의 조건에 합당하는 경우 • 기타 기업 부류별로 여러 가지 조건이 있음
상세한 상장 요건 정보 문의		• 전화: 1577-0088, 02-3774-9000, 051-662-2000 • 홈페이지: 한국거래소 홈페이지 '주권상장' 코너 • 문서: KRX 상장 가이드북(한국증권거래소, 2014)

소 시장'으로도 칭해진다.

첫째, 코넥스는 코스닥 시장 상장 요건에 약간 미달한 벤처기업과 중소기업이 비교적 수월하게 상장할 수 있도록 2013년 7월 1일 개장한 중소기업 전용 주식시장이다. 매출액·순이익 등의 재무 요건을 적용하지 않고 일정 기준만 갖추면 15일 내에 신속 상장 심사를 거쳐 진입할 수 있다. 코넥스 상장 후 1년이 경과한 후 거래소가 정한 기업 경영의 건전성이 충족될 경우 코스닥으로 신속 이전할 수 있다.

둘째, 코스닥은 미국의 나스닥(Nasdaq) 시장을 본떠 만든 것으로 IT(information technology), BT(bio technology), CT(culture technology) 분야 중소·벤처·중견 기업이 중심이 되는 주식시장으로 컴퓨터·통신망을 이용해 장외거래를 하는 방식을 취한다. 코스닥 진입 심사에 통과하려면 소액주주 500명 확보 등의 조건을 갖추고 법인세 차감 전 계속사업이익 20억 원(벤처기업은 10억 원), 시가총액 합산 90억 원 등의 다양한 부대조건을 충족해야 한다. 코스닥의 경우 복수의 전문 기관 기술평가 결과 A나 BBB 등급 이상인 기업인 '기술성장 상장 기업'으로 인정받으면 특례 상장도 가능하다.

셋째, 유가증권 시장은 한국거래소에 상장된 일반 기업의 주식이 유통되는 제1의 증권시장이다. 기업 설립 후 3년 이상 지나 계속적인 영업 활동이 이루어지고 감사 결과 최근 적정, 직전 2년 적정 또는 한정 의견을 얻은 일반 기업으로서 자기자본 300억 원 이상, 주식 수 100만 주 이상, 일반 주주 700명 이상이라는 조건을 갖추고 매출액이 최근 1000억 원 이상 및 3년 평균 700억 원 이상 등 다양한 조건을 갖춰야 상장할 수 있다. 코스닥과 코스피 시장의 상장 심사는 평균 3개월이 걸린다.

음악 분야 창업과 취업은 자본, 전문성, 경험, 네트워크 등 당사자가 갖춘 조건은 물론 음악 장르 선호도와 취향, 자신감 등에 따라 다양하게 선택할 수 있다. 이 분야의 진로를 선택할 때는 성향·기질 특성과 리더십 특성을 교차 검토하여 고려하는 것이 필요하다. 성향·기질 특성 가운데 '액터(actor)형'은 가수·연주가·지휘자 등 아티스트, 음악 기업 경영자 등이, '연출가형'은 주로 스타로 만들어 내는 음악 프로듀서, 공연(콘서트) 기획자, 매니저 등이, '평론가형'은 음악 연구자·평론가·전문 기자, 음악 매체 운영자 등이 적합하다. 리더십 특성에 따른 분류에서 '리더(leader)형'은 가수, 지휘자, 대표이사(사장) 등 자기 주도적인 직무가 어울리고 '팔로우(follow)형'은 코러스, 밴드 단원, 스태프 등 지원·조력형 직무가 적합하다.

개인 창업·취업의 관점에서 실연자인 아티스트가 꿈이라면 '오디션'을 겨냥하는 것이 가장 현실적이고 보편적 방식이다. 이 경우 프리랜서, 즉 개인 사업자로 일하게 된다. 방송사와 기획사들은 매년 수시로 오디션을 열고 있으며, 상시 오디션 체제를 갖춘 곳도 많다. 기회 포착이나 진입 경로도 다양하니 가수로서 음악적 재능과 근성이 출중하다면 성공한 선례들을 철저히 분석해 과감하게 도전해야 한다.

 방송 프로그램 오디션을 통해 절호의 기회를 잡아 성공한 가수들은 서인국, 박보람, 송가인, 임영웅 등이 있다. 이해가 쉽도록 유형을 명명한다면 부친(가수 이규대)의 가이드로 가수를 거쳐 공연 기획자로 변신한 이자람은 '가족 조력형', 가수 더원은 오랜 시간 보컬 지도자로 활동 경험이 있는 '내공 숙련형'이라 규정할 수 있다. 어린 시절부터 타고난 국악 재능을 TV를 통해 선보이면서 성장한 송소희는 '매체 PR 집중형', 국악 공부에 매진하면서 정가(正歌) 가수로 데뷔한 하윤주는 '체계적 학습형', 카피라이터로 일하다가 프랑스 재즈 유학에 도전해 입지를 굳힌 나윤선은 '전업(轉業)형' 가수라 각각 규정할 수 있다. 가수들 가운데 박남정, 현진영, 이효리 등은 역동적인 댄스로, 이선희, 장혜진, 박정현(Lena Park), 이해리, 벤(이은영)은 가창력으로 승부하여 성공했다.

 음악 창작자 가운데 작사가로 창업해 성공하려면 평소 '딕션(diction)의 귀재'라는 평쯤은 들어야 한다. 우리말 실력, 글솜씨, 시적·음악적 감수성, 타인의 감성과 트렌드 간파 능력이 뛰어나야 한다는 의미다. 작사가 양인자, 이건우, 양재선, 김이나, 강은경 등의 사례를 연구할 필요가 있다. 작곡가는 뛰어난 감성, 다양한 레퍼토리 착안, 전자기기 활용 능력이 있어야 한다. 박진영, 조영수, 김형석, 유영석, 윤종신, 윤상, 윤일상, 윤종신, 테디, 지드래곤, 용감한형제, 신사동호랭이, 이단옆차기 등의 사례를 벤치마킹하면 좋은 작곡가나 프로듀서가 되는 방법을 간파할 수 있을 것이다. 편곡자는 원곡과 현대적 감성을 결합하고 아티스트의 특성에 맞게 원곡을 개선하는 일을 한다. 돈스파이크, 김도형, 정재일, 김인효 등의 사례를 살펴볼 필요가 있다. 특히 김도형은 KBS 〈불후의명곡〉에서 편곡을 맡으면서 이름이 알려졌다.

연주가도 어엿한 실연자로서 역시 부단한 노력과 기회 포착을 통해 자신의 입지를 구축할 경우 가수 못지않은 명성을 누릴 수 있다. 기타리스트 함춘호, 피아니스트 김광민, 피아니스트 이루마, 베이시스트 서영도, 드러머 김희현, 색소포니스트 길옥윤, 재즈 드럼 및 봉고 연주가 유복성, 우쿨렐레 연주자 겸 가수 하림, 전자 기타리스트 임정현, 기타리스트 정성하의 사례를 참조할 필요가 있다. 이 가운데 임정현과 정성하는 유튜브에 연주 솜씨를 과시하는 동영상을 올려 스타덤에 올랐다.

음악 평론은 대중음악 분석의 체계화 기틀을 마련하고 아티스트에 대한 인식과 평가를 바꿔 놓는 매우 중요한 기능을 한다. 대중음악에 대한 관심이 많고 탐구와 연구에서 남다른 열정, 끈기, 그리고 뛰어난 감각과 통찰력이 있다면 대중음악 평론가라는 길을 선택할 수 있다. 대중음악 평론가는 강헌·임진모가 오랜 기간 활동하면서 독보적인 입지를 구축한 가운데 김형주, 김영대, 미묘, 김작가, 강명석, 신예슬, 서정민갑, 정민재, 김윤하 등이 그 후대 그룹을 형성하고 있다.

콘서트 기획자로 입지를 다지고자 한다면 음악 관련 기획 제작사(레이블)나 공연 대행사에 들어가는 것이 지름길이다. CJ ENM, 카카오엠 등은 사내에 공연 사업부를 두고 있고, SM엔터테인먼트와 빅히트엔터테인먼트는 '드림메이커엔터테인먼트'와 '빅히트쓰리식스타'라는 공연 제작사를 각각 거느리고 있다.

2013년 국내 최초의 관객 참여형 크라우드 펀딩 콘서트 기획업체로 출발한 '부루다'(www.burudaconcert.com)도 운영 체제를 살펴볼 가치가 있다. 부루다는 콘서트의 기획, 투자, 홍보 등 모든 과정에 관객이 참여한다. 가수의 입장에서 공연을 기획할 투자금 마련이 용이하고 참여 관객 입장에서는 선투자자의 지위를 얻어 나중에 공연이 열릴 때 싼 가격에 볼 수 있다.

음원 유통(플랫폼) 업체에 입사하려면 지니(Genie), 벅스(Bugs), 멜론(Melon), 바이브(VIBE), 스포티파이 등을 운영하는 개별 기업의 구조, 수익 모델, 상품 특성, 다른 기업과의 차별성 등에 관해 사전에 충분히 파악하고 있어야 한다. 유튜브 음원 추출 서비스 업체에 입사하거나 창업하고 싶다면 관련 기술에 대한 이해와 사업과의 연관성을 숙지해야 한다. 최근 기업의 취업 면접 사례를 분석해 보면 인재 채용의 유형은 크게 2가지다. 즉, 반드시 뽑아야 할 열정 깊은 '유능한 소수'와 중도 이직할 가능성이 낮은 '붙박이형 다수'를 고르는 데 집중되는 경향이 있다.

뮤직 큐레이션(music curation)[14] 분야 창업이나 뮤직 큐레이터로 취업하려면 음악에 대한 폭넓은 지식과 사업 메커니즘 이해가 선행되어야 한다. 창업한 업체라면 유능한 뮤직 큐레이터를 많이 확보하고 있어야 성공을 기대할 수 있으며, 취업하려면 예비 뮤직 큐레이터로서 면모를 갖춘 것으로 평가받아야 한다. 뮤직 큐레이터는 희망하는 이용자들에게 음악을 테마별로 선정해 주는 전문가로서 '뮤직 스타일리스트'라고 부르기도 한다. 이들은 힐링·치유 음악 선곡 서비스는 물론 다양한 주제와 수요 요인에 따라 적확한 선곡을 하여 묶음 서비스로 제공한다.

뮤직 큐레이터의 대표적인 성공 사례는 KT뮤직의 정윤종과 NS홈쇼핑의 정다은이다. 정윤종은 20대 후반부터 매장 음악 전문 뮤직 큐레이터로 일했다. 고교 졸업 후 서울 강남 등지에서 DJ와 대중음악 작곡가로도 활동하다가 전업해 KT에 입사했다. 그는 인터넷망을 통해 대형 할인점, 의류 할인매장, 프랜차이즈 레스토랑 등 2000여 개의 점포에 선곡 서비스를 제공했다. 정다은은 NS홈쇼핑 음악 감독으로서 홈쇼핑 방송상품 판매 촉진을 위한 배경음악 선곡 일을 맡고 있다. 대학에서 클래식 음악을 전공하고 GS홈쇼핑에서 쇼 호스트를 하다가 공채 지원해 이직했다.

테마형 음악 선곡 큐레이션 플랫폼 업체 '송자(Songza)'는 2010년 창업해 미국과 캐나다 등에서 웹, 모바일 뮤직 스트리밍 서비스를 제공한다. '휴먼 큐레이션'을 표방하고 전문 디렉터가 아티스트, 노래, 장르, 기분, 날씨, 활동 상황별로 선곡해 준다. '비트'는 광고 기반의 무료 음악선곡 서비스 업체다. 광고 시청·청취의 의무 없이 유료로 운용하는 상품도 있다. 비트는 2014년 창업하여 뮤직 큐레이션에 숙달된 전문가가 주제별로 선곡한 음악을 다운로드 없이 광고를 들어주는 대가로 청취하도록 하는 수익 모델을 갖추고 있다. 음악 전문가가 선곡해 줌으로써 선곡 노동을 줄여주는 동시에 비용을 들이지 않고 음악을 감상할 수 있는 것이 창업의 포인트다.

광고 기반의 음원 서비스 업체는 '스포티파이'가 대표적이다. 이 회사는 스톡홀름에서 창업하여 미국, 중남미, 호주에서 활발하게 스트리밍 음원 서비스를 하고 있다. 무료 감상일 경우 기기를 제한하는 한편 중간광고 시청 의무를 부과하고, 유료 감상일 경우에는 기기 제한이나 광고 시청 없이 음원을 감상할 수 있다. 상품 가격은 일반 유료가 월 4.99달러, 유료 프리미엄은 월 9.99달러다.

매장 맞춤형 음원 제공 서비스는 각 매장의 업종 특성, 콘셉트, 상권 특성, 핵심 고객층, 인테리어, 계절 특성에 따라 그 환경에 맞는 음원들을 선별해 제공하는 서비스다. 음원 사용료는 업체별로 업종과 면적에 따라 기준이 정해져 있다. 개방형 매장 음악 서비스 업체인 '원트리즈뮤직(Wantreez Music)'은 2011년 창업해 음악 사용료 부담이 큰 대형 마트, 외식업체를 중심으로 사용료 부담이 낮은 음악 재생 서비스를 제공한다. 뒤이어 창업한 같은 업종 업체들로는 '브랜드라디오(Brand Radio)', '라임덕(Rhyme Duck)', '위팝(We Pop)', '숍비지엠(Shop BGM)', '뮤직포샵(Music For Shop)', '셀바이뮤직(Sell Buy Music)' 등이 있다.

뮤지컬 웨딩 사업은 음악의 요소를 활용한 사업으로 밋밋한 기존의 예식에 뮤지컬 쇼를 결합한 형태로 진행한다. 가격에 따라 인지도가 다른 현직 뮤지컬 배우들이 참여해 품격을 살린 가창과 세리머니를 선보인다. 행사 연주대행 스타트업을 영위하려면 사업주는 어플을 개발해 휴대폰으로 연주자나 음대생을 회원으로 가입시켜 예식장 네트워크와 연결함으로써 연주 알선·대행 서비스를 할 수 있다.

마지막으로 음악을 통한 심신의 회복과 치유를 돕는 심리 컨설턴트, 즉 '음악 치료사(music therapist)'가 되려면 대학원의 심리학 전공이나 심리학 분야 평생교육원 등에 개설된 음악 치료사 과정을 이수하여 '음악 심리 상담사 자격증'을 취득해야 한다. 음악 치료는 음악을 활용해 인간의 정신과 신체의 건강을 복원, 치유, 향상시키는 활동이다. 치료 목적을 포함한 치료 계획, 치유 대상자, 훈련된 음악 치료사, 음악적 경험, 건강증진 목적 달성 등 5가지 요소를 갖춰야 한다. '전국음악치료사협회'(www.nakmt.or.kr)가 결성되어 음악 치료사 자격증 취득과 보수 교육은 물론 관련 사항을 상세히 안내하고 있다.

… 12 …

뮤직 비즈니스 성공사례 분석

1. 음악 기업의 성공 사례와 경영 리더십 탐구

음악 분야의 기업이나 아티스트의 성공 사례를 분석할 때는 경영의 4요소와 비즈니스 환경 영향 요인에 의한 분석 등 여러 가지 틀을 활용할 수 있다. 이런 분석 틀은 각 요소나 범주를 구체적인 분석 대상인 음악 기업이나 아티스트 특성에 맞게 재규정하거나 치환한 뒤 활용해야 적합하고 논란도 최소화할 수 있다. 일반 기업에만 해당하여 음악 분야에 맞지 않는 내용은 제거해야 하는 것이다. 다른 한편에서 일반 경영학과 뮤직 비즈니스의 통섭 연구자들을 통해 뮤직 비즈니스에 적합한 분석 모형들이 속속 개발·제시됨으로써 양자 간의 간극을 해소해야 한다. 이렇게 되면 음악 경영학 또는 아티스트 경영학 고유의 분석 모형을 확립할 수 있다.

경영학 모델 가운데 기업 경영 요소별 분석은 경영의 4가지 요소[1]인 목적(purpose), 인적 자원(human resource), 물적 자원(capital), 전략·정보(strategy & information)에 따라 성공 요인을 도출하는 방법을 말한다. 이 모델에서 '목적'은 음악 기업의 경우 경영 철학, 지향점, 달성 목표를, 아티스트의 경우 예술가로서의 철학과 성공 목표를 각각 의미한다. '인적 자원'은 음악 기업이나 아티스트가 각각 설정한 목적을 이루기 위해 필요한 사람이다. '물적 자원'은 기업의 경우에는 투자·개발·운영·확장에 필요한 자금과 설비이며, 아티스트의 경우 도전·데뷔·마케팅·성공의 과정에 소요된 비용과 설비이다. '전략·정보'는 아티스트와 기업이 각각 설정한 목적을 달성하고자 수립하는 구체적인 실행 플랜과 의사 결정에 필요한 정보를 말한다.

비즈니스 환경에 영향을 미치는 요인별로 분석하는 방법은 아티스트나 음악 기업의 성공 요인을 '내부 환경요인'과 '외부 환경요인'으로 나누어 분석하는 것을 말한다. 내부 요인은 인사관리, 재무 능력, 비즈니스 문화, 사업 구조로, 외부 요인은 시장 경쟁, 정책과 법규, 공급업체와 고객의 존재, 광고 및 매체로 각각 나눌 수 있다.[2] 음악 비즈니스는 창의성을 바탕으로 하는 지식 경영의 범주에 속하기 때문에 '지식 경영의 성공 요인' 모델을 통해서도 분석이 가능하다. 데이븐포트(Davenport) 등[3]의 모델을 원용해 지식 경영 성공요인 모델로 개발·제시된 문화, 프로세스, 구조, 정보 기술이라는 4가지 차원[4]을 활용할 경우에도 간명한 분석이 가능하다.

지식 시스템, 네트워크, 지식 근로자, 학습 조직의 차원으로 지식 기업의 성공 요인을 살펴보는 분석[5]도 비교적 명료하다. 전략 차원(핵심지식 인지도, 가치 공유, 최고 경영자의 지식경영 인지도), 프로세스 차원(소통 채널, 관계의 다양성, 교육·훈련, 문서관리 체계, 보상 체계, 지식 접근성), 문화·사람 차원(창의성, 신뢰성, 협조성, 개방성), 기술 차원(정보 기술 이용도, 정보 기술 인프라, 지식경영 도구) 요인, 조직 차원(네트워크, 학습 조직 등)으로 지식 경영의 성공 요인을 세분화한 모델[6]도 분석에 활용할 수 있다.

이 장에서는 먼저 이 가운데 P(목적), H(인적 자원), C(물적 자원), S&I(전략·정보)로 구성된 '경영의 4요소 모델'을 적용하여 대중음악 분야 기업의 성공 요인과 리더십 특성을 분석하여 음악 기업을 창업·경영하거나 집중적으로 연구·공부할 계획이 있는 분들이 적절히 활용할 수 있게 했다. 분석대상 기업은 우리나라 음악시장의 주요 플레이어인 SM엔터테인먼트, 빅히트엔터테인먼트, YG엔터테인먼트, JYP엔터테인먼트, FNC엔터테인먼트, 큐브엔터테인먼트, CJ ENM, 카카오엠, NHN벅스(벅스), 지니뮤직(지니), 드림어스컴퍼니(플로), 소리바다로 선정했다.

먼저 SM의 성공 요인은 P: 아시아 최고엔터테인먼트 그룹 지향, H: 엔터테이너의 자질을 제대로 갖춘 인재 발굴, C: 맞춤형 트레이닝에 맞는 설비·투자, S&I: 워너비형 아티스트로 네트워크 파워 활용이라 할 수 있다. 경영자의 리더십은 오너인 이수만 프로듀서의 철학이 반영된 철저한 구상, 현지화, 신기술과 접목 가속화다. 이 회사는 1995년 2월 14일 이수만 등이 SM기획으로 설립하여 2000년 4월 코스닥에 상장했다. H.O.T., 보아, 동방신기, 슈퍼주니어, 소녀시대, 레드벨벳, 엑소 등을 배출하며 가요 시장 트렌드를 주도했다. 매니지먼트, 음반 제작, 드라마 제작 등의 사업을 영위하며 외식, 여행, 노래방 등으로 사업을 다각화하여 국내 엔터테인먼트사 가운데 처음으로 2011년에 매출 1000억 원대를 돌파했다.

빅히트엔터테인먼트는 P: 사람들에게 힐링을 주는 콘텐츠 플랫폼 기업, H: 위로와 감동을 선사하는 아티스트 발굴, C: 콘텐츠와 팬에 중점을 둔 투자, S&I: 소셜 미디어로 구축된 글로벌 팬덤이 성공 포인트다. 최고 경영자인 작곡가 방시혁은 '열정, 자율, 신뢰'에 바탕을 둔 도전 정신, 전문성을 강조한다. 이 회사는 2005년 설립되어 BTS의 성공을 계기로 음악을 향유하는 팬들과 그들의 삶에 대한 '힐링'을 모토로 '선한 영향력'의 실천을 다짐하며 음악 사업을 전개하고 있다. 2019년 기준 매출 5872억 원, 영업이익 987억 원을 기록하며 2020년 10월 15일 상장했다.

〈표 12-1〉 음악 기업의 비즈니스 성공 요인과 경영자 리더십 분석

구분 (음악 분야 주력 업종)	비즈니스 성공 요인 분석 [항목: 목적(P), 인적 자원(H), 물적 자원(C), 전략·정보(S&I)]	경영자(오너)의 리더십	
		경영자	리더십
SM 엔터테인먼트 (음원 기획· 가수 육성)	• P: 아시아 최고 엔터테인먼트 그룹 지향 • H: 엔터테이너의 자질을 갖춘 인재 발굴 • C: 맞춤형 트레이닝에 맞는 설비·투자 • S&I: 워너비형 아티스트로 네트워크 파워 활용	이성수 탁영준 (이수만)	철저한 구상, 현지화, 신기술과 접목 가속화
빅히트 엔터테인먼트 (음원 기획· 가수 육성)	• P: 사람들에게 힐링을 주는 콘텐츠 플랫폼 기업 • H: 위로와 감동 선사하는 아티스트 발굴 • C: 콘텐츠와 팬에 중점을 둔 투자 • S&I: 소셜 미디어로 구축된 글로벌 팬덤	방시혁	'열정, 자율, 신뢰'를 바탕으로 도전정신, 전문성 강조
YG 엔터테인먼트 (음원 기획· 가수 육성)	• P: 대중문화의 새로운 흐름 창출 • H: 재능·개성·창의성이 뛰어난 인재 발굴 • C: 아티스트를 만드는 투자 시스템 • S&I: 예술성, 자유를 강조한 이미지 전략	황보경 (양현석)	자율성 기초로 엔터테이너가 아닌 아티스트 메이킹에 중점
JYP 엔터테인먼트 (음원 기획· 가수 육성)	• P: 엔터테인먼트 리더로 문화산업 선도 • H: 끼와 성장 가능성이 높은 인재 발굴 • C: 철저하고 완벽한 연습 지원 시스템 • S&I: 진정성을 강조한 스토리텔링 전략	정욱 (박진영)	꼼꼼한 트레이닝으로 완벽한 퍼포먼스를 구사하는 가수 배출에 주력
FNC 엔터테인먼트 (음원 기획· 가수 육성)	• P: 스타와 함께하는 기업 • H: 유망하고 잠재력 있는 뮤지션과 배우 발굴 • C: 가수 앨범제작 원스톱 시스템 구축 • S&I: 콘서트의 브랜드화, OST 제작 등과 연계	안석준 한승훈	엔터테인먼트 사업에 대한 뛰어난 감각과 차별화 실행으로 틈새시장 구축
큐브 엔터테인먼트 (음원 기획· 가수 육성)	• P: 명품 콘텐츠로 승부하는 초일류 기업 • H: 음악성, 대중성, 차별성 있는 인재 발굴 • C: 탁월한 분석·기획·제작 시스템 구축 • S&I: 상상력이 뛰어난 다종의 신선한 콘텐츠	안우형 이동관	해외 네트워크, 마케팅, 재정 건전성 강화, 신규 가수 론칭에 중점
판타지오 (음원 기획· 가수 육성)	• P: 다양한 사업으로 가치를 높이는 기업 • H: 이익률이 높은 신인·조연의 스타 육성 주력 • C: 스타 메이킹 R&D 시스템과 굿즈 숍 구축 • S&I: 매니지먼트에서 음반·영화·드라마로 확대	박재홍	다양한 라인업을 통한 수익성 확보, 비용 절감으로 장기적 안정성 추구

회사	경영전략	CEO	특징
CJ ENM (음원·프로그램 기획·유통)	• P: 세계인 일상에 생동감을 주는 세계 1위 라이프스타일 크리에이터 • H: 다양한 음악장르 추구 위한 인재 발굴 • C: 스톤뮤직 통해 다양한 마케팅 수단 제공 • S&I: 음악·영화·방송·커머스의 시너지 추구	강호성 (이재현)	문화의 세계화를 실현하며 재미와 감동을 주는 경영, OTT 서비스와 글로벌 콘텐츠 개발 강화에 주력
카카오엠 (음원 기획· 유통·가수 육성)	• P: '엔터테인 DNA' 콘텐츠로 세계에 즐거움 선사 • H: 성장·합리·몰입·재미를 아는 인재 육성 • C: 멜론과 연계, 앞선 음악 투자·유통 시스템 구축 • S&I: 글로벌 시장 진출 위한 멀티 레이블 전략	김성수	오랜 문화 기업 CEO 경험을 살려 수익 다각화와 상장을 겨냥한 확장 경영
NHN벅스 (음원 유통)	• P: 고음질 슈퍼 사운드의 대중화 • H: 세계와 함께 놀 수 있는 인재 • C: 고음질 음악 포털(벅스)과 방송(세이캐스트) 시스템 구축 • S&I: NHN 네트워크 활용, B2B/B2C 이원화	양주일 (NHN 계열사)	게임 전문가로 다각화와 새로운 콘텐츠 개발에 주력, 사업성 향상
지니뮤직 (음원 유통)	• P: 유료 가입자 1위의 음원 플랫폼 기업 • H: 음악시장 마켓 리더가 될 인재 • C: KT, LG U+와 5G 통신 연계 지니 서비스 구축 • S&I: 첨단 기술 초연결로 음악 생태계 확장 추구	조훈 (KT 계열사)	공학도 출신으로 미래 기술력, 음원 유통 경쟁력, 마케팅 경쟁력 강화에 주력
드림어스컴퍼니 (음원 유통)	• P: 음원·영상·공연 중심의 음악 콘텐츠 전문 기업 • H: 다채로운 음악 콘텐츠 세상을 만들 인재 • C: 업계 1위인 자사 휴대용 고음질 오디오 플레이어(아스텔앤컨)와 연계 • S&I: 음원 유통, 공연, IP, 플랫폼 사업 결합 전략	이기영 (SKT 계열사)	콘서트 외 뮤지컬, 뮤직 페스티벌에 투자해 라이브 사업 영역 확대
소리바다 (음원 유통)	• P: 음원 유통·엔터테인먼트 전문 기업 위상 회복 • H: 창의·변화/혁신·도전·협업형 인재 • C: 온라인, 모바일 플랫폼 강화에 주력 • S&I: 음원 유통수익 확대 위한 제휴 확대 전략	조호견	기존 사업의 체질 강화, 신규 수익 사업 발굴에 주력

YG엔터테인먼트의 성공 전략은 P: 대중문화의 새로운 흐름 창출, H: 재능·개성·창의성이 뛰어난 인재 발굴, C: '아티스트'를 만드는 투자 시스템, S&I: 예술성, 자유를 강조한 이미지 전략이 포인트다. 경영자 리더십은 자율성을 기초로 엔터테이너보다 아티스트를 만드는 데 중점을 두는 것이 기본이지만 최근 불미스러운 사건으로 소위 '자율 관리'가 비판을 받자 리스크 관리에 역점을 두고 있다. 이 회사는 그룹 '서태지와 아이들' 출신의 가수 양현석이 1997년 2월 MF기획으로 출발시켰다. 이후 양군기획으로 개명했다가 2001년 5월 3일 YG엔터테인먼트로 법인명을 바꾼 뒤 2011년 11월 코스닥에 상장했다. 빅뱅, 2NE1, 세븐, 거미 등을 배출했다. 2012년 가수 싸이의 「강남스타일」과 2013년 「젠틀맨」의 세계적인 히트에 힘입어 주목을 받았으며 싸이의 '월드 스타' 부상을 계기로 경영 면에서도 비약적인 성장의 전기를 마련했다.

JYP엔터테인먼트는 P: 엔터테인먼트 리더로 문화산업 선도, H: 끼와 성장 가능성이 높은 인재 발굴, C: 철저하고 완벽한 연습 지원 시스템, S&I: 진정성(authenticity)을 강조한 스토리텔링 전략이 성공 포인트다. 경영자 리더십은 꼼꼼한 트레이닝으로 완벽한 퍼포먼스를 구사하는 아티스트 배출 주력이 특징이다. 이 회사는 1996년 4월 25일 가수 박진영이 주축이 되어 태흥기획을 설립, JYP로 이름을 바꿨다. 2010년 12월에는 박진영 등 JYP 임원들이 코스닥 상장사 제이튠엔터테인먼트를 인수한 후 JYP엔터테인먼트로 개명해 우회상장을 했다. 미쓰에이, 원더걸스, 2PM, 2AM, 박진영, 주(JOO), 트와이스 등의 스타를 배출했다.

FNC엔터테인먼트의 성공 포인트는 P: 스타와 함께하는 기업, H: 유망하고 잠재력 있는 뮤지션 발굴, C: 가수 앨범제작 원스톱 시스템 구축, S&I: 콘서트의 브랜드화, OST 제작 등과 연계로 분석된다. 경영자의 리더십은 숙련된 매니저 경험에서 우러나오는 엔터테인먼트 사업 감각과 차별화 실행으로 틈새시장을 구축하는 것에 초점이 맞추어져 있다. 2006년 12월 '피쉬엔케익뮤직'을 설립, 2014년 12월 코스닥에 진입해 음원 기획·제작·유통과 매니지먼트 사업을 영위하고 있다.

큐브엔터테인먼트는 P: 명품 콘텐츠로 승부하는 초일류 기업, H: 음악성, 대중성, 차별성 있는 인재 발굴, C: 탁월한 분석·기획·제작 시스템 구축, S&I: 상상력이 뛰어난 참신한 다중의 콘텐츠 기획이 성공의 핵심 포인트다. 경영자 리더십은 해외 네트워크·마케팅·재정 건전성의 강화와 신규 가수 발굴·론칭에 초점을 두고 있다. 2006년 8월 '엠디포'를 설립, 2015년 4월 코스닥에 진입했다. 한때 IHQ의 계열사였으나 지분 매각으로 2020년 3월 브이티지엠피의 계열사가 되었다.

판타지오의 성공 전략은 P: 다양한 사업으로 가치를 높이는 기업, H: 이익률이 높은 신인·조연의 스타 육성 주력, C: 스타 메이킹 R&D 시스템과 굿즈 숍 구축, S&I: 매니지먼트에서 음반·영화·드라마로 확대가 핵심의 초점이다. 경영자의 리더십은 최근 경영난을 겪었기에 다양한 라인업을 통한 수익성 확보, 비용 절감으로 장기적 안정성 추구에 집중하고 있다. 이 회사는 1991년 1월 ETRI 연구원 창업지원제도 1호로 대전에 설립되어 IHQ의 자회사가 된 후 독립해 코넥스 시장에 등록했다. 1997년 에듀컴퍼니와 합병해 코스닥으로 이전 상장했다. 판타지오픽쳐스, 솔리드씨앤엠, 판타지오뮤직, 판타지오차이나, 판타지오재팬 등을 거느리고 아티스트 매니지먼트, 영화·드라마 제작, 음반 제작 등의 사업을 영위하고 있다.

세계적인 문화 기업을 표방한 CJ ENM의 성공 포인트는 P: 세계인 일상에 생동감을 주는 세계 1위의 라이프스타일 크리에이터, H: 다양한 음악 장르 추구를 위한 인재 발굴, C: 레이블인 스톤뮤직(Stone Music) 통해 다양한 마케팅 수단 제공, S&I: 음악·영화·방송·커머스의 시너지 추구로 집약된다. 경영자의 리더십은 오너인 이재현 회장의 방침대로 문화의 세계화를 실현하며 재미와 감동을 주는 경영, OTT 서비스와 글로벌 콘텐츠 개발 강화에 주력하는 것이다. CJ ENM은 CJ의 자회사로서 1994년 12월 종합유선방송과 홈쇼핑 프로그램의 제작 공급 및 도·소매업을 목적으로 설립되었다. 2018년 7월 CJ오쇼핑이 CJ ENM을 흡수 합병해 하나의 회사로 만든 뒤 사명을 CJ ENM으로 바꿨다.

현재 방송 채널 및 콘텐츠 제작, 미디어 사업, 커머스 사업, 영화 사업, 음악 사업 등 4가지 사업에 주력하고 있다. CJ ENM의 음악 사업은 음악 전문 채널 Mnet과 글로벌 케이팝 플랫폼 'M wave'를 통한 음악 유통과 광고, 다비치, 에릭남, 김필, 헤이즈, TOO가 속해 있는 레이블 계열사 스톤뮤직을 통한 아티스트 매니지먼트와 발굴·육성, OST 사업에 중점을 두고 있다. 또한 계열사 스튜디오드래곤을 통해 드라마 콘텐츠를 기획·제작하면서 다양한 플랫폼 비즈니스를 영위하고 있다.

카카오엠의 성공 전략은 P: '엔터테인먼트 DNA' 콘텐츠로 세계에 즐거움 선사, H: 성장·합리·몰입·재미를 아는 인재 육성, C: 2018년 모기업 카카오로 넘어간 '멜론'과 연계하여 선도적인 음악 투자·유통 시스템 구축, S&I: 글로벌 시장 진출 위한 멀티 레이블 전략, 오랜 문화 기업 CEO 경험을 살려 수익 다각화와 상장을 겨냥한 확장 경영이 포인트다. 이 기업은 1982년 7월 7일 서울음반으로 설립되었지만, SK에 매각된 후 SK플래닛의 자회사가 되어 2000년 상장했다. 가수 '아이유', '지아', '써니힐' 등을 주축으로 매니지먼트, 음원 개발·유통(1위 음악포털 '멜론' 운영) 사업을 영위했다. 2015년 걸그룹 '시스타' 소속사였던 스타쉽엔터테인먼트 등을 인수했다. 2016년 카카오가 1조 8700억 원에 인수해 '카카오엠'으로 사명을 변경한 후 온미디어와 CJ ENM 대표를 지낸 김성수를 영입해 확장 경영을 꾀하고 있다.

NHN벅스, 지니뮤직, 드림어스컴퍼니, 소리바다의 성공 요인과 경영자 리더십은 〈표 12-1〉을 참고하면 된다. NHN벅스는 디지털 음원 서비스 및 음원 유통을 하는 업체로 2002년 6월 설립되어 2009년 10월 코스닥에 상장했다. 네오위즈홀딩스가 2015년 6월 온라인 게임 업체인 NHN에 매각해 NHN 계열사가 되었다. 2017년 3월에는 벅스에서 NHN벅스로 개명했다. 음악 사업 다각화를 위해 2016년 10월 하우엔터테인먼트를, 2018년 2월 제이플래닛엔터테인먼트를 각각 인수했다.

지니뮤직은 디지털 음원 유통사인 신성기연으로 1991년 2월 설립되어 KTF뮤직을 거쳐 2000년 7월 코스닥에 상장했다. 2009년 KT뮤직, 2018년 지니뮤직으로 각각 사명을 바꿨다. 지니뮤직의 모태는 KT가 음원 유통의 선두 주자였던 SKT의 '멜론'에 대항하기 위해 설립한 '도시락'의 운용 자회사 지니뮤직과 음원 다운로드와 스트리밍 사이트 운용 손자회사 올레뮤직이다. 지니뮤직은 2020년 기준 KT의 계열사다.

그러나 그간 LG U+(2017.4)와 CJ(2018.11)의 유상증자 참여, CJ디지털뮤직 합병(2018.10)과 엠넷닷컴 서비스 통합(2019.10)이 순차적으로 이루어져 지분 구조가 KT(35.97%), CJ ENM(15.35%), LG U+(12.7%)로 재편되었기 때문에 내용적으로는 '3자 제휴·연합 기업'임을 알 수 있다. 다양한 지능형 첨단기술 도입에 대응하기 위해, 국내 최초로 음악 전문 VR 서비스, 지니 4.0 감성 지능 큐레이션, 음성 명령기능 지니 보이스 등의 서비스를 선도적으로 선보이고 있다. '지니(genie)'는 아랍어에서 유래한 말로 '천사', '요정'이라는 뜻이다.

드림어스컴퍼니는 음원 포털 'FLO'를 운영하는 디지털 음악 서비스 업체로 1999년 1월 20일 설립되었다. 2019년 3월 '아이리버'에서 현재의 사명으로 변경했다. 2017년 7월부터 SM엔터테인먼트와 제휴해 아티스트의 IP를 활용한 굿즈와 영상물의 머천다이징, 무선 제어 LED 응원봉 등의 사업을 추진하고 있다. 관계사 라이프디자인컴퍼니는 아티스트 MD, 공연 사업, 디지털 콘텐츠 개발 및 공급을 하고 있다.

소리바다는 소리바다 웹사이트(www.soribada.com)와 모바일 어플리케이션(Android, iOS)을 운용하는 음원 서비스 업체로 1998년 8월 설립되어 2001년 10월 코스닥에 진입했다. 다양한 요금제 상품을 출시하고 있다.

음악 기업의 성공 사례와 경영자 리더십 분석과 함께 놓쳐서 안 되는 것은 우리나라 음악 사업 경영자들이 어떤 사업적 계보와 흐름을 이어 왔는가에 관한 통찰이다. 이 분야 경영자들은 한국전쟁 이후 음반 사업을 본격화하여 1980년대까지 사업의 토대를 마련했고, 1990년대부터 '사업' 형태로 발전시켜 2000년대 들어서는 '산업'의 틀을 형성했다. 필자가 다양한 문헌·자료를 분석한 결과 〈표 12-2〉와 같이 1세대(1950~1970년대)는 음반사 제작부장이 경영을 이끌던 시대, 2세대(1980년대)는 아티스트 가족과 매니저의 경영진 가세 시대, 3세대(1990년대)는 매니저·기획자·아티스트 출신 경영진의 공존 시대, 4세대(2000년 이후)는 일반 기업 CEO, 변호사, 회계사, 투자 전문가 등 전문가 그룹의 경영진 가세 시대 등 4단계로 구분되었다.[7]

1세대는 가수 매니지먼트사가 독립적으로 설립되지 않은 시기라 음반사 제작부장이 경영을 주도했다. 이들은 자신이 속한 회사의 사업 성공을

〈표 12-2〉 국내 엔터테인먼트 음악 기업들의 주축 임원세대 구분

구분	경영을 주도하는 임원들의 특징
1세대 (1950~1970년대)	음반사 제작부장의 엔터테인먼트사 경영주도 시대
2세대 (1980년대)	아티스트 가족과 매니저의 가세 시대(아티스트 주변인 경영 참여)
3세대 (1990년대)	매니저·기획자·아티스트 출신 경영진의 공존 시대(창업 러시)
4세대 (2000년 이후)	전문가의 경영진 가세 시대(일반 기업 CEO, 변호사, 회계사, 투자 전문가 등)

자료: 김정섭(2019).

위해 필요한 가수들의 일정 관리, 소통, 운전, 출연료 수급 대행 등을 해주는 수준의 역할을 했다.[8] 아티스트들의 활동 무대인 방송사와 단순 연락이나 미국 엔터테인먼트 업계의 에이전트(agent) 같은 중개인(仲介人, broker) 역할을 했는데, 대표이사나 이사 신분이면서도 보다 겸손한 자세로 비즈니스를 수월하게 성사시키기 위해 대부분 '대표(대표이사)'나 '사장'이 아닌 '실장'으로 자신의 호칭을 낮추는 관행을 보였다.

2세대는 음반사 출신 인사, 아티스트의 가족이나 지인, 초창기 매니저 출신들로 이른바 '사무실형 기획사'의 서막을 알린 주역들이다. 이 시기에는 신군부가 3S(스포츠·스크린·섹스) 정책을 실시해 아이러니하게도 대중문화 성장을 적잖이 지원했는데 이때 조용필의 대영기획, 들국화의 멤버 김현식이 소속된 동아기획처럼 가수의 음반 기획과 매니지먼트를 병행하는 매니지먼트 회사가 생겨났다. 사업 규모는 작았지만 기획력을 갖춘 매니저가 에이전트를 겸하며 연예 기획사를 중심으로 스타 시스템을 구축했다.[9] 이 시기 음악다방 DJ, 가수, 매니저를 거친 변두섭은 최성수·듀스·룰라·이정현·조피디 등을 길러 냈으며, 훗날 예당기획을 설립했다. 1981년 매니저로 출발한 이호연은 한밭기획에서 댄스 아이돌의 원형격인 소방차와 유열·심신 등을 성장시켰으며 훗날 대성기획(DSP엔터테인먼트의 전신) 창사 후 젝스키스·핑클·카라 등을 배출해 2000년대 초까지 SM엔터테인먼트와 '양강 체제'를 형성했다.

3세대는 1990년대에 등장했다. 신생 민영 지상파 방송인 SBS와 케이블TV의 등장, 지상파 방송의 '아티스트 전속제' 폐지로 그간 경험을 쌓은 매니저와 음반 기획자들, 그리고 새로운 가능성을 발견한 아티스트들이 창업에 가세하면서 경영 주도 세력으로 부상했다. 전문성과 네트워크 파워가 점차 사업을 좌우하기 시작했기 때문에 아티스트 가족들은 일부 외에는 점차 경영 일선에서 떠밀려 났다. 이때 매니저·기획자들이 설립한 회사는 에이스타스(백남수), 싸이더스(정훈탁), 스타서치(이재찬), HS미디어(박동아) 등이다. 아티스트들은 SM기획(훗날 SM엔터테인먼트, 이수만), BOF(훗날 키이스트, 배용준), 아라리온(훗날 JYP엔터테인먼트, 박진영), MF기획(훗날 YG엔터테인먼트, 양현석) 등을 창업했다. 실장이라는 명칭도 대체로 이때부터 '대표이사'나 '사장'으로 환원되었다. 이 시기에는 대기업과 금융자본까지 엔터테인먼트 사업에 뛰어들었다. 대표적 사례는 삼성가인 스타서치(새한미디어)와 제이콤(제일제당), 그리고 씨네2000(대우), 한맥유니언(한보그룹), 싸이더스(로커스홀딩스), 아세아네트(성원건설) 등인데, 결국에는 모두 사업에 실패한 사실이 주목할 만하다. 이 중 스타서치는 대규모 기업형 모델이었다.

4세대는 다양한 전문가의 가세 시대로 한류열풍이 분 2000년대부터 엔터테인먼트 비즈니스가 산업 단계로 커지면서 형성되었다. 엔터테인먼트 사들이 사세 확장과 수익 중심의 경영을 위해 경영·투자·재무·계약·인수합병 등의 분야에서 전문성을 필요로 하면서 경영 전문가, 회계사, 변호사, 투자 전문가 등이 영입되었다. 스타 파워를 매개로 수익을 확대하기 위해 스타를 앞세운 1인 기획사가 생겨나고 기획사들은 다른 기획사나 타업종 기업과 인수합병을 하여 대형으로 규모를 키웠다.

이때는 국내는 물론 외국 금융자본의 투자도 활발하게 이루어지면서 매니지먼트, 제작·투자, 유통을 아우르는 사업 다각화가 보편화되었다. 전문가의 임원 참여 사례는 연예 기획사 BOF의 후신인 키이스트의 대표 표종록(변호사), JYP엔터테인먼트 대표 정욱(경영인), IHQ 대표 전용주(공인회계사), 화이브라더스코리아 대표 지승범(투자 전문가) 등이 대표적이다.

2. 역대 스타급 가수들의 성공사례 해부

경영의 4요소인 목적(P), 인적 자원(H), 물적 자원(C), 전략·정보(S&I)를 기준으로 대중음악 분야 핵심 아티스트인 가수의 성공 요인을 분석하면 다음과 같다. 목적은 가수가 추구하는 예술 철학, 성공 목표와 노력, 인적 자원은 가수의 발굴·데뷔·성공에 도움을 준 핵심 조력자들, 물적 자원은 가수·소속사·아티스트 주변인 등의 인프라·투자·마케팅 지원, 전략·정보는 가수의 타고난 재능과 노력, 이미지 콘셉트, 소구 전략으로 각각 규정했다. 분석 대상은 현재를 기점으로 1980년까지 거슬러 올라가며 한국 대중음악사에서 중요한 의미를 갖거나 역할을 한 가수 21명을 선정했다. 여기에서 제외된 다른 가수들도 같은 방식으로 분석이 가능할 것이다.

먼저 'BTS' 사례를 보자. BTS는 2020년 8월 31일 디지털 싱글「다이너마이트」가 한국 가수 가운데 처음으로 미국 빌보드 싱글 차트 '핫 100' 1위에 올라 케이팝의 새 역사를 쓰면서 가장 많은 주목을 받고 있는 케이팝의 주역이다. BTS는 목적 차원에서 세계 팬들과 직접 통하는 스토리텔링형 친화 전략을 구사해 '2019 빌보드 뮤직 어워드' 2관왕 획득을 변곡점으로 케이팝을 선도하는 세계적인 가수로 성공한 점이 돋보인다. 인적 자원의 측면에서는 「나쁜 남자」,「하늘색 풍선」,「내 귀에 캔디」,「죽어도 못 보내」 등의 히트곡을 작곡한 JYP엔터테인먼트 음악 프로듀서 출신 방시혁의 안목과 SV인베스트먼트의 초기 투자(40억 원)가 성공의 마중물이었다.

물적 자원의 측면에서는 빅히트가 최초의 걸그룹 '글램'(2012)을 안착시키는 데 실패한 후 어렵게 투자를 받아 2013년 힙합 7인조 그룹 'BTS'를 결성한 점, 이어 솔선수범하는 '자율형 아이돌'로 육성하면서 레거시 미디어(legacy media)[10]에 의존하지 않고 소셜 마케팅으로 돌파한 점이 특징적이다. 전략·정보의 측면에서는 첫째, 신세대를 대변하는 노랫말, 둘째, 세계

〈표 12-3〉 스타 가수들의 성공 전략과 리더십 분석

성공요인 아티스트	목적	인적 자원	물적 자원	전략·정보
	예술 철학, 성공 목표와 노력	발굴·데뷔·성공의 핵심 조력자들	아티스트·소속사·주변의 인프라·투자·지원	재능, 이미지 콘셉트, 마케팅
BTS	세계의 팬들과 직접 통하는 스토리텔링형 친화 전략으로 '2019 빌보드 뮤직 어워드' 2관왕 영예를 차지하며 케이팝을 선도하는 세계적인 가수로 성공	「나쁜 남자」, 「하늘색 풍선」, 「내 귀에 캔디」, 「죽어도 못보내」 등의 히트곡을 작곡한 JYP 엔터테인먼트 음악 프로듀서 출신의 방시혁 프로듀서 SV인베스트먼트의 초기 투자(40억 원)가 마중물	최초 걸그룹 '글램' (2012) 실패 후 투자받아 2013년 힙합 7인조 그룹 'BTS' 결성, 솔선하는 '자율형 아이돌'로 육성, 레거시 미디어에 의존하지 않는 소셜 마케팅으로 돌파	신세대의 정서를 대변하는 노랫말, 세계 음악 흐름을 관통하는 통속성과 한국문화란 고유성이 가미된 멜로디·안무, 참여 유도형 소셜 미디어 전략에 따른 글로벌 팬덤 네트워크(아미) 구축
블랙핑크	팝, 힙합, EDM이 결합된 비트 있는 음악과 카리스마 있는 퍼포먼스로 단기간 내 세계 음악시장 공략 성공, 케이팝 걸그룹 선두 주자 명성 계승	힙합 댄서이자 안무가로 그룹 '서태지와 아이들' 출신인 양현석 프로듀서가 발굴하여 6년간 트레이닝 끝에 2016년 8월 데뷔	고급화·명품화에 맞춘 뮤직비디오 및 마케팅 전략 (로제·제니·지수·리사 모두 명품 홍보모델), 무빙 영상으로 역동성 강화, 데뷔 전부터 유명 가수와 컬래버, 유튜브 독자 채널로 홍보 강화	맵시와 우아함을 갖춘 명품 패셔니스타 이미지, 파워 있는 보컬과 뛰어난 댄스 실력, 구성원의 출신 다양성과 외국어 역량, 제니의 패션 스타일 유행 선도성
트와이스	힙합, R&B, 록 등 다양한 장르를 믹스한 '컬러 팝(Color Pop)' 댄스곡으로 인기 구현	격정적인 댄스곡 (「그녀는 예뻤다」, 「허니」, 「날 떠나지마」 등)으로 전성기를 누린 박진영 프로듀서가 오디션을 통해 선발, '미쓰에이' 이후 5년 만에 데뷔시킨 걸그룹	멤버를 뽑는 서바이벌 오디션 '식스틴'을 통해 데뷔 전 홍보, 그룹 결성 후 멤버별 티저 영상, 소녀들의 성장기 형식으로 스토리텔링 마케팅	3개국 구성원 9인의 밝고 건강한 매력과 차별화된 성장 스토리, 다채로운 조합 음악과 패션, 쯔위를 중심으로 하는 비주얼과 시선 어필 전략
엑소	실험성과 대중성을 결합한 음악으로 10~20대 두터운 팬 형성, 장기간 정상급 인기 유지	SM의 기획자인 이수만 프로듀서와 콘셉트를 구상한 민희진 아트 디렉터 등의 기여로 2012년 4월 데뷔	초능력 등 다양한 주제의 스토리로 관심 끌기, 풀 멤버와 유닛 전략 병행, 다양한 개별 활동 통해 재능을 살리며 소통 강화	미지의 세계에서 온 뉴 스타 이미지와 이국적 세계관, 동화적 노래 스타일과 대단위 댄스 퍼포먼스, 세계 명사 팬들의 응원 등 두터운 팬덤

임영웅	가수의 꿈을 실현하기 위해 오디션 프로그램을 통해 탄생한 아이돌 이미지의 트로트 가수로 트로트계에 선풍을 일으키며 CF 스타로 등극	KBS 〈아침마당〉의 '도전 꿈의 무대' 코너에 출연해 5승을 했지만 빛을 못 보고 TV조선 〈미스터 트롯〉에서 우승해 스타덤	거듭되는 경연을 통한 반복 노출로 노래 실력과 인지도 제고, 편모슬하의 고난했던 성장기, 얼굴 흉터의 비밀 등 스토리텔링으로 교감 확대	분위기 있는 목소리와 트로트 소화 능력, 패션모델 같은 준수한 외모, 차분한 성격과 감동적인 성장 비화, 여성 팬들의 열광적 호응
싸이	댄스곡인 「강남스타일」 뮤직비디오가 유튜브 조회 수 20억 뷰를 돌파한 유일한 한국 가수로서 케이팝의 세계적 통용 및 세계 제패 가능성을 최초로 제시	2001년 엽기적 내용의 랩 댄스곡인 1집 「새」로 인기를 얻어 활동하다 병역 논란으로 위축, 2012년 10월 「강남스타일」의 대히트로 글로벌 스타 등극, 2012년 4월 「젠틀맨」 연속 히트	예능·댄스·놀이 감각이 돋보이는 음악 스타일과 뮤직비디오를 창출해 유튜브와 영어(유학파)로 세계 팬들에게 소통하면서 여흥 심리를 자극하는 전략 구현	외국의 팝을 한국 가요에 이식한 재창조 능력, 덜 격식적인 B급 정서와 재미의 요소를 결합한 랩·댄스·안무, 유쾌한 소통 전략과 격정적인 퍼포먼스로 활력 제공
장윤정	경쾌함과 흥겨움을 주조로 폴카 리듬을 결합한 트로트 구축 — 박현빈·홍진영·조정민·송가인·임영웅으로 이어지는 신세대 트로트 가수 시대 개막	1999년 강변가요제 대상 수상 이후 재연 배우로 전전하던 장윤정을 작곡가 윤명선이 다른 가수들이 거부한 신곡 「어머나」의 실연자로 발굴	인터넷 및 휴대폰 시대를 맞아 이용자들이 자신의 홈페이지 배경음악, 휴대폰 컬러링으로 사용하면서 자연 확산된 후 방송 전파	가볍고 편안하고 경쾌한 트로트 곡조, 마음을 녹이듯 애교가 짙은 간드러진 창법, 발랄한 외모로 중장년에게 어필해 행사의 여제로 등극
박정현	재미교포 2세로 뛰어난 가창력과 화려한 감정 표현력으로 팝, 소울, 가스펠, 뉴에이지가 가미된 R&B 장르에서 독보적인 보컬리스트의 입지 구축	미국에서 복음성가 대회 우승 후 UCLA 2학년 때 한국 음반 제작자에게 발탁·내한 데뷔, 1·2집 실패 후 작사·작곡가 정석원을 만나 「꿈에」로 히트, MBC 〈나가수〉 출연 후 전성기	머라이어 캐리 등 기성 가수들을 벤치마킹하면서 성장한 후 노래, 작곡, 프로듀싱을 겸비한 음악 실력과 다른 장르를 결합하는 융합력을 발휘해 중독성 유발	R&B풍의 호소력 있는 음성, 작은 요정 이미지, 열정적인 무대 연기와 제스처, 제한된 수의 특화된 팬덤을 기반으로 성장해 복고풍 시청자들의 '재발견'으로 개화
이효리 (핑클)	신세대 라이프 스타일과 디지털 매체 붐에 맞추어 '섹시 콘셉트'로 어필한 댄스 가수로서 독보적인 위치를 구축해 당대	SM 연습생에서 나와 '업타운걸' 데뷔가 무산된 후 대성기획(현재 DSP 엔터테인먼트)이 S.E.S.의 대항마로 1998년 데뷔(1집	'핑클'에 마지막으로 합류했으나 리더로서 통솔력, 뛰어난 비주얼, 춤 솜씨가 대중에게 어필하면서 자연스럽게 부상,	현란한 퍼포먼스를 이끄는 '댄스 퀸'의 이미지, 섹시한 신체적 매력, 털털하고 쿨한 성격, 격의 없는 소통 능력, 미디어의 집중적인 주목으로 대히트

	가요·예능방송·CF 계를 석권	〈Blue Rain〉)시킨 4인조 걸그룹 '핑클'의 멤버로 출발	2002년 솔로로 독립해 신비주의적 마케팅 전략으로 가치 극대화	
H.O.T.	SM엔터테인먼트가 기획한 한국형 아이돌 그룹 제1호로서 가요계에 조직화된 아이돌 음악이라는 새로운 트렌드를 창조	철저한 기획과 조합을 통한 '맞춤 트레이닝'을 적용하여 1996년 이수만 프로듀서가 창안한 초기형 5인조 보이그룹	서태지와 아이들과 차별화된 치어걸(서양), 아이돌(일본) 문화와 힙합, 랩, 군무, 힙합 패션을 결합한 댄스·발라드 음악으로 신세대 공략	보다 구체화한 아이돌 콘셉트(메인보컬, 서브보컬, 랩, 댄스 담당으로 역할 분할)로 10대 팬심 공략, 극성적인 팬클럽 구축해 라이벌 '젝스키스'와 대결적 팬덤 구축
서태지와 아이들	기성세대에 반발하는 창의적인 스타일의 힙합·랩 댄스 뮤직을 선보여 한국 음악시장 패러다임을 10대 주류의 댄스 음악 중심으로 재편하고 '문화 대통령'이라는 스타덤 구축	랩과 힙합으로 숙련된 감성 스타일 3인조가 의기투합해 1991년 그룹 결성, 1992년 「난 알아요」로 데뷔, 같은 해 3월 14일 MBC 〈토요일 토요일은 즐거워〉 출연으로 TV 데뷔	데뷔 초 '우리말 랩', '회오리춤'에 대한 반응은 낯섦, 생소함, 충격 자체였으나 10대에게 크게 어필해 신드롬 형성, 청소년 어필형 가사 메시지와 신비주의 전략으로 팬덤 확장	새로운 음악 스타일을 갈구하는 신세대의 욕구를 랩과 댄스가 어우러진 음악과 안무·패션 스타일로 공략, X세대 문화를 반영하는 10대의 대변자라는 사회적 메시지를 전파하는 콘셉트
김광석	태생적 감성에 대학 연합 음악 동아리와 소극장에서 다져진 포크 음악 실력을 덧붙여 민주화 시대의 허무·실의·자의식을 노래로 승화	김민기, 노래를 찾는 사람들, 동물원 등 함께 일한 '학전' 등 소극장 무대 아티스트들, '어떤 날'의 멤버였던 음악 프로듀서 조동익의 발굴·지원	첫 솔로 음반(1989) 실패에도 불구하고 작곡가 한동준의 「사랑했지만」으로 대히트, 서울음반 기획 스태프였던 조영욱 프로듀서 등의 지원	인생무상, 성찰, 관조, 추억 반추, 자기 고백조의 노랫말과 미성이 권위주의 시대 젊은이들의 감수성 자극(사후에도 인기 구가)
크라잉넛	홍익대학교를 중심으로 활동하던 펑크록 밴드가 상업적 성공을 거둔 첫 사례로 노브레인·자우림 등과 주류 음악에 대적하는 인디밴드 전성시대 구현	1993년 서울 동부 이촌동에 거주하는 친구 7명이 그룹 결성, 1995년 홍대 라이브 클럽 '드럭' 오디션에 합격해 본격 활동, 1996년 컴필레이션 앨범 〈Our Nation 1〉으로 데뷔	1998년 1집 〈말달리자〉가 인기를 얻자 당대 유행한 인디문화 붐을 활용해 스타덤 구축, 2002년 FIFA 월드컵 응원가 「오 필승 코리아」로 대중성 확장	꾸밈, 기교, 과장이 없는 복잡하지 않은 음악, 진취적이면서도 서정적인 가사, 거침없이 도전하고 마음껏 포효하는 듯한 샤우팅 창법, 매우 돈독한 팀워크로 독자 팬덤 구축
015B	록·발라드를 토대로 하우스, 일렉트로니카 등의 새 장르를 결합한 음악 추구, 국내 최초	1988년 대학가요제 대상 수상자인 그룹 무한궤도의 구성원(정석원·조현찬·조형곤)과 장호일의	다양한 객원 가수와 가수 지망생, 팬들이 싸이월드의 '015B 타운'을 통해 소통·교류	변화된 시대의 연애담을 감미로운 음악으로 풀어 내고, 사회 비판 메시지까지 담아 당대 청년층의 정서 관통

		객원 보컬 시스템 도입해 음악적 다양성 추구	결합	하도록 시스템 구축	
신해철		낯선 사회비판 정신과 록을 주조로 실험성을 결합한 프로그레시브 음악을 카리스마 있게 주도하여 '마왕(魔王)'이라는 타이틀을 획득	고교·대학 시절 밴드 활동, 그룹 '무한궤도'로 참여한 1988년 대학가요제의 대상 수상이 데뷔 계기, 1990년 솔로로 재 데뷔, 1992년 록밴드 '넥스트' 구성	「슬픈 표정 하지 말아요」 등을 작곡한 키보디스트 겸 작곡가 원경 등의 지원, 테크노, 재즈, 클래식, 국악 장르와 컴퓨터 음악 기법을 결합하는 전략 추구	실험성 있는 록 음악으로 프로그레시브 록에 대한 대중적 지평과 인기를 넓힌 뒤 진보적 독설을 하는 소셜테이너로서 충성도 높은 팬덤 구축
이승환		서정성 깊은 록과 발라드로 무대·방송을 통해 대중성을 확보한 뒤 점차 사회성을 결합한 음악 철학을 실현한 독보적 가수	소속사 없이 가수 활동하는 것이 어려워진 현실을 수용해 '드림팩토리'의 전신인 '우리기획'을 창업해 스스로 벽에 도전	음악 프로듀서로서 자신은 음악 설계, 인디 레이블 드림팩토리는 투자를 맡아 무대 공연 중심의 직접·열정적 소통	언더밴드에서 단련된 싱어송라이터의 실력, 보호 본능을 유발하는 동안 외모, '콘서트의 황제'라 불릴 정도로 뛰어난 라이브 연기에 팬들이 열광
나윤선		재즈 수련 후 가수로 성장한 프랑스 사회의 명성이 유럽, 한국 등으로 확산되어 애절한 음성의 월드 클래스 재즈 보컬리스트의 입지 구축	의류회사 카피라이터 재직 중 대학 동기가 보낸 가창 데모 테이프를 보고 학전의 김민기가 록 뮤지컬〈지하철 1호선〉에 주인공으로 캐스팅, 이후 프랑스 재즈 유학	유럽 최초 재즈 학교 'CIM'에서 수학 중 공연, 클럽 공연, 페스티벌 참가로 활동 확대해 재즈 가수로 유명해지면서 2009년 프랑스 문화예술 공로 훈장 수상	성악가, 뮤지컬 배우인 부모로부터 물려받은 목소리(DNA), 다양한 원곡을 트렌드에 맞게 풀어 내는 뛰어난 재해석 능력, 프랑스를 비롯한 유럽의 음악 네트워크 등이 결합
신승훈		중학생 시절부터 밴드, 대학 통기타 동아리 활동, 대전의 카페 무대에서 숙련된 노래 솜씨	중독성 있는 멜로디의 노래를 만들어 히트곡 제조기로 불리던 DJ 출신 프로듀서 김창환과의 만남과 협업이 성공 계기	「미소 속에 비친 그대」 이후 정규 앨범에 집중 투자, 연속 7번 밀리언셀러 기록	바이브레이션이 없는 울림과 가성이 가미된 창법, 감미로운 멜로디, 애이불비(哀而不悲)의 가사, 깔끔한 동안 외모로 여성 팬 공략
이문세		여운 있는 가사+애잔한 멜로디+유려한 보컬+열정적 퍼포먼스라는 '발라드 히트 문법'을 구축해 부가가치가 높은 고가의 LP 시장 형성에 기여	1983년 데뷔 이후 2개의 앨범이 실패해 라디오 DJ 등으로 활동하다 무명의 연극·무용 공연용 음악 작곡가 이영훈을 만나 만개	자신이 공연 연출자가 되어 팬들의 감동을 유발하는 짜임새 있는 기획력 발휘, 작곡가 윤일상·유희열·조규만의 가세도 도움	댄스가 점차 득세하던 시대에 소녀적 감수성이 짙은 따뜻한 느낌의 발라드로 여성 팬들의 심리를 강타해 독보적 입지 구축

주현미	주류였던 기존의 '애상·비탄조의 트로트'에서 벗어나 가녀린 목소리와 결합된 신나는 '댄스 트로트'로 도전하여 트로트 품격 격상	1981년 MBC 강변가요제 데뷔가 계기, 작곡가 정종택, 록그룹 엑스트 보컬 출신 및 기타리스트인 남편 임동신 프로듀서, 이반석 밴드 마스터 등	개업 약사 시절 작곡가 정종택의 제안(조미미의 대타)으로 박준규와 함께 발표한 운전자용 앨범 〈쌍쌍파티〉 100만 장 돌파 후 댄스 트로트로 차별화	이전의 트로트와 성격이 다른 경쾌하고 발랄한 트로트, 약사 출신이라는 차별적 요소, 돋보이는 비주얼 요소 등이 작용해 히트
조용필	한과 흥이라는 한국적 정서가 결합된 노랫말과 싱어송라이팅 및 프로듀서로서 새 장르를 결합하는 음악적 변화를 추구하며 '가왕'의 경지 구축	1968년 미8군 무대 기타리스트를 타악기 연주자 김대환이 '김트리오' 가수로 발탁, 김성술의 원곡 「돌아와요 충무항에」를 황선우가 개작한 「돌아와요 부산항에」(1976)로 스타덤	활동 그룹인 '앳킨스'(데뷔), '파이브 핑거스', '김트리오', '조용필과 그림자', '조용필과 위대한 탄생'의 음악 동지의 지원, 작사가 양인자와 작곡가 김희갑 등의 협업	여러 성부가 합쳐진 듯한 목소리, 호소력 짙은 가창력, 환상적인 퍼포먼스, 말끔하고 아담한 이미지가 결합되어 원조 '오빠부대' 태동을 유발한 후 두텁고 영속적인 팬덤 구축

음악 흐름을 관통하는 통속성과 한국 문화의 고유성이 가미된 멜로디·안무, 셋째, 참여 유도형 소셜 미디어 전략 수립에 따라 '아미'라는 글로벌 팬덤 네트워크의 구축이 핵심 성공요인으로 분석된다.

'블랙핑크'는 목적 면에서는 팝, 힙합, EDM이 결합된 비트 있는 음악과 카리스마 있는 퍼포먼스로 단기간 내 세계 음악시장 공략에 성공하여 케이팝 걸그룹 선두 주자의 명성을 계승하고 있다는 점이 단연 돋보인다. 원더걸스-소녀시대-카라의 계보를 잇는 대표적인 걸그룹인 셈이다. 인적 자원의 면에서는 그룹 '서태지와 아이들' 출신인 양현석 프로듀서가 발굴하여 6년간 짜임새 있는 예술 기량 트레이닝과 기존 걸그룹과는 다른 고급 이미지를 강조한 '명품 걸그룹' 스타일링 작업을 정교하게 거쳐 2016년 8월 데뷔시킨 점이 포인트다.

물적 자원의 면에서는 고급화·명품화에 맞춘 뮤직비디오와 마케팅 전략, 무빙형으로 홍보 영상을 만들어 역동성을 강화한 점, 데뷔 전부터 유명 가수와 컬래버를 하고 유튜브 독자 채널을 구축해 홍보를 한 점이 성공 요인이다. 특히 멤버인 로제·제니·지수·리사 모두가 명품 브랜드의 홍보 모델을 맡을 정도로 '고급화'에 신경을 썼다. 전략·정보의 차원에서는 맵시와 우아함을 갖춘 명품 패셔니스타(fashionista) 이미지, 파워 있는 보컬과 뛰어난 댄스 실력, 구성원의 출신 다양성과 외국어 역량, 제니의 패션 스타일 유행 선도성이 성공의 핵심 포인트로 손꼽힌다.

신예 트로트 스타 임영웅은 목적의 측면에서 가수가 되려는 인생역전 의지를 실현하기 위해 오디션 프로그램에 도전해 우승함으로써 트로트계에 선풍을 일으키며 CF 스타로 등극했다는 점이 포인트다. 인적 자원의 측면에서는 스타덤의 기회가 된 TV조선 〈미스터 트롯〉에 도전한 것과 우승이 가장 중요하다. 물적 자원의 관점에서는 매회 거듭되는 경연 방송을 통한 반복 노출로 노래 실력이 드러나고 인지도가 상승한 점, 홀어머니 밑에서 어렵게 자란 성장기 스토리, 얼굴 흉터의 비밀 등 스토리텔링을 통한 관심과 교감 확대가 핵심 포인트다. 전략·정보의 차원에서는 분위기 있는 목소리와 다양한 트로트곡 소화 능력, 패션모델 같은 준수한 외모, 차분한 성격과 감동적인 성장 스토리, 여성 팬의 열광적 호응이 성공 포인트다.

같은 트로트 장르 가수인 장윤정의 경우 목적에서는 경쾌함과 흥겨움을 주조로 폴카 리듬을 결합한 트로트를 창출한 업적을 이루어 냈고, 이를 통해 현빈·홍진영·조정민·송가인·임영웅으로 이어지는 신세대 트로트 가수 시대를 개막한 점이 돋보인다. 인적 자원은 1999년 MBC '강변가요제' 대상 수상 이후 재연 배우로 전전하던 장윤정을 작곡가 윤명선이 다른 가수들이 취입을 속속 거부한 신곡 「어머나」의 실연자로 발탁한 점이 결정적인 기회였다. 물적 자원은 인터넷·휴대폰 시대를 맞아 깨알 같은 이용자들이 장윤정의 음악을 자신의 홈페이지 배경음악과 컬러링으로 사용하면서 널리 확산된 후 비로소 방송에 나와 더욱 유명해진 점이 포인트다.

박정현의 경우 목적에서는 뛰어난 가창력과 화려한 감정 표현력으로 팝·소울·가스펠이 가미된 R&B 장르에서 독보적인 보컬리스트의 입지를 구축한 점이 포인트다. 인적 자원에서는 미국 로스앤젤레스에서 복음성가대회 우승 후 UCLA 2학년 때 한국 음반 제작자에게 발탁되어 데뷔한 점, 1·2집 실패 후 작곡가 정석원을 만나 「꿈에」로 히트하고 MBC 〈나가수〉 출연 후 전성기를 누린 점이 돋보인다.

물적 자원에서는 한동안 머라이어 캐리(Mariah Carey) 등 기성 스타 가수들을 벤치마킹하면서 성장한 후 독자적인 가창·작곡·프로듀싱 실력을 발휘하며 다른 음악 장르와 크로스오버(crossover)[11]를 시도하면서 다양한 음악적 색깔로 중독성을 유발한 점이 손꼽힌다. 전략·정보 차원에서는 R&B풍의 호소력 있는 음성, 작은 요정 이미지, 열정적인 무대 연기와 제스처, 제한된 수의 특화된 팬덤을 기반으로 성장해 복고풍 시청자들의 '재발견'으로 꽃피운 점이 성공 포인트다.

크라잉넛은 목적 면에서 서울 홍익대학교를 중심으로 활동하던 펑크록 밴드가 상업적으로 성공을 거둔 첫 사례로 노브레인·자우림 등과 주류음악에 대적하는 인디밴드 전성시대를 구현한 점이 성공 포인트다. 인적 자원에서는 1993년 서울 동부 이촌동에 거주하는 친구 7명이 그룹을 결성한 점, 1995년 홍대 라이브 클럽 '드럭(Drug)' 오디션에 합격해 본격적으로 활동한 점, 1996년 컴필레이션 앨범 〈Our Nation 1〉으로 데뷔한 점을 꼽을 수 있다. 물적 자원에서는 1998년 1집 〈말달리자〉가 인기를 얻자 당대 유행한 인디문화 붐을 활용해 스타덤을 구축한 점과 2002년 FIFA 월드컵 응원가 「오 필승 코리아」로 대중성을 확장한 점이 포인트다. 전략·정보에서는 꾸밈·과장이 없는 복잡하지 않은 음악, 진취적이면서도 서정적인 가사, 거침없이 도전하고 마음껏 포효하는 샤우팅(shouting) 창법 구사, 매우 돈독한 팀워크로 독자적인 팬덤 구축이 핵심 포인트다.

1978년 CBS 〈세븐틴〉으로 데뷔한 이문세는 목적 면에서 여운 있는 가사, 애잔한 멜로디, 유려한 보컬, 열정적 퍼포먼스의 조합이라는 새로운 '발라드 히트 문법'을 구축해 발라드의 부가가치를 높여 고가의 LP 시장 형성에 기여한 점이 포인트다. 인적 자원 측면에서는 1983년 데뷔 이후 2개의 앨범이 연속 실패해 라디오 DJ 등으로 활동하다 무명의 연극·무용 공연용 음악 작곡가 이영훈을 만나 활짝 꽃을 피운 점이 포인트다. 물적 자원에서는 자신이 공연 연출자가 되어 팬들의 감동을 유발하는 짜임새 있는 기획력을 발휘하고 작곡가 윤일상·유희열·조규만을 만나 그들의 가세와 도움으로 곡의 다양성을 확대해 투자한 점이 핵심이다. 전략·정보에서는 댄스가 점차 득세하던 시대에 '소녀 감수성'이 짙은 부드러운 느낌의 발라드로 여성 팬들의 심리를 공략해 독보적인 입지를 구축한 점이 눈에 띈다.

이 밖에 트와이스, 엑소, 싸이, 이효리, H.O.T., 서태지와 아이들, 김광석, 015B, 신해철, 이승환, 나윤선, 신승훈, 주현미, 조용필 등 한국 대중음악사에 한 획을 그은 스타 가수들을 같은 방식으로 분석할 수 있다. 구체적인 분석 내용은 〈표 12-3〉을 참조하면 된다. 정상의 쾌도에 올랐던 가수들을 입체적으로 분석하면 그들의 성공과 실패의 경험을 거울삼아 아티스트 데뷔와 성장을 위한 기획 전략과 방향 수립에 유용하면서도 차별적인 아이디어와 직관을 얻을 수 있다.

주

1장 대중음악의 역사와 흐름

1. 나가누마 유미·니토 히로미. 2013. 홍성민 옮김. 『한 권으로 쉽게 읽는 서양음악사』. 하서.
2. Miller, H. M. 1972. *A History of Music*. HarperCollins Publishers, Inc.
3. Robert, J. S. and Kathleen, G. 1994. "The Troubadours: Singing Their Stories of Love and Health." *American Journal of Public Health*, 84(12): 2023~2025.
4. 이민호. 1989. 『서양문화사』. 느티나무.
5. 송원길. 2020. 『루이 암스트롱에서 엘비스까지, 미국 남부 음악여행』(개정판). 밥북.
6. Elvira, G. 2019. "The Negro Spiritual's Unique Contribution to Classical Literacy in America." *Executive Intelligence Review*, 46(47): 54~56.
7. Reck, D. B. 1976. "The Mintrals." *Music Educators Journal*, 63(2): 28~37.
8. 레온카발로의 [팔리아치(Pagliacci)] 중에서 'Vesti la giubba(의상을 입어라)'
9. Diehl, J. A. 2011. "What is a 'Gospel'? Recent Studies in the Gospel Genre." *Currents in Biblical Research*, 9(2): 171~199.
10. Starr, L. and C. Waterman. 2010. *American Popular Music: From Minstrelsy To MP3* (3rd. Ed.). Oxford Publishing Group (『미국 대중음악: 민스트럴 시부터 힙합까지 200년의 연대기』. 김영대·조일동 옮김. 한울).
11. 김정락·남상식·이수완·전예완. 2017. 『공연예술의 이해와 감상』. 한국방송통신대학교출판문화원.
12. *The New Grove Dictionary of Music and Musicians*가 이렇게 정의하고 있다.
13. Bogazianos, D. A., 2008. "Northern Soul: Music, Drugs and Subcultural Identity." *Contemporary Sociology*, 37(6): 583~585.
14. 이수완. 2014. 『대중음악 입문』. 경성대학교출판부.
15. 한미영. 2005. 「몸의 언어 디스코(Disco): 한국에서의 디스코 음악 수용 과정: 1980년대

중심으로」. 단국대학교 대중문화예술대학원 석사학위 논문.
16. Halick, M. E. 2016. "What Can You Teach With Electronic Dance Music? A Music Teacher's Guide to EDM." *General Music Today*, 30(1): 4~10.
17. Holmes, B. 2002. *Electronic and Experimental Music: Pioneers in Technology and Composition*. Psychology Press.
18. 김정섭. 2017. 『한국대중문화예술사』. 한울아카데미.
19. 장유정. 2013. 「일제 강점기 만요를 통해 본 서민들의 삶과 문화」. ≪한국민요학≫, 39: 277~295.
20. 이준희. 2009. 「일제 강점기 군국가요(軍國歌謠) 연구」. ≪한국문화≫, 4: 139~161.
21. 전지영. 2016. 『트로트와 한국음악을 위한 변명』. 북코리아.
22. 김정섭. 2017. 『한국대중문화예술사』. 한울아카데미.
23. 김창남 외. 2012. 『대중음악의 이해』. 한울아카데미.
24. 권정구. 2016. 「한국 대중음악 규제와 저항의 역학, 그리고 그 반전」. ≪음악과 문화≫, 34: 77~104.
25. 이동연. 2012. 「케이팝의 스타일: 네 가지 문화코드」. ≪대중음악≫, 9: 167~181.
26. 이수완. 2016. 「케이팝(K-Pop), Korean과 Pop Music의 기묘한 만남: K-Pop의 한국 대중 음악적 진정성에 대한 탐구」. ≪인문논총≫, 73: 77~103.
27. 김창남·신현준·최지선. 2017. 「한국 대중음악사 발간을 위한 기초연구 보고서」. 문화체육관광부.
28. 김영준. 1994. 『한국 가요사 이야기』. 아름출판사.
29. 이영미. 1998. 『한국 대중가요사』. 시공사.
30. '이지 리스닝(easy listening)'은 부담 없이 가볍게 듣는 편안한 음악이란 뜻으로 다양한 형식의 기악곡, 팝 스탠더드, 보컬이 들어간 차분한 노래, 관현악에 의한 팝 등을 포괄하는 개념이다. 1950년대부터 꾸준히 광범위한 인기를 얻은 대중음악 장르이자 라디오 방송의 형식이기도 하다.
31. 박찬호. 2009. 『한국 가요사 1(가요의 탄생에서 식민지 시대까지 민족의 수난과 저항을 노래하다, 1894~1945년)』·『한국 가요사 2(해방에서 군사 정권까지 시대의 희망과 절망을 노래하다, 1945~1980년)』.(각각 일어판 원서). 안동림 옮김. 미지북스.

2장 음악 산업의 범위와 구조

1. Young, D. R. 2004. *The Music of Management: Applying Organization Theory*. Ashgate Publishing Limited, Aldershot.

2. 김정섭. 2017. 『한국대중문화예술사』. 한울아카데미.
3. 장혜원. 2015. 「실용음악의 대학제도 진입과 발전을 중심으로 본 국내 대중음악의 문화적 정당화 과정」. ≪대중음악≫, 16: 34~85.
4. 스웨덴 왕립과학원 노벨상위원회는 2016년 10월 14일(한국 시간) "훌륭한 미국 음악 전통 안에서 새로운 시적 표현을 창조해냈다"고 노벨 문학상 선정 이유를 밝혔다. 딜런의 노랫말은 영국 시인 '딜런 토머스'에서 '딜런'을 따서 예명으로 삼았을 만큼 인류애, 평화 등의 이념을 풍부한 시적 감수성으로 담아냈다. 시상식에는 불참했다.
5. Schäfer, Thomas, Peter Sedlmeier, Christine Städtler, David Huron. 2013. "The Psychological Functions of Music Listening." ≪Frontiers in Psychology≫, 4: 1~33.
6. Sterne, J. 2014. "There is No Music Industry." *Media Industries Journal*, 1(1): 50~55.
7. Williamson, J. and M. Cloohan. 2007. "Rethinking The Music Industry." *Popular Music*, 26(2): 305-322.
8. Pratt, A. C. 2008. "Creative Cities: The Cultural Industries and the Creative Class." *Geografiska Annaler Series Human Geography*, 90B(2): 107~117.
9. Scott, A. 1999. "The US Recorded Music Industry: On the Relations between Organization Location, and Creativity in the Cultural Economy." *Environmental and Planning*, A 31: 1965~1984.
10. 김진우·유지연·이아름·이창호·허영아. 2016. 『뮤직 비즈니스 바이블』. 박하.
11. 유동길. 2015. 『뮤직 비즈니스의 이해』 AXIMU.
12. Iansiti, M. and R. Levien. 2004. *Advantage: What the New Dynamics of Business Ecosystems Mean for Strategy, Innovation, and Sustainability*. Harvard Business Press.

3장 음악 산업의 현황과 성장세

1. Calvin, K. M. and C. Y. Bernard. 2001. "The Internet is Changing the Music Industry." *Communications of the ACM*, 44(8): 62~68.
2. 박진영. 2006. 「뉴미디어와 음악 산업의 변화에 따른 한국 음악 콘텐츠의 미래와 과제」. ≪음악과 민족≫, 32(0): 275~302.
3. 스트리밍(streaming)은 인터넷 방송에서처럼 실시간으로 음악을 들을 수 있는 방식을, 다운로딩(downloading) 방식은 개인이 선곡한 음악파일을 다운받아 감상하는 형태를 말한다.
4. IFPI(The International Federation of the Phonographic Industry). 2020.3.4. The

Global Music Report: Data and Analysis for 2019.
5. 송진 외. 2015. 2014 대중음악 실태조사. 한국콘텐츠진흥원.
6. 신항우 외(엔터테인먼트아시아네트워크). 2019.11.30. 음악 산업 패러다임 전환과 지속 성장을 위한 정책연구. 한국콘텐츠진흥원.
7. 후크송은 '청취자를 사로잡는 짧막한 음악 구절'을 뜻하는 음악 용어 'hook'와 'song(노래)'을 결합해 만든 신조어다. 영어로는 'kitch song' 또는 'kitch music'으로 표현한다. kitch는 가볍고 저속한 취향을 뜻하는 말로 비교적 값이 싸서 누구나 손쉽게 구할 수 있음을 의미한다.
8. 이승연·장민호. 2019. 「K-Pop 음악의 글로벌 성공 요인 분석」. ≪한국엔터테인먼트산업학회논문지≫, 13(4): 1~15.
9. 천금주. 2020.9.1. "BTS 한국 가수 첫 빌보드 싱글 1위, K팝의 새 역사". ≪국민일보≫.
10. 이규탁. 2019. 『'18 한류백서』. 「3. 음악한류」. 한국국제문화교류진흥원.
11. 민경원. 2020.6.15. "수익 220억 방방콘, AR 무장 슈주쇼…K팝 온라인공연의 진화". ≪중앙일보≫

4장 음악 시장의 키 플레이어들
1. 성미경·이규탁·문효진. 2017. 「K-Pop 글로벌 확산을 위한 음악시장 다변화 전략 연구」. 한국콘텐츠진흥원, KOCCA 연구보고서 17-16.
2. 성미경·이규탁·문효진. 2017. 「K-Pop 글로벌 확산을 위한 음악시장 다변화 전략 연구」. 한국콘텐츠진흥원, KOCCA 연구보고서 17-16.
3. thefreedictionary.com의 financial-dictionary. '시장 참여자(market participant)'가 동의어다.
4. Paul, M. 2004. "Radio One: UK Music Surges a Year on since Protests." *Music Week*, 33: 6~7.
5. Qu, Heng. 2019. "Risk and Diversification of Nonprofit Revenue Portfolios: Applying Modern Portfolio Theory to Nonprofit Revenue Management." *Nonprofit Management & Leadership*, 30(2): 193~212.
6. 박정은. 2018. 「국내 음악 산업의 디지털 음악제작과 유통구조 분석」. ≪한국엔터테인먼트산업학회논문지≫, 12(3): 39~53.
7. 조영인. 2018. 「안무저작권 보호를 위한 법 규정 및 등록 프로세스 개선방안 연구」. ≪한국엔터테인먼트산업학회논문지≫, 12(7): 425~441.
8. 음악업계에서는 종종 음악 플랫폼을 '플랫폼 사업자'로, 플랫폼 사업자에 음원을 납품하

는 업체를 '음원 유통업자'로 각각 구분하여 학술적 관점을 적용한 구분과 차이가 나기도 한다.
9. 카카오는 2018년 9월 1일 지배구조를 '카카오 → 카카오엠 → 자회사'로 재정비하면서 원래 인수합병 전 카카오엠이 갖고 있던 멜론 사업부를 카카오로 이관시켰다. 따라서 음악 플랫폼 '멜론'은 카카오엠이 아닌 본사 카카오가 사업을 영위하고 있다. 카카오는 당시 4300만 가입자를 확보한 멜론을 전면에 내세워 이를 무기로 사업을 확장하기 위해 이런 선택을 했다.
10. Haynes, J., L. Marshall. 2018. "Reluctant Entrepreneurs: Musicians and Entrepreneurship in the 'New' Music Industry." *The British Journal of Sociology*, 69: 459~482.

5장 음악산업 관련 정책과 법률

1. 이 법에서 '음악'은 소리를 소재로 박자, 선율, 화성, 음색 등을 일정한 법칙과 형식으로 종합하여 사상과 감정을 나타낸 것이라 규정했다. '음악 산업'은 음악의 창작, 공연, 교육, 음반, 음악파일, 음악영상물, 음악영상파일의 제작, 유통, 수출, 수입, 악기와 음향기기 제조 및 노래연습장업 등과 이와 관련된 산업이다. '음원'은 음 또는 음의 표현으로서 유형물에 고정시킬 수 있거나 전자적 형태로 수록할 수 있는 것을, '음반'은 음원이 유형물에 고정되어 재생하여 들을 수 있도록 제작된 것을 말한다. '음악파일'은 음원이 복제, 전송, 송신, 수신될 수 있도록 전자적 형태로 제작되거나 전자적 기기에 수록된 것을, '음악영상물'은 음원의 내용을 표현하기 위하여 해당 음원에 영상이 포함되어 제작된 것을 말하며 음악의 실연(實演)에 대한 영상물을 포함한다. '음악영상파일'은 음악영상물이 복제, 전송, 송신, 수신될 수 있도록 전자적 형태로 제작되거나 전자적 기기에 수록된 것을 말한다. '음반·음악영상물제작업'은 음반, 음악파일, 음악영상물, 음악영상파일을 기획 제작하거나 복제 제작하는 영업을, '음반·음악영상물배급업'은 음반 등을 수입(원판 수입 포함)하거나 그 저작권을 소유·관리하여 음반·음악영상물판매업자 또는 온라인음악서비스제공업자에게 공급하는 영업을 말한다. '음반·음악영상물판매업'은 음반 및 음악영상물을 소비자에게 직접 판매하는 영업을, '온라인음악서비스제공업'은 정보 통신망을 이용하여 음악파일·음악영상파일을 소비자의 이용에 제공하는 영업을 말한다.
2. 이 법에 따라 '문화 산업'은 문화상품의 기획, 개발, 제작, 생산, 유통, 소비 등과 이에 관련된 서비스를 하는 산업을 뜻한다. 문화 산업은 영화·비디오물, 음악·게임, 출판·인쇄·정기간행물, 방송영상, 문화재, 만화·캐릭터·애니메이션·에듀테인먼트·모바일문화콘텐츠·디자인(산업디자인은 제외)·광고·공연·미술품·공예품, 디지털문화콘텐츠, 사용자제작문화콘텐츠 및 멀티미디어문화콘텐츠, 대중문화예술산업, 전통 소재와 기법을

가미한 의상, 조형물, 장식용품, 소품 및 생활용품, 문화상품 전시회·박람회·견본시장 및 축제 등과 관련된 산업을 포함한다. '문화상품'이란 예술성·창의성·오락성·여가성·대중성이 체화(體化)되어 경제적 부가가치를 창출하는 유형·무형의 재화(문화콘텐츠, 디지털문화콘텐츠, 멀티미디어문화콘텐츠 포함)와 그 서비스 및 이들의 복합체를 말한다.

3. 이 법에 따라 '콘텐츠'란 부호, 문자, 도형, 색채, 음성, 음향, 이미지 및 영상 등(이들의 복합체를 포함)의 자료 또는 정보를 뜻한다. '콘텐츠 산업'이란 경제적 부가가치를 창출하는 콘텐츠 또는 이를 제공하는 서비스(이들의 복합체를 포함)의 제작·유통·이용 등과 관련한 산업을 말한다. '콘텐츠 제작'이란 창작·기획·개발·생산 등을 통하여 콘텐츠를 만드는 것을 말하며, 이를 전자적인 형태로 변환하거나 처리하는 것을 포함한다. '콘텐츠 제작자'란 콘텐츠 제작에 있어 그 과정의 전체를 기획하고 책임을 지는 자(이 자로부터 적법하게 그 지위를 양수한 자를 포함)를 말한다. '콘텐츠 사업자'란 콘텐츠의 제작·유통 등과 관련된 경제활동을 영위하는 자, '이용자'란 콘텐츠 사업자가 제공하는 콘텐츠를 이용하는 자를 말한다.

4. 이 법에서 말하는 '예술인'은 예술 활동을 업으로 하여 국가를 문화적·사회적·경제적·정치적으로 풍요롭게 만드는 데 공헌하는 사람으로서 문화예술 분야에서 창작, 실연, 기술지원 등의 활동을 증명할 수 있는 사람이다.

5. 이 법에 따라 '대중문화예술산업'은 대중문화예술인이 제공하는 대중문화예술용역을 이용하여 방송영상물·영화·비디오물·공연물·음반·음악파일·음악영상물·음악영상파일 등(이하 '대중문화예술제작물')을 제작하거나 대중문화예술제작물의 제작을 위해 대중문화예술인의 대중문화예술용역 제공을 알선·기획·관리하는 산업으로서 대통령령으로 정한다. '대중문화예술인'은 대중문화예술용역을 제공하는 자 또는 대중문화예술용역을 제공할 의사를 가지고 대중문화예술사업자와 대중문화예술용역과 관련된 계약을 맺은 자를 말한다. '대중문화예술제작업'은 대중문화예술용역을 이용하여 대중문화예술제작물을 제작하는 영업을, '대중문화예술기획업'은 이러한 대중문화예술인의 대중문화예술용역을 제공 또는 알선하거나 이를 위하여 대중문화예술인에 대한 훈련·지도·상담 등을 하는 영업을 각각 지칭한다. '대중문화예술제작물스태프'란 대중문화예술산업에 종사하는 자로서 대중문화예술제작물 제작과 관련된 기획·촬영·음향·미술 등 업무에 기술적 또는 보조적인 용역을 제공하는 자를 말한다.

6. 이 법률에 따라 '공연'이란 음악·무용·연극·연예·국악·곡예 등 예술적 관람물을 실연에 의하여 공중(公衆)에게 관람하도록 하는 행위를 말한다. 다만, 상품 판매나 선전에 부수(附隨)한 공연은 제외한다. '공연자'란 공연을 주재(主宰)하거나 직접 하는 자를 의미한다.

7. Elberse, A. and L. Woodham. 2020. "Big Hit Entertainment and Blockbuster Band

BTS: K-Pop Goes Global." *Harvard Business School Case* (Study Review) 520-125.
8. 분쟁 조정 또는 소송절차와 달리 중재 합의를 선택할 경우 중재법에 따라 법원을 통한 소송 제기가 제한(소 각하)될 수 있다.

6장 음악 저작권과 수익 배분

1. Zhu, C. W. 2013. "'Copyleft' Reconsidered: Why Software Licensing Jurisprudence Needs Insights from Relational Contract Theory." *Social & Legal Studies*, 22(3): 289~308.
2. 김정섭. 2014. 『케이컬처 시대의 배우 경영학』. 한울아카데미.
3. Kretschmer, M. 2005. "Trends in Global Copyright." *Global Media and Communication*, 1(2): 231~237.
4. 이경호. 2019. 「음악 저작물에 관한 실연자의 창작 기여도 분석」. ≪예술인문사회융합멀티미디어논문지≫, 9(2): 451~458.
5. 한국저작권위원회. 2010.1. 「디지털 환경에서의 실연자의 법적 보호」. 한국저작권위원회 발간자료.
6. 저작권은 콘텐츠의 창작과 동시에 발생하며 아무런 절차나 방식을 요구하지 않는다는 주의를 말한다.
7. 문화체육관광부. 2018.6.20. 「음원 전송 사용료 징수규정 개정안 승인」. 문화체육관광부 저작권산업과 보도자료.
8. 선담은. 2019.9.26. "검찰, 유령 음반사 만들어 '저작권료 편취' 멜론 전 운영사 대표 등 기소". ≪한겨레≫.

7장 뮤직 비즈니스의 개요

1. Harriman, S. 2019. "Co-creation Experiences in the Music Business: a Systematic Literature Review." *Journal of Management Development*, 38(6): 464-483.
2. Longhurst, B. 1995. *Popular Music and Society*. Cambridge: Polity Press.
3. Fox, M. 2004. "E-commerce Business Models for the Music Industry." *Popular Music and Society*, 27(2): 201~220.
4. 박평호. 2013. 『개인 창업 & 법인 창업 쉽게 배우기』. 한스미디어.
5. 임성준. 2013. 「K-Pop의 글로벌 경쟁력과 성공 요인」. ≪KBR≫, 17(2): 323~346.
6. Elberse, A. and L. Woodham. 2020. "Big Hit Entertainment and Blockbuster Band BTS: K-Pop Goes Global." *Harvard Business School Case* (Study Review) 520-125.

7. 쇼케이스는 새로운 제품, 음반(음원), 가수, 작품 등을 전문가나 관계자들에게 널리 알리기 위해 갖는 특별 공연이나 전시회를 말한다.
8. 박정은. 2018. 「국내 음악 산업의 디지털 음악제작과 유통구조 분석」. ≪한국엔터테인먼트산업학회논문지≫, 12(3): 39~53.

8장 아티스트의 개발과 육성

1. '데모(demo)'는 악곡과 연주를 다른 사람에게 들려주기 위해 샘플 음원을 녹음한 노래를 지칭한다. 같은 목적으로 만든 테이프를 '데모 테이프(demo tape)'라 한다. demo는 'demonstration(시연)'의 약어이다.
2. 이종원. 2019. 「유튜브가 발굴하고 대중이 키워낸 가수들」. ≪월간 샘터≫, 2019(11): 108~109.
3. 미국의 경영 컨설턴트 앨버트 험프리(Albert Humphrey)가 고안한 분석 틀로 기업이나 플레이어가 처한 시장 상황을 정확하게 반영해 분석할 수 있는 장점이 있다.
4. 윤유경·채지영. 2001. 「라이브 콘서트가 가수의 호감 변화에 미치는 영향」. ≪한국심리학회지: 문화 및 사회문제≫, 7(1): 23~36.
5. 황지선. 2018. 「대중가수 가창력과 뮤지컬 배우 역량의 브랜드 가치에 관한 연구: 브랜드 자산에 대한 이해를 중심으로」. 단국대학교 문화예술대학원 석사논문.
6. 양명희. 2015. 「가수 및 그룹의 명명 방식에 대한 사회언어학적 연구: 1990년~2009년의 멜론 차트를 중심으로」. ≪한말연구≫, 36: 37~62.
7. 김진아. 2011. 「아이돌 중심 대중음악 시장의 한계에 관한 연구: 아이돌 가수 탄생에 미치는 영향력을 중심으로」. 고려대학교 언론대학원 석사학위 논문.
8. 안대성. 2015. 『발성의 완성을 위한 목소리 사용 설명서』. 예술.
9. 조태선. 2009. 「대중음악 가수들을 위한 발성법」. ≪한국산학기술학회 학술대회논문집≫, 364~367쪽.

9장 뮤직 프로듀싱과 퍼블리싱

1. 김건. 2019. 「국내 대중음악 편곡에서 오케스트라의 활용방안 연구: 발라드 장르를 중심으로」. ≪문화와 융합≫, 41(4): 247~274.
2. Starr, L. and C. Waterman. 2010. *American Popular Music: From Minstrelsy To MP3* (3rd. Ed.). Oxford Publishing Group (『미국 대중음악: 민스트럴 시부터 힙합까지 200년의 연대기』. 김영대·조일동 옮김. 한울).
3. Minton, S. C. 1986. *Choreography: A Basic Approach Using Improvisation*. Human

Kinetics Publishers.
4. Wixen, R. D. 2014. *The Plain and Simple Guide to Music Publishing: What You Need to Know About Protecting and Profiting from Music Copyrights*. Hal Leonard Books.
5. 김현경. 2013. 「[김현경의 음악 에세이] 서양음악의 역사: 15세기 르네상스 시대」. ≪대한토목학회지≫, 61(4): 132~136.

10장 콘서트 기획과 제작

1. 민은기·신혜승. 2014. 『Classics A to Z: 서양음악의 이해』. 음악세계.
2. 삼호뮤직 편집부. 2002. 『파퓰러음악용어사전 & 클래식음악용어사전』. 삼호뮤직.
3. Zorn, J. D. 1980. "Freshen Up Your Concert Format." *Music Educators Journal*, 66(9): 38~40.
4. 김평수·윤홍근·장규수. 2018. 『문화콘텐츠 산업론』. 커뮤니케이션북스.
5. 문현탁. 2010. 「대중음악 콘서트 관객의 공연관람 결정 요인에 관한 연구」. 중앙대학교 예술대학원 석사학위 논문.
6. Thompson, S. 2006. "Audience Responses to a Live Orchestral Concert." *Musicae Scientiae*, 10(2): 215~244.
7. Brown, S. C. and D. Knox. 2016. "Why Go to Pop Concerts? The Motivations behind Live Music Attendance." *Musicae Scientiae*, 21(3): 233~249.
8. Moran, A. and M. Keane. 2004. *Television across Asia: Television Industries, Programme Formats and Globalization*. New York, NY: Routledge.
9. 김정락·남상식·유영희·장인자. 2011. 『공연예술의 이해와 감상』. 방송통신대학교 출판부.
10. Wonsun, S., P. Augustine and K. Hyojung. 2015. "Building Relationships Through Integrated Online Media: Global Organizations' Use of Brand Web Sites, Facebook, and Twitter." *Journal of Business and Technical Communication*, 29(2): 184~220.
11. 이근삼. 2013. 『연극개론: 그 이론과 실제』. 문학과 사상사.
12. 유안나·이종오. 2020. "'BTS 방방콘 The Live'의 비접촉 콘서트로서의 대안 포맷 가능성". ≪한국엔터테인먼트산업학회논문지≫, 14(5): 27~35.

11장 뮤직 비즈니스 경영과 창업·취업

1. 김수정. 2020.1.5. "'그 알' 후, 바이브 소속사가 밝힌 마케팅 비용과 1위 곡 매출". CBS 노컷뉴스.

2. 이창호. 2019.4.23. "천억 원 수출산업 케이팝, 저작권 침해엔 무방비". 중기이코노미.
3. Elberse, A. and L. Woodham. 2020. "Big Hit Entertainment and Blockbuster Band BTS: K-Pop Goes Global." *Harvard Business School Case* (Study Review) 520-125.
4. 그림 또는 요도를 사용해 매우 간략하지만 강력한 시각적 효과를 통해 전달력과 이해도를 높이는 전략 기획의 방법으로 프랑스 인시아드 경영대학원 석좌교수인 김위찬(W. Chan Kim)과 동료 교수 르네 모보르뉴(Renée Mauborgne)가 2005년에 쓴 책 『블루오션 전략(Blue Ocean Strategy)』에서 처음 사용된 기법이다.
5. 김명선. 2020.6.19. "'방탄에 살고 방탄에 죽고' 상장 앞둔 빅히트 '딜레마'". 비즈한국.
6. Lindgren, M. and H. Bandhold. 2003. *Scenario Planning. The Link between Future and Strategy*. Palgrave Macmillan, Hampshire.
7. Vroom, V. H. 1964. *Work and Motivation*. New York: Wiley.
8. www.BJJansen.com.
9. Carroll, A. B. 1979. "A Three-dimensional Conceptual Model of Corporate Social Performance." *Academy of Management Review*, 4: 497~505.
10. Dahlsrud, A., 2008. "How Corporate Social Responsibility Is Defined: An Analysis of 37 Definitions." *Corporate Social Responsibility and Environmental Management*, 15: 1~13.
11. Courtney, D. H. and K. S. Sheryl-Ann. 2015. "Gender Effects on Perceptions of Individual and Corporate Social Responsibility." *Journal of Applied Business and Economics*, 17(3): 63-71.
12. Mitroff, I. I. and G. Anagnos. 2001. *Managing Crises before They Happen*, American Management Association. New York, NY.
13. Chiara Verbano, C. and K. Venturini. 2013. "Managing Risks in SMEs: A Literature Review and Research Agenda." *Journal of Technology Management & Innovation*, 8(3): 86~97.
14. '큐레이션(curation)'은 원하는 콘텐츠를 수집·선별·공유하여 가치를 부여함으로써 다른 사람이 소비할 수 있도록 도와주거나 제공하는 서비스를 지칭하는 신조어로서, 미술관·박물관 등에 전시되는 작품을 기획하고 설명해 주는 '학예사(curator)'에서 파생되어 만들어졌다.

12장 뮤직 비즈니스 성공사례 분석

1. Nickels, W. G., J. M. McHugh and S. M. McHugh. 2010. *Understanding Business*

(9th ed.). McGraw-Hill/Irwin.
2. CommerceMates.com (https://commercemates.com/factors-influencing-business-environment/).
3. Davenport, T., D. De Long and M. Beers. 1998. "Successful Knowledge Management Projects." *Sloan Management Review*, 39: 43~57.
4. 박기동·우성진. 1999. "지식경영(Knowledge Management)의 핵심 성공 요인에 관한 이론적 연구". ≪산업경제연구≫, 12(4): 497~515.
5. Earl, M. J. 1994. "Knowledge as Strategy: Reflections on Skandia International and Shorko Films." in Claudio Ciborra and Tawfik Jelassi (eds.) *Strategic Information Systems*. John Wiley & Sons, Inc.
6. 김찬중. 2003. 「지식경영의 성공 요인에 관한 이론적 연구」. ≪인적 자원개발연구≫, 5(2): 35~62.
7. 김정섭. 2019. 「우리나라 엔터테인먼트 기업의 임원 특성과 경영 함의점」. ≪한국엔터테인먼트산업학회논문지≫, 13(3); 77~89.
8. 배국남. 2012.11.23. "'진화하는 연예기획사-인기는 돈이요, 스타는 힘이다…스타 영입 몸집 불리기 경쟁'". 이투데이.
9. 장규수. 2011.4.1. "'[O2플러스/장규수 박사의 스타 시스템] ① 미국, 일본과 다른 한국형 스타 시스템이란 무엇인가?'". ≪동아일보≫.
10. 정보 시스템에서 '낡은' 하드웨어와 소프트웨어를 통칭하는 레거시(legacy)와 미디어(media)의 합성 조어로 웹 기반의 뉴미디어 플랫폼에 빗대어 전통적 미디어인 TV, 라디오, 신문, 잡지 등을 가리킨다.
11. 원래 단어의 뜻은 '활동이나 스타일이 2가지 이상의 분야에 걸친 것'으로, 음악에서는 장르가 서로 다른 형식을 결합하거나 혼합하여 만든 음악(또는 음악 장르)을 지칭한다.

참고문헌

권정구. 2016. 「한국 대중음악 규제와 저항의 역학, 그리고 그 반전」. ≪음악과 문화≫, 34: 77~104.
김건. 2019. 「국내 대중음악 편곡에서 오케스트라의 활용방안 연구: 발라드 장르를 중심으로」. ≪문화와 융합≫, 41(4): 247~274.
김명선. 2020.6.19. 「'방탄에 살고 방탄에 죽고' 상장 앞둔 빅히트 '딜레마'」. 비즈한국.
김수정. 2020.1.5. 「'그 알' 후, 바이브 소속사가 밝힌 마케팅 비용과 1위 곡 매출」. CBS 노컷뉴스.
김영준. 1994. 『한국 가요사 이야기』. 아름출판사.
김정락·남상식·유영희·장인주. 2011. 『공연예술의 이해와 감상』. 방송통신대학교 출판부.
김정락·남상식·이수완·전예완. 2017. 『공연예술의 이해와 감상』. 한국방송통신대학교출판문화원.
김정섭. 2014. 『케이컬처 시대의 배우 경영학』. 한울아카데미.
김정섭. 2017. 『한국대중문화예술사』. 한울아카데미.
김정섭. 2019. 「우리나라 엔터테인먼트 기업의 임원 특성과 경영 함의점」. ≪한국엔터테인먼트산업학회논문지≫, 13(3); 77~89.
김진아. 2011. 「아이돌 중심 대중음악 시장의 한계에 관한 연구 : 아이돌 가수 탄생에 미치는 영향력을 중심으로」. 고려대학교 언론대학원 석사학위 논문.
김진우·유지연·이아름·이창호·허영아. 2016. 『뮤직 비즈니스 바이블』. 박하.
김찬중. 2003. 「지식경영의 성공 요인에 관한 이론적 연구」. ≪인적자원개발연구≫, 5(2): 35~62.
김창남 외. 2012. 『대중음악의 이해』. 한울아카데미.
김창남·신현준·최지선. 2017. 「한국 대중음악사 발간을 위한 기초연구 보고서」. 문화체육관광부.
김평수·윤홍근·장규수. 2018. 『문화콘텐츠산업론』. 커뮤니케이션북스.

김현경. 2013. 「[김현경의 음악 에세이] 서양음악의 역사: 15세기 르네상스 시대」. ≪대한토목학회지≫, 61(4): 132~136.

나가누마 유미(長沼由美)·니토 히로미(二藤宏美). 2012. 『한 권으로 쉽게 읽는 서양 음악사』. 홍성민 옮김. 하서.

문현탁. 2010. 「대중음악 콘서트 관객의 공연관람 결정 요인에 관한 연구」. 중앙대학교 예술대학원 석사학위 논문.

문화체육관광부. 2018.6.20. 「음원 전송 사용료 징수규정 개정안 승인」. 문화체육관광부 저작권산업과 보도자료.

민경원. 2020.6.15. "'수익 220억 방방콘, AR 무장 슈주쇼… K팝 온라인 공연의 진화'". ≪중앙일보≫.

민은기·신혜승. 2014. 『Classics A to Z: 서양음악의 이해』. 음악세계.

박기동·우성진. 1999. 「지식경영(Knowledge Management)의 핵심 성공 요인에 관한 이론적 연구」. ≪산업경제연구≫, 12(4): 497~515.

박정은. 2018. 「국내 음악 산업의 디지털 음악제작과 유통구조 분석」. ≪한국엔터테인먼트산업학회논문지≫, 12(3): 39~53.

박진영. 2006. 「뉴미디어와 음악 산업의 변화에 따른 한국 음악 콘텐츠의 미래와 과제」. ≪음악과 민족≫, 32(0): 275~302.

박찬호. 2009. 『한국 가요사1 (가요의 탄생에서 식민지 시대까지 민족의 수난과 저항을 노래하다, 1894~1945년)』. 안동림 옮김. 미지북스.

박찬호. 2009. 『한국 가요사2 (해방에서 군사 정권까지 시대의 희망과 절망을 노래하다, 1945~1980년)』. 안동림 옮김. 미지북스.

박평호. 2013. 『개인 창업 & 법인 창업 쉽게 배우기』. 한스미디어.

배국남. 2012.11.23. 「진화하는 연예기획사: 인기는 돈이요, 스타는 힘이다… 스타 영입 몸집 불리기 경쟁」. 이투데이.

삼호뮤직 편집부. 2002. 『파퓰러음악용어사전 & 클래식음악용어사전』. 삼호뮤직.

선담은. 2019.9.26. "검찰, 유령 음반사 만들어 '저작권료 편취' 멜론 전 운영사 대표 등 기소". 한겨레.

성미경·이규탁·문효진. 「2017. K-Pop 글로벌 확산을 위한 음악시장 다변화 전략 연구」. 한국콘텐츠진흥원, KOCCA 연구보고서.

송원길. 2020. 『루이 암스트롱에서 엘비스까지, 미국 남부 음악여행』(개정판). 밥북.

송진 외. 2015. 「2014 대중음악 실태조사」. 한국콘텐츠진흥원.

신항우 외(엔터테인먼트아시아네트워크). 2019.11.30. 「음악산업 패러다임 전환과 지속성장을 위한 정책연구」. 한국콘텐츠진흥원.

안대성. 2015. 『발성의 완성을 위한 목소리 사용 설명서』. 예솔.

양명희. 2015. 「가수 및 그룹의 명명 방식에 대한 사회언어학적 연구: 1990년~2009년의 멜론 차트를 중심으로」. ≪한말연구≫, 36: 37~62.

유동길. 2015. 『뮤직 비즈니스의 이해』. AXIMU.

유안나·이종오. 2020. 「'BTS 방방콘 The Live'의 비접촉 콘서트로서의 대안 포맷 가능성」. ≪한국엔터테인먼트산업학회논문지≫, 14(5): 27~35.

윤유경·채지영. 2001. 「라이브 콘서트가 가수의 호감 변화에 미치는 영향」. ≪한국심리학회지: 문화 및 사회문제≫, 7(1): 23~36.

이경호. 2019. 「음악저작물에 관한 실연자의 창작 기여도 분석」. ≪예술인문사회융합 멀티미디어논문지≫, 9(2): 451~458.

이규탁. 2019. 「3. 음악한류」. 『한류백서』. 한국국제문화교류진흥원.

이근삼. 2013. 『연극개론-그 이론과 실제』. 문학과 사상사.

이동연. 2012. 「케이팝의 스타일: 네 가지 문화코드」. ≪대중음악≫, 9: 167~181.

이민호. 1989. 『서양문화사』. 느티나무.

이수완. 2014. 『대중음악 입문』. 경성대학교 출판부.

이수완. 2016. 「케이팝(K-Pop), Korean과 Pop Music의 기묘한 만남: K-Pop의 한국 대중음악적 진정성에 대한 탐구」. ≪인문논총≫, 73: 77~103.

이승연·장민호. 2019. 「K-Pop 음악의 글로벌 성공 요인 분석」. ≪한국엔터테인먼트산업학회논문지≫, 13(4): 1~15.

이영미. 1998. 『한국 대중가요사』. 시공사.

이종원. 2019. 「유튜브가 발굴하고 대중이 키워낸 가수들」. ≪월간 샘터≫, 2019(11): 108~109.

이준희. 2009. 「일제 강점기 군국가요(軍國歌謠) 연구」. ≪한국문화≫, 4: 139~161.

이창호. 2019.4.23. 「천억 원 수출산업 케이팝, 저작권 침해엔 무방비」. 중기이코노미.

임성준. 2013. 「K-Pop의 글로벌 경쟁력과 성공 요인」. ≪KBR≫, 17(2): 323~346.

장규수. 2011.4.1. "[O2플러스/장규수 박사의 스타 시스템] ① 미국, 일본과 다른 한국형 스타 시스템이란 무엇인가?". ≪동아일보≫.

장유정. 2013. 「일제 강점기 만요를 통해 본 서민들의 삶과 문화」. ≪한국민요학≫, 39: 277~295.

장혜원. 2015. 「실용음악의 대학제도 진입과 발전을 중심으로 본 국내 대중음악의 문화적 정당화 과정」. ≪대중음악≫, 16: 34~85.

전지영. 2016. 『트로트와 한국음악을 위한 변명』. 북코리아.

조영인. 2018. 「안무 저작권 보호를 위한 법 규정 및 등록 프로세스 개선방안 연구」. ≪한국

엔터테인먼트산업학회논문지≫, 12(7): 425~441.

조태선. 2009. 「대중음악 가수들을 위한 발성법」. ≪한국산학기술학회 학술대회논문집≫, 364~367.

천금주. 2020.9.1. "BTS 한국 가수 첫 빌보드 싱글 1위, K팝의 새 역사". ≪국민일보≫.

한국저작권위원회. 2010.1. 「디지털 환경에서의 실연자의 법적 보호」. 한국저작권위원회 발간 자료.

한미영. 2005. 「몸의 언어 디스코(Disco): 한국에서의 디스코 음악 수용 과정 – 1980년대 중심으로」. 단국대학교 대중문화예술대학원 석사학위 논문.

황지선. 2018. 「대중가수 가창력과 뮤지컬 배우 역량의 브랜드 가치에 관한 연구 :브랜드 자산에 대한 이해를 중심으로」. 단국대학교 문화예술대학원 석사논문.

Bogazianos, D. A. 2008. "Northern Soul: Music, Drugs and Subcultural Identity." *Contemporary Sociology*, 37(6): 583~585.

Brown, S. C. and D. Knox. 2016. "Why Go to Pop Concerts? The Motivations behind Live Music Attendance." *Musicae Scientiae*, 21(3:): 233~249.

Calvin, K. M. and C. Y. Bernard. 2001. "The Internet is Changing the Music Industry." *Communications of the ACM*, 44(8): 62~68.

Carroll, A. B. 1979. "A Three-dimensional Conceptual Model of Corporate Social Performance." *Academy of Management Review*, 4: 497~505.

Chiara Verbano, C. and K. Venturini. 2013. "Managing Risks in SMEs: A Literature Review and Research Agenda." *Journal of Technology Management & Innovation*, 8(3): 86~97.

CommerceMates.com (https://commercemates.com/factors-influencing-business-environment/)

Courtney, D. H. and K. S. Sheryl-Ann. 2015. "Gender Effects on Perceptions of Individual and Corporate Social Responsibility." *Journal of Applied Business and Economics*, 17(3): 63~71.

Dahlsrud, A. 2008. "How Corporate Social Responsibility Is Defined: An Analysis of 37 Definitions." *Corporate Social Responsibility and Environmental Management*, 15: 1~13.

Davenport, T., D. De Long and M. Beers. 1998. "Successful Knowledge Management Projects." *Sloan Management Review*, 39: 43~57.

Diehl, J. A. 2011. "What is a 'Gospel'? Recent Studies in the Gospel Genre." *Currents in*

Biblical Research, 9(2): 171~199.

Earl, M. J. 1994. *Knowledge as Strategy: Reflections on Skandia International and Shorko Films. (In Strategic Information Systems)*. John Wiley & Sons, Inc.

Elberse, A. and L. Woodham. 2020. "Big Hit Entertainment and Blockbuster Band BTS: K-Pop Goes Global." *Harvard Business School Case (Study Review)* 520-125.

Elvira, G. 2019. "The Negro Spiritual's Unique Contribution to Classical Literacy in America." *Executive Intelligence Review*, 46(47): 54~56.

Fox, M. 2004. "E-commerce Business Models for the Music Industry." *Popular Music and Society*, 27(2), 201~220.

Halick, M. E. 2016. "What Can You Teach With Electronic Dance Music? A Music Teacher's Guide to EDM." *General Music Today*, 30(1): 4~10.

Harriman, S. 2019. "Co-creation Experiences in the Music Business: a Systematic Literature Review." *Journal of Management Development*, 38(6): 464~483.

Haynes, J. and L. Marshall. 2018. "Reluctant Entrepreneurs: Musicians and Entrepreneurship in the 'New' Music Industry." *The British Journal of Sociology*, 69: 459~482.

Holmes, B. 2002. *Electronic and Experimental Music: Pioneers in Technology and Composition*. Psychology Press.

Iansiti, M. and R. Levien. 2004. *Advantage: What the New Dynamics of Business Ecosystems Mean for Strategy, Innovation, and Sustainability*. Harvard Business Press.

IFPI(The International Federation of the Phonographic Industry). 2020.3.4. The Global Music Report: Data and Analysis for 2019.

Kretschmer, M. 2005. "Trends in Global Copyright." *Global Media and Communication*, 1(2): 231~237.

Lange, P. G. 2007. "Publicly Private and Privately Public: Social Networking on You Tube." *Journal of Computer-Mediated Communication*, 13(1): 361~380.

Lindgren, M. and H. Bandhold. 2003. *Scenario Planning. The Link between Future and Strategy*. Palgrave Macmillan, Hampshire.

Longhurst, B. 1995. *Popular Music and Society*. Cambridge: Polity Press.

Miller, H. M. 1972. *A History of Music*. HarperCollins Publishers, Inc.

Minton, S. C. 1986. *Choreography: A Basic Approach Using Improvisation*. Human Kinetics Publishers.

Mitroff, I. I. and G. Anagnos. 2001. *Managing Crises before They Happen*, American Ma-

nagement Association. New York, NY.

Moran, A. and M. Keane. 2004. *Television across Asia: Television Industries, Programme Formats and Globalization*. New York, NY: Routledge.

Nickels, W. G., J. M. McHugh and S. M. McHugh. 2010. *Understanding Business* (9th ed.). McGraw-Hill/Irwin.

Paul, M. 2004. "Radio One: UK Music Surges a Year on since Protests." *Music Week*, 33: 6~7.

Pratt, A. C. 2008. "Creative Cities: The Cultural Industries and the Creative Class." *Geografiska Annaler Series Human Geography*, 90B(2): 107~117.

Qu, Heng. 2019. "Risk and Diversification of Nonprofit Revenue Portfolios: Applying Modern Portfolio Theory to Nonprofit Revenue Management." *Nonprofit Management & Leadership*, 30(2): 193~212.

Reck, D. B. 1976. "The Mintrals." *Music Educators Journal*, 63(2): 28~37.

Robert, J. S. and G. Kathleen. 1994. "The Troubadours: Singing Their Stories of Love and Health." *American Journal of Public Health*, 84(12): 2023~2025.

Scott, A. 1999. "The US Recorded Music Industry: On the Relations between Organization Location, and Creativity in the Cultural Economy." *Environmental and Planning A*, 31(11): 1965~1984.

Starr, L. and C. Waterman. 2010. *American Popular Music: From Minstrelsy To MP3*. (3rd. Ed.). Oxford Publishing Group (『미국 대중음악: 민스트럴 시부터 힙합까지, 200년의 연대기』. 김영대·조일동 옮김. 한울).

Sterne, J. 2014. "There is No Music Industry." *Media Industries Journal*, 1(1): 50~55.

Thomas Schäfer, Peter Sedlmeier, Christine Städtler, David Huron. 2013. "The Psychological Functions of Music Listening." ≪Frontiers in Psychology≫, 4: 1~33.

Thompson, S. 2006. "Audience Responses to a Live Orchestral Concert." ≪Musicae Scientiae≫, 10(2): 215~244.

Vroom, V. H. 1964. *Work and Motivation*. New York: Wiley.

Williamson, J. and M. Cloohan. 2007. "Rethinking The Music Industry." *Popular Music*, 26(2): 305~322.

Wixen, R. D. 2014. *The Plain and Simple Guide to Music Publishing: What You Need to Know About Protecting and Profiting from Music Copyrights*. Hal Leonard Books.

Wonsun, S., P. Augustine and K. Hyojung. 2015. "Building Relationships Through Integrated Online Media: Global Organizations' Use of Brand Web Sites, Facebook, and Twitter." *Journal of Business and Technical Communication*, 29(2): 184~220.

www.BJJansen.com

Young, D. R. 2004. *The Music of Management: Applying Organization Theory*. Ashgate Publishing Limited, Aldershot.

Zhu, C. W. 2013. "'Copyleft' Reconsidered: Why Software Licensing Jurisprudence Needs Insights from Relational Contract Theory." *Social & Legal Studies*, 22(3): 289~308.

Zorn, J. D. 1980. "Freshen up Your Concert Format." *Music Educators Journal*, 66(9): 38~40.

찾아보기

ㄱ

가녹음(假錄音) 213
가상현실(VR: virtual reality) 236
가성(假聲, technical voice) 195
가수의 성장 전략 203
가스펠(gospel) 19
가우클러(gaukler) 14
가창력(歌唱力) 188
가치사슬(value chain) 63, 170
간접 수출 58
간주(間奏) 197
간편 편제 210
간편형 음악 사업 175
갈라 쇼(gala show) 234
갈라 콘서트(gala concert) 233
감상실 28
감시 246
감정선(感情線, heart line) 213
강명석 253
강은경 252
강헌 253
강홍식 27
개런티 121
개인의 사회적 책임(ISR: individual social re-
  sponsibility) 246
개인화된 접근성 235
객원 가수 272
갱스터 랩(gangster rap) 25
거래 수수료형(transaction fee) 240
거스리, 우드로우(Woodrow Guthrie) 21
건강검사 100
검사인 146
게스트 싱어(guest singer) 233
게키단 히토리(げきだんひとり) 184
결산보고 171
경성방송국 28
경연 콘서트(contest concert) 234
경연성(競演性, contestability) 233
경영의 4가지 요소 257, 269
경영의 4요소 모델 259
경제적 책임 245
경향실용음악콩쿠르 200
경험재(experience goods) 속성 41
계약 잔여기간 94
고릴라즈 187
고위험 고수익(high risk, high return) 원리 41
고음질 음악 포털 261

고정 무대 콘서트 233
곡당·앨범당 과금 지불 모델 175
공공 저작물 155
공공성 74
공공재(public goods) 속성 41
공동 저작물 154
공명음(共鳴音, sonorant) 195
공모 249
공식 음악 차트(Offizielle Deutsche Charts) 54
공연(performance) 283
공연 능력 188
공연 대행사 253
공연 프로그램 122, 127
공연권 68, 154, 156
공연법 82
공연시장 분석 224
공연예술기술지원 표준용역계약서 84, 113
공연예술기술지원계약서 84
공연예술창작계약서 84
공연예술출연계약서 84
공연예술통합전산망(KOPIS) 82, 230, 234
공연이용권 120
공연자 284
공연장 83
공연장 등록신청서 83
공중송신권 154
공표권 154
과세표준(課稅標準, 과표) 181
관객 참여형 콘서트 227
관리능력 부재 61
관할법원 118, 124, 129
광고 기반 서비스(ad-supported services) 50

광고 기반 음원 서비스 255
광고 시청 기반형 스트리밍 52
광고주 180
광고형(advertising) 240
광명월드뮤직축제 200
광주 음악산업진흥센터 199
교복 자유화 30
교창(交唱, antiphoarius) 21
구독형(subscription) 240
구성원 간의 불화 61
구입비 134
구조 258
국내 콘서트 233
국외 콘서트 233
국제음악산업협회(IFPI) 50
국풍 81 30
군무(群舞) 177
굿즈(goods) 47
귀속 소득 180
귀책사유 126, 149
규모의 경제(economics of scale) 추구 41
그라모폰(gramophone) 19
그란데, 아리아나(Ariana Grande) 54
그래피티(graffiti) 23
그루브(groove) 197
글래스, 루이스(Louis Glass) 19
글램 269
글로벌 유통 체계 207
글로벌 음악시장 49
글리맨(gleeman) 14
금지곡 29
기계적인 로열티 220
기대 이론(期待理論, expectancy theory) 243

기대감(expectancy) 244
기술 차원 258
기술지원 표준근로계약서 113
기업 공개(IPO: initial public offering) 249
기획(planning) 176, 193
기획·창작(creation) 39
기획사 63
길거리 캐스팅 177
길보드 30
길옥윤 253
김광민 253
김광석 44, 277
김대환 274
김도형 253
김민기 273
김백희 28
김성수 261, 264
김영대 253
김우진 28
김윤하 253
김이나 252
김인효 253
김작가 253
김정구 27
김정애 28
김창환 273
김추자 29
김형석 252
김형주 253
김희갑 274
김희현 253
끼 260

ㄴ

나나스쿨 212
나스닥(Nasdaq) 시장 250
나윤선 252, 277
나의 첫 번째 콘서트 200
나팔통식 취입(吹入) 27
남인수 28
납세의 비례성(比例性) 182
내부 환경요인 258
네트워크 204, 258
네트워크의 외부 효과(network externalities) 41
넷플릭스 70
노래연습장업 40, 172
노래패 활동 30
노브레인 31
녹음 212
녹화 콘서트(record concert) 233
놀이하는 인간(Homo Ludens) 6
눈덩이 효과(snowballing effect) 43
뉴올리언스 20
뉴이스트 241

ㄷ

다비치 264
다선율 17
다슬러드, A.(A. Dahlsrud) 245
다양성 76
다운로딩(downloading) 159, 280
다이아 버튼(Dia Button: 천만 돌파 상) 187
다이헤이(Taihei) 28
다중 참여성 235
다테쿄고 187

단독 콘서트　233
단발 콘서트　233
단선율 성가　14
단순 유통 수익모델　238
대구실용음악콩쿠르　200
대기시간　132
대리인 비용(agency costs)　240
대마초 흡연 가수　29
대면성 강화 장치　236
대박(대성공)　42
대여권　68, 155
대중가요 악보집(fake books)　221
대중문화산업과　73
대중문화예술기획업　79, 283
대중문화예술산업　283
대중문화예술산업발전법(대중문화산업법)　79
대중문화예술인　283
대중문화예술인 방송출연 표준계약서　84, 104
대중문화예술인(가수 중심) 표준전속계약서　84
대중문화예술제작물스태프　283
대중문화예술지원센터　97
대중음악(popular music)　13
대한상사중재원　95, 118, 124, 129
대행 기획 콘서트　234
댄스 실력　188
더블링(doubling)　198
더원　252
데모 테이프(demonstration tape)　199, 285
데이븐포트(Davenport)　258
도급인　133

도시락　265
돈스파이크　253
동기 부여(motivational force)　244
동기화 상품(synchronization)　52
동기화 상품 라이선스 수수료　220
동일성(identity)　90
동일성유지권　67, 154
두성(頭聲, head voice)　196
드라마 한류　31
드럭(Drug)　272, 276
드레이크(Drake)　54
드림메이커엔터테인먼트　174, 253
드림어스컴퍼니　261, 264, 265
들국화　267
등록제　79
디스코 뮤직(disco music)　23
디제잉(DJing)　23
디지털 네이티브(digital natives)　7
디지털 리버브(digital reverb)　197
디지털 싱글(digital single)　199
디지털 음반(digital audio disc)　207
디지털 음원 구독 모델　175
디지털음성송신　69
디지털음성송신사업자　69
딕션(diction)의 귀재　252
딜런, 밥(Bob Dylan)　21
딜레이 룰(delay rule)　75

ㄹ

라디오　27
라이선스(license) 수출　58
라이선싱(licensing)　170
라이프스타일 크리에이터　261, 263

라임덕(Rhyme Duck) 255
래그타임(ragtime) 20
랜선(LAN cable) 232
랩(rap) 24, 25
랩 록(rap rock) 25
러닝 개런티(running guarantee) 계약 180
레거시 미디어(legacy media) 269
레게(reggae) 18, 22
레드 핫 칠리 페퍼스(Red Hot Chili Peppers) 54
레이디 가가(Lady Gaga) 54
레이블(음악 창작·기획사) 198, 219, 246
레트로(복고풍) 32
로드 매니저(road manager) 172, 202
로스 브라보스(Los Bravos) 22
로엔엔터테인먼트 162
로열티(royalty, 저작권 사용료) 219
로저스, 지미(Jimmie Rodgers) 20
로큰롤(rock'n roll) 21
롱펠로우, 헨리(Henry Longfellow) 35
롱허스트, 브라이언(Brian Longhurst) 170
룸바(rumba) 18, 22
류시아 187
리더십 특성 251
리더(leader)형 248, 251
리드 시트(lead sheets) 221
리듬앤블루스(R&B: rhythm&blues) 20
리마스터링(remastering) 215
리메이크(remake) 198
리믹스(re-mix) 207
리버브(reverb) 197
리스크 관리 201, 262
리처드, 클리프(Cliff Richard) 29

리코딩 엔지니어(recording engineer) 40, 212
리코딩(record label) 파트 63
리패키지(repackage) 207
리프(riff) 197
리프레인(refrain) 197
리허설 108
린킨 파크(Linkin Park) 54
립싱크(lip sync) 197
링 187

■
마돈나(Madonna) 54
마법 효과 225
마스터 리코딩(MR: master recording) 216
마스터(1차적 원반) 219
마스터링(mastering) 66, 199, 214
마이뮤직서비스 164
만요(漫謠, comic song) 27
말론, 포스트(Post Malon) 54
말소 158
맛보기용 153
맞춤형 트레이닝 260
매매 입회장(trading floor) 249
매장 맞춤형 음원 제공 서비스 255
매출액 대비 요율제 160
맥락(context) 43
멀티 레이블 전략 261
멀티 트랙 마스터 216
메르포메네(Merpomene) 36
메사 디 보체(messa di voce) 196
멜론(Melon) 56, 241, 254, 264
명이나 212

명성 44
명창 광대 26
모니터링 246
모르덴트(mordent) 196
모바일 플랫폼 261
모타운(Motown) 63
목적(purpose) 257, 269
몰입 261, 264
무대 없는 콘서트 233
무대설치 및 보수 141
무대시설 83
무대시설 철거 141
무대예술 전문인 83
무도장 28
무료 콘서트 234
무방식주의(無方式主義) 157
무보(舞譜) 67
무사이(Musai) 35
무시로(음악다방) 28
무제한 다운로드 상품 69
무한궤도 272
묶음 상품 69
문화 258
문화 산업 282
문화·사람 차원 258
문화산업전문회사(문전사) 77
문화산업진흥기본법(문화산업법) 77
문화상품 43
문화예술기획업자 68
문화의 세계화 261, 263
문화적 할인율 43, 207
문화체육관광부 73
물적 자원(capital) 258, 269

뮤지컬 웨딩 사업 256
뮤직 비즈니스(music business) 169
뮤직 스타일리스트(music stylist) 46, 254
뮤직 에이전트 41
뮤직 큐레이션(music curation) 254
뮤직 큐레이터(music curator) 46, 254
뮤직 퍼블리싱(music publishing) 170, 218, 222
뮤직 페스티벌 261
뮤직 프로듀싱 206
뮤직비디오 심의 201
뮤직포샵(Music For Shop) 255
뮤직홀 쇼 18
미8군 무대 29
미국 작곡가·저작자·출판인협회(ASCAP: American Society of Composers, Authors and Publishers) 41
미나리 팀 185
미디(MIDI: musical instrument digital interface) 209
미디어 플랫폼 69
미디어 회로(media circuit) 236
미묘 253
미쓰에이 262
미원 창고 199
미학적 창조물 37
믹스다운(mix down) 214
믹스테이프(mixtape) 199
믹싱(mixing) 66, 198, 214
믹싱한 마스터(mixed master) 217
민스트럴 쇼(minstrel show) 18
민주화 열망 30
민중가요 30

민중음악 31
민희진 270
밀봉 포장 153

ㅂ

바이브(Vibe) 239
바이브(VIBE) 254
바일, K.(K. Weill) 37
박남정 252
박보람 252
박재홍 29, 260
박정아 32
박정현 276
박정현(Lena Park) 252
박준규 274
박진영 252, 260, 262, 270
박향림 27
반려 157
반정부 선동 가요 30
반주 음악(Instrumental) 198
반향(反響) 197
발라드 31
방송 모델 175
방송 출연료 104
방송권 68
방송사업자 69, 154
방송통신심의위원회 73
방시혁 259, 260, 269, 270
방음 시설 83
배경(background) 43
배급 네트워크(distribution network) 39
배윤정 212
배포권 67, 154

밴드 디스커버리 199
버스(verse) 197
벅스(Bugs) 254
법인 등기 247
법적 책임 245
법정 근로시간(주 40시간) 113
베를리너 그라모폰 컴퍼니(Berliner Gramophone Company) 19
베리, 척(Chuck Berry) 21
〈베스티 라 주바(의상을 입어라)〉 19
벤(이은영) 252
벨칸토(bel canto) 196
변두섭 267
변주(變奏) 198
보는 음악 시대 24, 188, 212
보니 엠(Boney M) 22
보드빌 쇼 18
보디랭귀지(body language) 190
보사노바(bossa nova) 18, 21
보아 32
보충촬영 108
보편성 32
보편적 언어(universal language) 35
보험 가입 247
복잡계(複雜系) 네트워크 7
복제 네트워크(reproduction network) 39
복제권 67, 154
본녹음(本錄音) 213
부기우기(boogie woogie) 20
부루다 253
부루다 콘서트 227
부속합의 81
부익부 빈익빈(富益富貧益貧) 현상 42

부정행위　163
부활 전략　204
분배 관행　160
분배비율　92
분식회계　61
분양　195
분쟁해결　81
분쟁해결기구　111
불법행위　163
브라운, S. C.(S. C. Brown)　225
브랜드라디오(Brand Radio)　255
브레이크 댄스(break dance)　24
브레이크 비트(break beat)　23
브롱스 스타일(뉴욕) 랩　25
브룸, V. H.(V. H. Vroom)　243
브리지(bridge)　197
브이티지엠피　263
블랙핑크　32, 59, 274
블로그　178
블루레이 디스크(blue-ray disc)　74
블루스(blues)　20
비경합적　42
비디오형 가수　30
비밀유지의무　95
비밥 재즈(bebop jazz)　20
비배제적　42
비보이(B-boy)　24
비보잉(b-boying)　23
비브라토(vibrato)　196
비욘드 라이브(Beyond Live)　60
비욘세(Beyonce)　187
비용　92
비접촉 사업　175
비접촉(uncontact 또는 contactless) 상황　50
비접촉 콘서트(uncontact concert)　232
비주얼(신체 조건)　177
비트　255
비틀즈(The Beatles)　54
빅 5(Big Five)　170
빅 6　170
빅터(Victor)　28
빅히트쓰리식스타　253
빅히트엔터테인먼트　221, 239, 241, 259, 260
빌보드　32
빌보드 200　59
빌보드 차트(Billboard Charts)　54

ㅅ

〈사(死)의 찬미(讚美)〉　28
사무실형 기획사　267
사생팬　71
사운드 바이트　221
사운드 클라우드　218
사이다　187
사이키델리 록(psychedelic rock)　22
사적 자치(私的自治, private autonomy) 원칙　113
사전 검열　33
사전 심의　73
사전 통제　33
사전 투자분석 시스템　42
사회적 물의　107
사후관리　231
사후녹음　108
산업재해보상보험　115, 128, 135

살사(salsa) 18, 22
삼바 18
상관례(商慣例) 118
상상력 260
상장 249
상장 심사 249, 251
상표권 90
상해보험 104, 110, 115, 128, 135
샘플링(sampling) 198, 221
샘플링 수수료 221
생산·유통(production&distribution) 39
생산 – 유통 – 소비 63
생태계 이론 47
샤우팅(shouting) 196, 276
서영도 253
서울국제뮤직페어(뮤콘, MU:CON) 199
서인국 252
서인영 212
서정민갑 253
서태지와 아이들 31, 277
서프 뮤직(surf music) 22
선곡 서비스 254
선곡과 편곡 209
선불제 관행 180
선진국형 산업 45
선한 영향력(positive infulence) 56, 246, 259
성공 가능성 177
성구(聲區, voice register) 196
성명표시권 67, 154
성장 전략 241
성향·기질 특성 251
세계지식재산기구(WIPO) 165

세대교체 58
세션 뮤지션(session musician) 40
섹슈얼 32
셀바이뮤직(Sell Buy Music) 255
소녀시대 32
소리바다 261, 264, 266
소비(consumption) 39
소비 네트워크(consumption network) 39
소셜 마케팅 32
소셜펀딩 227
소울(soul) 21
손익분기점 85
송가인 252
송소희 252
송자(Songza) 255
쇼케이스(showcase) 177, 230, 285
숍비지엠(Shop BGM) 255
수단성(instrumentality) 244
수면권 100
수명 주기 41
수용자(audience) 그룹 47
수의재(隨意財, voluntary goods) 246
수익 다각화 전략 65
수익 모델(revenue model) 240
수익분배 81
수익분배방식 92
수직적 다각화(vertical diversification) 65
수퍼브 241
수평적 다각화(horizontal diversification) 65
순회공연(touring) 170, 233
슈퍼엠(SuperM) 60, 235
슈퍼주니어 32

스위프트, 테일러(Taylor Swift)　53
스윗튠　185
스윙재즈　20, 116
스캣 창법(scat singing)　196
스케줄 매니저(schedule manager)　202
스콧, A.(A. Scott)　39
스크래칭(scratching)　23
스타 파워(star power)　44, 268
스타, 래리(Larry Starr)　205
스타서치　268
스타쉽엔터테인먼트　264
스타일리스트　44
스타일링(styling)　215
스타카토(staccato)　196
스태프(staff)　76, 243
스탠더드 팝(standard pop)　29
스토리텔링　203, 204, 260, 262, 275
스톤뮤직(Stone Music)　261, 263, 264
스트리밍(streaming)　49, 159, 280
〈스페이스 공감〉　199
스포일러(spoiler) 금지　42
스포티파이　254, 255
스피닝 백(spinning back)　23
시간　132
시간당 통상임금　133
시나리오 분석　242
시런, 에드(Ed Sheeran)　54
시스타　264
시장교란 행위　163
시정 권고　82
시정 명령　82
시트 뮤직(sheet music)　221
식별표시　40

신민요(新民謠)　27
신사동호랭이　252
신스팝　24
신승훈　31, 277
신시사이저(synthesizer)　22
신예슬　253
신의성실　99
신중현　29
신파극(新派劇)　27
신해철　277
실물(physical)음반　49
실시간 콘서트(live concert)　233
실연(實演, performing)　40
실연 로열티　220
실연자(實演者)　67, 154
실용음악(實用音樂)　37
실장　267
실재감　236
싱커페이션(syncopation)　21, 196
싸비(Sabi, サビ)　197
싸이　32, 262, 277
싸이더스　268
써라운드　199
쏘스뮤직　241
쏜(son)　22
씨네2000　268

o

아널드, 윌리엄(William Arnold)　19
아담　187
아동·청소년 대중문화예술인 보호　81
아라리온　268
아라시(ARASHI)　54

아미 43
아바(ABBA) 22
아방가르드 20
아세아네트 268
아우트로(outro) 197
아이돌 그룹 31, 190
아이리버 265
아이유 264
아일리시, 빌리(Billie Eilish) 54
아카사카 브리지 184
아쿠아마린을 찾아라 199
아티스트 260, 262
아티스트 매니저 40
아티스트 전속제 267
아티스트와 레퍼토리(A&R: artists and repertoire) 38
아티스트의 자살 61
악보 인쇄권 수익 221
악보 출판업자 219
악보(樂譜) 14
안무(按舞) 211
안무 저작권 67
안무가(안무 감독) 211
안석준 260
안우형 260
안전 관리비 227, 229
안전 관리자 83
안전관리대책 83, 229
안전배려 의무 147
안정애 28
알렌, 호러스 뉴턴(Horace Newton Allen) 26
암스트롱, 루이(Louis Armstrong) 197

액터(actor)형 248, 251
앨버츠, 알(Al Alberts) 198
앨범 구매 모델 175
앨범 심의 201
앨범 케이스 215
앨범 콘셉트 215
앨범 콘셉트 기획 207
앰비언트(ambient) 24
야간 노동 85
야간근로 133
야마앤핫칙스 185
얀센, B. J.(B. J. Jansen) 244
양인자 252, 274
양재선 252
양주일 261
양현석 212, 260, 270
언더 더 루프 199
언택트 콘서트(untact concert) 234
얼리 어댑터(early adopters) 42
얼터너티브 록(alternative rock) 23
업타운걸 271
엉덩이춤 185
에두아르 레옹 스코트 드 마르탱빌(Edouard-Leon Scottde Martinville) 18
에디슨, 토머스(Thomas Edison) 19, 169
에라토(Erato) 36
에스엠라이프디자인그룹 174
에우테르페(Euterpe) 36
에이스타스 268
에이전시 소개비 181
에프초이(f.choi) 스타일리스트 185
엑소 32, 277
엔 스크린(n-screen) 전략 43

엔카(演歌) 27
엔터테이너 194
엠싱(MCing) 23
여신(muse) 35
여행보험 107
역주행 차트(comeback on the chart) 45
연가(戀歌) 14
연기력 188
연말 차트 59
연습생 99
연예활동의 범위 및 매체 88
연장근로 133
연주가 253
연출가형 248, 251
연출적 상황 108
열정 189
영, 데니스(Dennis Young) 35
영상 저작물 68
영상 제작자 68
영상물등급위원회 73, 74
예능 한류 31
예술 목표 지향형 193
예술성 260, 262
예술인 66, 283
예술인복지법 66, 78
예술적 견해 115
예술정책과 73
예술지원사업 199
오디션 248, 251
오디션 프로그램 32
오디션 프로그램 순위조작 61
오디오 믹싱(audio mixing) 214
오디오 스트리밍 52

오리콘 차트(Oriconchart) 32, 54
오빠부대 30, 274
오케(Okeh) 28
오케스트레이션(orchestration) 210
오페르트, 에른스트(Ernst Oppert) 25
오프라인 콘서트(off-line concert) 232
오피셜 앨범 차트(Official Charts) 54
옥두옥 28
온 스테이지 199
온라인 서비스 제공자 69
온라인 유통 채널 비즈니스 173
온라인 음악 유통업 172
온라인 콘서트(on-line concert) 232
온라인음악서비스제공업 40
옴니버스(omnibus) 207
완수 검사 146
외국 예명(藝名) 사용 금지 29
외부 환경요인 258
요나누키(ヨナ抜き) 27
요요미(YOYOMI) 187
용감한형제 252
우라니아(Urania) 36
우선협상권 121
우회상장(迂廻上場, backdoor listing) 249
움직이는 상품 246
워터먼, 크리스토퍼(Christopher Waterman) 205
원 소스 멀티 유즈(OSMU: one source multi-use) 43
원더걸스 262
원밀리언 댄스 스튜디오 212
원저작물 153
원제품 수출 58

원천징수 세금　179
원통형 축음기(유성기)　19
원트리즈뮤직(Wantreez Music)　255
원판(原版, original copy)　214
월드뮤직페스티벌(UWMF)　200
웨이브　70
위기 식별　246
위기관리 모델　242
위약벌(違約罰)　85, 94
위팝(We Pop)　255
위험도　177
위험요인　134
윈터　187
유가증권 시장　249, 251
유닛(unit)　195
유닛화　32
유동재(流動財, moving goods)　246
유로 디스코(Eurodisco)　24
유로팝(Europop)　22
유료 콘서트　234
유복성　253
유성기(留聲機, 축음기)　25
유성기 음반(gramophone record)　25
유영석　252
유의성(valence)　244
유튜브　70, 218
유희적 동물　37
윤리성　74
윤리적 책임　245
윤명선　271, 275
윤복희　29
윤상　252
윤심덕　28, 44

윤일상　252
윤종신　252
은방울 자매　29
음반 도·소매업　172
음반 제작자　68, 154
음반·음악영상물배급업　40
음반·음악영상물제작업　40
음반·음악영상물판매업　40
음반사 제작부장　266
음반사전심의제도　31, 73
음악　282
음악 공연업　172
음악 교사　40
음악 레퍼토리　209
음악 매니지먼트 회사　247
음악 및 오디오물 출판업　172
음악 발매·유통 전문가(music publicist)　41
음악 산업　38, 172, 282
음악 선곡 서비스 회사　248
음악 소스　48
음악 심리 상담사 자격증　256
음악 예능　60
음악 저작자　154
음악 전문 저널리스트　41
음악 제작업　172
음악 치료사(music therapist)　41, 256
음악 퍼블리싱 회사　248
음악 프랜차이즈 소유자　41
음악 프로듀서　40
음악 플랫폼　160
음악(音樂, music)　35
음악다방　28
음악산업발전위원회　160

음악산업진흥에 관한 법률(음악산업법) 37, 77
음악영상물 40
음악영상파일 40, 282
음악창작소 199
음악출판(music publishing) 파트 63
음악파일 40, 282
음원 기획·제작사 68
음원 유통(플랫폼) 업체 254
음원 유통사 65, 69
음원 유통업자 282
음원 저작권 사용료 159
음원(sound source) 39, 282
음원전송사용료 158
음원전송사용료 징수 규정 160
음유시인(吟遊詩人, minstrel) 14
응용 유통 수익모델 238
이건우 252
이기영 261
이난영 27
이노, 브라이언(Brian Eno) 24
이단옆차기 252
이동관 260
이루마 253
이문세 277
이미자 34
이미지 구축형 193
이미지텔링 203, 204
이반석 274
이선희 252
이성(裏聲) 196
이성수 260
이수만 259, 260, 270

이승환 277
이애리수 27
이영훈 273, 277
이용자 39, 71, 283
이익 단체 72
이자람 252
이재현 263
이주노 212
이지 리스닝(easy listening) 34, 279
이해리 252
이해연 28
이호연 267
이효리 252, 277
익센, 랜달(Randall Wixen) 218
익센뮤직퍼블리싱(Wixen Music Publishing, Inc.) 218
인격권 87, 100
인디밴드 31, 276
인디스땅스 199
인성 189
인성교육 81, 90, 201
인수합병(M&A) 61
인스타그램 178, 218
인적 자원(human resource) 258, 269
인지도 204
인터루드(interlude) 197
인터파크 230
인트로(intro) 197
일렉트로 펑크(electro-funk) 24
일렉트로닉 댄스 뮤직(EDM: electronic dance music) 24
일렉트릭 블루스 20
일반 복제 및 배급업 172

일본축음기상회 27
일신전속(一身專屬) 154
일일 촬영시간 104
임동신 274
임영웅 252, 275
임정현 253
임진모 253
임차료 134

ㅈ

자라섬 국제재즈페스티벌 200
자선적 책임 245
자유 260, 262
자유선택권 99
자율 관리 262
자율형 아이돌 270
자체 기획 콘서트 234
작곡가(composer) 41, 252
작사·작곡 의뢰 208
작사가 252
잔향(殘響) 197
잠재성 188
장세정 28
장애음(障礙音, obstruent) 196
장외거래 251
장우혁 212
장윤정 275
장혜진 252
장호일 272
재검사 146
재무 자원 244
재위탁 147
재즈(jazz) 20

재촬영 108
재해대처 계획 83
저비용성 235
저작권(著作權, copyright) 152
저작권 보호 76
저작권등록부 157
저작권신탁업체 47
저작권위원회 111
저작권정책과 73
저작물 사용료 119
저작인격권 153, 154
저작인접권(著作隣接權, neighboring copy-
    right) 66, 156
저작재산권 153
전국뮤지컬실용음악콩쿠르 200
전국음악치료사협회 256
전략 차원 258
전략 캔버스(strategy canvas) 239
전략·정보(strategy & information) 258, 269
전략적 제휴(strategic alliances) 241
전문 기관 기술평가 251
전송권 68
전시권 154
전용주 268
전자 서면 136
전주(前奏) 197
전주세계소리축제 200
전통 민요 26
전통 블루스 20
전통적 유통 채널 비즈니스 173
전홍복 212
절세(絶稅, tax shield) 171
접근성 235

접촉 콘서트(contact concert) 232
정글(jungle) 24
정기 휴일 133
정다은 254
정민재 253
정보 기술 258
정산금 지급 91
정산자료 91
정산주기 93
정석원 271, 276
정성하 253
정신건강 90
정신건강 관리 지원 81, 201
정욱 260, 268
정윤종 254
정재일 253
정종택 274
정진석 212
정책·규제 기관 73
제3자 87
제3자와 거래 135
제사장(祭司長) 38
제이콤 268
제작(manufacture) 39, 132
제작 발표회 230
제작 예산(제작 투자 예상액) 207
제작의도 108
제휴형(affiliate) 240
젝스키스 31
조권 212
조동익 272
조영수 252
조용필 30, 267, 277

조정 158
조정제도 165
조직 차원 258
조호건 261
조훈 261
존, J. D.(J. D. Zorn) 224
종글뢰르(jongleur) 14
종합소득세 신고 179, 180
주 활동(primary activities) 172
주가 가치 249
주계약 99
주문자 상표 부착 생산(OEM) 수출 58
주크박스(jukebox) 18
주현미 277
중독성(toxicity) 44, 238
중성(中聲, medial voice) 196
쥬얼리 32
증강현실(AR: augmented reality) 236
증정용 티켓 122, 127
지급보증보험 가입 104
지급일 93
지니(Genie) 254, 261, 264, 265
지드래곤 252
지방공연 121
지분법평가익(持分法評價益, gain valuation using equity method of accounting) 249
지성(地聲) 196
지속 가능성 171
지승범 268
지식 근로자 258
지식 기반형 산업 45
지식 시스템 258

지식 자원 243

지연이자 138, 141

지원 활동(support activities) 172

지적소유권(IPR: intellectual property right) 41

지적재산권 38

직권조정 결정 158

직무의 동기 부여 243

직상장(直上場, direct listing) 249

직접 수출 58

진성(眞聲, original voice) 195

진정성(authenticity) 260, 262

진행자(DJ) 180

질권 155

집단적 상호작용 236

쪽박(망함) 42

ㅊ

차별화 전략 177

창가(唱歌) 27

창구효과(window effect) 발휘 41

창의성 76

창의적인 동기 207

창작(songwriter) 파트 63

창작자 66

창조 네트워크(creativity network) 39

채권양도 144

채무 불이행 123

처리 246

청년 문화 29

청소년 대중문화예술인 표준 부속합의서 97

청소년 대중문화예술인(또는 연습생) 표준 부속합의서 84

청소년(minor) 보호 원칙 81

청소년 보호 유해물 74

청소년 유해행위 102

청음력(聽音力) 188

초국적 장르 57

초상권 47

초청공연 121

최고소득 과표구간 182

최저임금제 133

최효진 212

최희준 29

추가의 촬영 기간 104

축소 전략 241

축음기 18

축제성(祝祭性) 233

출연 예약 전문가(booking agent) 40

출연기회 봉쇄 174

출입 기자(음악 담당 기자) 인터뷰 230

출장비 134

출판 218

출판권 155

취소된 공연 129

치어 댄스(cheer dance) 190

치어걸(cheer girl) 190

치어보이(cheer boy) 190

치코리 팁(Chicory Tip) 22

친화력 중시형 193

ㅋ

카라 32

카루소, 엔리코(Enrico Caruso) 19

카리스마 추구형 193

카운터테너(countertenor) 196

카카오엠 162, 241, 246, 261, 264
카터 패밀리(Carter Family) 20
카피라이트(copyright) 152
카피레프트(copyleft) 152
칼리오페(Calliope) 36
캐럴, A. B.(A. B. Carroll) 245
캐리, 머라이어(Mariah Carey) 276
캐릭터(사이버) 가수 187
커버(cover) 116, 187, 198
컨트리 록(country rock) 22
컨트리 뮤직(country music) 19
컨트리 소울(country soul) 22
컬래버레이션(collaboration) 41, 198
컬러TV 30
컬럼비아(columbia) 28
컴필레이션 앨범(compliation album) 199
케이콘 235
케이팝 한류 31
코넥스(KONEX: Korea New Exchange) 249, 250
코러스(chorus) 197
코스닥(KOSDAQ: Korea Securities Dealers Automated Quotation) 249, 250
코스피 시장 249
코첼라(Coachella) 60
콘서트(concert) 223
콘서트 기획자 253
콘체르토(concerto) 223
콘텐츠 38, 283
콘텐츠 귀속 91
콘텐츠 사업자 283
콘텐츠 산업 39, 283
콘텐츠 제작 39, 283

콘텐츠 제작자 283
콘텐츠분쟁조정위원회 138
콘텐츠산업진흥법(콘텐츠산업법) 38
쿨 재즈 20
퀸(Queen) 54
큐레이션(curation) 287
큐브엔터테인먼트 260, 263
큐트 32
크녹스, D.(D. Knox) 225
크라우드 펀딩 253
크라잉넛 31, 276
크레디트(credit) 136, 148
크로스오버(crossover) 276
클럽(댄스홀) 28
클레이오(Clieo) 36
키 플레이어(KP: key player) 64
키맨(keyman) 202
키맨 조항(keyman clause) 85
키이스트 174

ㅌ

타이틀 곡(title song) 209
탁영준 260
탈리아(Thalia) 36
태깅(tagging) 23
탤런트 비즈니스 173
테디 252
테르프시코레(Terpsichore) 36
테마형 음악 선곡 큐레이션 플랫폼 255
테크노(techno) 24
토털 매니지먼트(total management) 전략 63
투루바드르(troubadour) 14

투어 매니저　40
투자비용 회수　85
튠 업　199
트랜스 미디어 전략　32
트레몰로(tremolo)　196
트레이닝　195, 202
트렌드 세터(trend setter)　225
트로트 신드롬　60
트로트(뽕짝)　27
트루베르(trouvere)　14
트립 합(trip hop)　24
트와이스　32, 262, 277
트위스트(twist)　22
트위터　218
특설 무대 콘서트　233
티저(teaser)　229
티저광고　127
티켓 파워(ticket power)　224
티켓링크　230

ㅍ

파사지오(passaggio)　196
판매형(sales)　240
판타지 효과　225
판타지오　260, 263
팔로우(follow)형　248, 251
팔세토(falsetto)　196
팝 랩(pop rap)　25
팝 발라드(pop ballad)　22
패셔니스타(fashionista)　275
팬 페이지　178
팬덤　238
퍼블리시티권(right of publicity)　47, 91

퍼블리싱(publishing)　66
퍼포먼스 연출력　225
펄 시스터즈　29
펑크(funk)　22
펑크 록(punk rock)　23
페르소나(persona) 전환 능력　189
페이스북　178, 218
페이크(fake)　198
페트루치, 오타비아노(Ottaviano Petrucci)
　　219
편곡(編曲, arrangement)　209
편곡자(arranger)　41, 252
편집 저작물　153
평가　246
평단(評團, critics)　47, 71
평등한 기회　134
평론가형　248, 251
폐기물 처리　141
포드주의(Fordism)　63
포맷(format)　231
포스트 팝아트　32
포지셔닝(위치 설정)　244
포크 록　21
포크 뮤직(folk music)　18, 21
포터, 마이클(M. Porter)　172
포트폴리오　178
폭스 트롯(fox trot, 여우의 걸음)　27
폴리티컬 랩(political rap)　25
폴림니아(Polyhymnia)　36
표절(plagiarism)　61, 198
표종록　268
표준계약서　78
표준기술지원계약서　112

표준창작계약서　112
표준출연계약서　112
풀 편제　210
프라이버시권　47
프랑스 공식 차트　54
프랫, A. C.(A. C. Pratt)　39
프레슬리, 엘비스(Elvis Presley)　21
프로(program, pro)　213
프로그레시브 록(progressive rock, art rock)　23
프로덕션(production)　205
프로덕션 비즈니스　173
프로듀서(producer)　38, 205, 252
프로듀서 파트　62
프로듀싱(producing)　205
프로세스　258
프로세스 차원　258
프로페셔널(professional) 근성　189
프로필 제작　178
프리 마스터링(pre-mastering)　214
프리 재즈　20
플랫폼(platform)　70
플랫폼 경제　70
플랫폼 기업　70
플랫폼 사업자　282
플랫폼 창동61　200
플레디스엔터테인먼트　241
플레이어(player)　64
플레인송(plainsong)　14
플레인찬트(plainchant)　14
피처링(featuring)　198
핑클　31, 183

ㅎ

하도급분쟁조정협의회　150
하드 록(hard rock)　23
하드 밥　20
하드코어(hardcore)　24
하림　253
하우스(house)　24
하우스 뮤직(house music)　24
하윤주　252
하이 에너지(Hi-NRG)　24
하츠네 미쿠　187
학습 조직　258
학습권　100
학예(學藝)의 신　36
학전　272
한·일 간 대중문화 개방　30
한국가수협회　72
한국가요작가협회　72
한국거래소(KRX)　249, 251
한국연예매니지먼트협회　73
한국예술인복지재단　78
한국음반도매상협회　28
한국음반산업협회(RIAK)　47, 72
한국음악실연자연합회　47, 72, 163
한국음악저작권협회　47, 72
한국저작권보호원　158
한국저작권위원회　157
한국콘텐츠진흥원　77
한대수　29
한맥유니언　268
한명숙　29
한복남　27
한승훈　260

함께하는음악저작인협회 47
함춘호 253
합동 콘서트 233
핫 100 54, 59
해지의 의사표시 136
핵심 타깃(main target) 224
행위자(player) 46
허밍(humming) 196
헤비메탈(heavy metal) 23
헤일리, 빌(Bill Haley) 21
현인 28
현진영 212, 252
협력사 140
혜은이 29
호기심 지수 229
혼합현실(MR: mixed reality) 236
홍보활동 108
화제 지수 195, 201, 203, 204
환상성 236
황보경 260
황선우 274
회계 불투명성 61
회계 투명성 171
획일화 논란 61
효용(utility) 42
후불제 180
후주(後奏) 197
후크(hook) 197
후크송(hook song) 57, 197, 281
휴게시간 133
휴스턴, 휘트니(Whitney Houston) 54
휴식권 100
휴일근로 133

흉성(胸聲, chest voice) 196
흑인영가(Afro-American spiritual, negro spiritual) 17, 18
흥행 요소 207
히피(hippie) 문화 23
힌데미트, 파울(Paul Hindemith) 37
힐링 259, 260
힐빌리 뮤직(hillbilly music) 19
힙합(hip hop) 문화 23
힙합 뮤직(hip hop music) 23, 25

숫자

015B 277
1세대 266
2세대 267
2차적 저작물 153
2차적 저작물 작성권 121, 155
3세대 267
3자 제휴·연합 기업 265
4개 음원 신탁 관리단체 159
4단계 대처 246
4세대 268
7가지 위기 246
7년의 저주 85
8단계의 소득 구간 181

영어

A&R(artists and repertoire) 파트 62
ACC월드뮤직페스티벌 200
AI와 로봇을 활용한 음악 사업 175
AR(all recorded) 198
BTS 32, 235, 269
CBS전국청소년실용음악콩쿠르 200

CD 원본(마스터) 214
CJ ENM 261, 263
COPE(create once publish everywhere) 43
CSR(Corporate Social Responsibility) 자원 245
DA뮤직 174
DA뮤직퍼블리싱 174
DSP엔터테인먼트 183, 267
EBS 헬로 루키 199
EP(extended player) 207
e-비즈니스(e-business) 241
FLO 265
FNC엔터테인먼트 260, 262
GRI(Global Reporting Initiative) 245
H.O.T. 31, 277
HS미디어 268
ISO 26000 245
JYP엔터테인먼트 260, 262
LAR(live all recorded) 198
LMR(live music recorded) 198
LP(long player) 28, 33, 207
M wave 264
MF기획 268
MR(music recorded) 198
MTV 24
NHN벅스 261, 264, 265
OST(original sound track) 207
OTT 70
S.E.S. 31
SM C&C 174
SM기획 268
SM어뮤즈먼트 174
SM엔터테인먼트 174, 259, 260

SNS 플랫폼 비즈니스 173
SP(single player) 207
SP음반 33
SV인베스트먼트 269
SWOT 분석 188
VIE 모형 244
VR(voice recorded) 198
YG엔터테인먼트 241, 246, 260, 262
YG푸즈 242
YG플러스 242

찾아보기 317

지은이

김정섭

엔터테인먼트 예술 콘텐츠 및 산업 전문가로 현재 성신여자대학교 문화산업예술대학원 문화산업예술학과 교수(Ph. D.)로 일하고 있다. 저서 『한국대중문화예술사』, 『케이컬처 시대의 배우 경영학』, 『명품배우 만들기 스페셜 컨설팅』, 『우리는 왜 사랑에 빠지고 마는 걸까』(로맨스 심리학), 『(김정섭 기자의) 한국 방송 엔터테인먼트 산업 리포트』, 『(함께 가요, 함께 가꿔요, 함께 지켜요) 격렬비열도』, 『협동조합: 성공과 실패의 비밀』 등과 역서 『할리우드 에이전트』를 출간했다. 영화 시나리오 「1978년 대한민국 최서단 무인도 조난 대참사 실화극: 격렬비열도」와 웹툰 시나리오 「격렬비열도 대참사」 등을 집필했다.

1995년 LG그룹 공모로 'LG 글로벌 챌린저' 1기에 선정되어 미국 델라웨어, 뉴욕 등지에서 지방정부의 재정 자립도 확보 방안을 연구했다. 언론인 시절인 2008년에는 'KBS 장악을 위한 청와대 비밀 대책회의' 특종 보도로 한국기자협회와 한국언론진흥재단이 공동 선정하는 '2008년 한국기자상'을 수상했다. 2019년에는 한국엔터테인먼트산업학회 '우수논문상'을 받았다. 저서 『케이컬처 시대의 배우 경영학』은 2015년 '대한민국학술원 우수학술도서'로, 역서 『할리우드 에이전트』는 2019년 '세계일보·교보문고 올해의 책'으로 각각 선정되었다.

학계 입문 전에는 ≪경향신문≫ 정치·경제·사회·문화·미디어·기획취재부 기자로 15년간 일했다. 현재 한국엔터테인먼트산업학회 이사, 한국언론학회, 한국방송학회, 한국예술교육학회, 글로벌문화콘텐츠학회 등의 회원, 한국방송정책원(KTV) 방송자문위원으로 활동하고 있다. 문화체육관광부와 보건복지부 산하 대한결핵협회의 자문위원, 인사혁신처·환경부·고용노동부 정책홍보 평가위원을 지냈다.

김정섭 교수의 '엔터테인먼트 북' 시리즈

- 케이컬처 시대의 뮤직 비즈니스 (저서, 2021, 한울엠플러스)
- 케이컬처 시대의 배우 경영학 (저서, 2014, 한울엠플러스)
- 할리우드 에이전트 (역서, 2019, 한울엠플러스)
- 한국대중문화예술사 (저서, 2017, 한울엠플러스)
- 명품배우 만들기 스페셜 컨설팅 (저서, 2016, 한울엠플러스)
- (김정섭 기자의) 한국 방송 엔터테인먼트 산업 리포트 (저서, 2007, 커뮤니케이션북스)
- 엔터테인먼트 사이언스 I (공역서, 예정, 한울엠플러스)
- 엔터테인먼트 사이언스 II (공역서, 예정, 한울엠플러스)
- 엔터테인먼트 사이언스 III (공역서, 예정, 한울엠플러스)

한울아카데미 2269

케이컬처 시대의 뮤직 비즈니스

ⓒ 김정섭, 2021

지은이 | 김정섭
펴낸이 | 김종수
펴낸곳 | 한울엠플러스(주)
편집 | 배소영

초판 1쇄 인쇄 | 2021년 2월 5일
초판 1쇄 발행 | 2021년 2월 12일

주소 | 10881 경기도 파주시 광인사길 153 한울시소빌딩 3층
전화 | 031-955-0655
팩스 | 031-955-0656
홈페이지 | www.hanulmplus.kr
등록 | 제406-2015-000143호

Printed in Korea.
ISBN 978-89-460-7269-5 93670 (양장)
　　　978-89-460-8001-0 93670 (무선)

* 책값은 겉표지에 표시되어 있습니다.
* 이 책은 강의를 위한 무선판 교재를 따로 준비했습니다.
  강의 교재로 사용하실 때는 본사로 연락해 주시기 바랍니다.